Bedarfsdeckung oder Bedürfnissteuerung

D1734975

7917

Volkswirtschaftliche Schriften

Herausgegeben von Prof. Dr. J. Broermann, Berlin

Heft 275

Bedarfsdeckung
oder Bedürfnissteuerung

Anwendungsmöglichkeiten verhaltenstheoretischer
Konzepte für die Planung am Beispiel der Verkehrsplanung

Von

Bernd Bievert, Jürgen Engelhardt, Martin Held
Karl Otto Hondrich, Hans-Jürgen Huber, Gerhard Kaminski
Helmut Klages, Gabriele Köhler, Eberhard Meyer
Karlheinz Schaechterle u. a.

herausgegeben von

Walter Molt und Lutz v. Rosenstiel

DUNCKER & HUMBLOT / BERLIN

1028/82   W

Gedruckt mit Unterstützung der Fritz Thyssen Stiftung

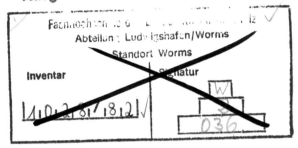

Inhaltsverzeichnis

LUTZ VON ROSENSTIEL

1. Einführung

Als *Walter Molt* und ich in einer Vielzahl von Gesprächen mit *Martin Held, Herbert König* und *Ain Kompa* auf die Idee kamen, eine Arbeitstagung unter dem Titel „Bedarfsdeckung oder Bedürfnissteuerung" durchzuführen und die in dieser Benennung aufscheinende Problematik am Beispiel der Verkehrsplanung zu diskutieren, waren wir uns darüber im Klaren, daß wir uns damit auf ein Eis wagten, das durch diese Belastung fraglos Risse bekommen und möglicherweise sogar einbrechen würde. Es gehört ja — fragt man nach den an den Psychologen gerichteten Rollenerwartungen — sicherlich nicht zu den zentralen Aufgaben eines Forschungsteams von Psychologen an einer Universität, sich ausgerechnet mit Fragen der Verkehrsplanung auseinanderzusetzen — und vermutlich nicht einmal zu den peripheren. Es bedarf daher einer Rechtfertigung, warum wir uns hier nicht mit optisch-geometrischen Täuschungen, der Erinnerung an unerledigte Aufgaben bei Vorwiegen der Erfolgs- bzw. Mißerfolgsmotivation oder mit Interaktionsmustern bei Entscheidungsprozessen in Kleingruppen auseinandersetzen, wie es sich für „anständige Psychologen" gehört, sondern uns tastend einem Gebiet zuwenden, für das andere fraglos kompetenter erscheinen und vermutlich auch sind.

Diese Rechtfertigung liegt zum Teil darin, daß wir uns zwar als Psychologen verstehen, jedoch als eine — derzeit zumindest — seltene und abseitige Gruppe innerhalb dieses heterogenen Vereins, nämlich als „Ökonomische Psychologen". Die Ökonomische Psychologie, die sich in den letzten Jahren an verschiedenen amerikanischen und europäischen Universitäten (z. B. Ann Arbor, Arhus, Augsburg, Straßburg, Tilburg, Köln) zu bilden begann und gerade dabei ist, in ihre Kinderschuhe hineinzuwachsen (ohne daß das Strampelhöschen deswegen schon ausgezogen würde), versucht das Erleben und Verhalten von Menschen im ökonomischen Kontext zu analysieren; wobei — je nach Forschungsintention — psychologische Größen als unabhängige, abhängige oder intervenierende Variable behandelt werden können. Die Ökonomische Psychologie unterscheidet sich insofern von etablierten Teilgebieten der Wirtschaftspsychologie wie der Betriebs- oder der Marktpsychologie, als ihre Fragestellungen im Regelfall nicht aus einzelwirtschaftlichem

Interesse erwachsen. Sie nimmt insgesamt Ideen auf, die bereits *Mün-sterberg* im Jahre 1912 in „Psychologie und Wirtschaftsleben" program-matisch formulierte. Während also — um durch die Formulierung von Beispielen der Thematik unserer Fragestellung näher zu kommen — Psychologen empirisch und theoretisch erfolgreiche Arbeit leisten, um etwa folgende Fragen zu beantworten: „Wie läßt sich die Leistungs-bereitschaft von Buchhaltern steigern?", „Wie kann man die Arbeits-zufriedenheit in einem Industriebetrieb erhöhen?", „Wie muß die Wer-bung für Wodka gestaltet werden, damit die entsprechende Nachfrage steigt?", da hier eben einzelwirtschaftlichen Interessen gedient wird, aktivierten psychologisch mindestens so interessante, aber eben stärker gesamtwirtschaftlich bedeutsame Fragen wie: „Warum verschmähen viele Personen öffentliche Nahverkehrsmittel, obwohl ihre Benutzung billiger als die des privaten Pkw kommt?" den Arbeitseifer der Psycho-logen in weit schwächerem Maße. Mit dem Hinweis auf die Auftrags-forschung von seiten der privaten Industrie allein ist das Phänomen gewiß nicht zu erklären (viele Psychologen an Universitätsinstituten beschäftigen sich mit betriebspsychologischen Fragen, obwohl ihnen keine Drittmittel zur Verfügung stehen). Möglicherweise liegen die Gründe eher darin, daß bei der Beschäftigung mit gesamtwirtschaftli-chen Fragen — und sei es auch unter psychologischem Aspekt — der Ab-stand vom Individuum, dessen Erleben und Verhalten die Psychologie primär interessiert, zu groß zu werden scheint oder aber darin, daß der an wirtschaftlichen Fragen interessierte Student eher im einzel- als im gesamtwirtschaftlichen Bereich eine Position zu finden hofft und durch die entsprechende Wahl seines Studienschwerpunktes das Lehr- und Forschungsangebot der Hochschulen steuert. Wir in Augsburg jedenfalls haben — bewußt ein wenig gegen den Strom schwimmend — versucht, uns auf wenig erkundetes Gebiet zu wagen. Und zu diesem Gebiet ge-hört auch das Thema dieser Tagung, zu dem ich, was Ober- und Unter-titel betrifft, kurz etwas sagen möchte.

Für denjenigen, dem die Selbstbestimmung des Menschen ein Wert ist, klingt „Bedarfsdeckung oder Bedürfnissteuerung" schlimm, zumin-dest aber verdächtig. Spricht ein Psychologe das aus, so wird man sich fatal an *Buros Skinners:* „Jenseits von Freiheit und Würde" erinnern (1971), in dem der Papst lernpsychologischer Forschung „Freiheit und Würde" für Luxusartikel menschlicher Subjektivität hält, die ohne Be-lang für das offene Verhalten sind. Dieses sei voll durch die Lernge-schichte des Individuums, die nach den Gesetzen des operanten Kondi-tionierens ablief, determiniert. Dem Bewußtsein von Freiheit entspre-che keine wirkliche Freiheit des Verhaltens. Der einzelne sei gesteuert, manipuliert — allerdings in unkonsequenter, zufälliger Weise, woraus sich Konflikt und Unfrieden in der Gesellschaft ergäben. Es gelte daher, die Verhaltenssteuerung konsequent und koordiniert durchzuführen, damit gesellschaftliche Probleme gelöst werden — dies sei wichtiger, als die Illusion von Freiheit und Würde. Orwells „großer Bruder" blickt auf uns herab — und die Psychologie liefert ihm ein Instrumentarium, damit es nicht beim „Schauen" bleibt.

Die Frage, ob wir dies unter Bedürfnissteuerung verstehen, ist rhetorisch. Ich habe freilich auch meine Zweifel, ob dem Bewußtsein der Freiheit der Wahl eine Freiheit des Handelns im Sinne der Undeterminiertheit entspricht. Das Bewußtsein der Freiheit des Individuums aber sollte man ernst nehmen und nicht den „höherwertigen Ansprüchen der Gesellschaft" (was immer dies auch sei) opfern, indem man entweder

— ohne Rücksicht auf die erlebten Präferenzen des einzelnen das verfügt, was dem Wohle der Allgemeinheit (wer hat wohl das „richtige Bewußtsein", dies zu kennen?) dienlich zu sein scheint („Man soll den Leuten auf die Schädel hauen für ihr Glück")

oder

— durch geschickte Manipulation der Stimulus-Bedingungen und/oder der Verhaltenskonsequenzen erreicht, daß der einzelne, ohne die Beeinflussungsabsicht zu durchschauen oder auch nur wahrzunehmen, das „frei" wählt, was der Beeinflussende erreichen möchte.

Der Ausgangspunkt unserer Überlegungen sieht anders aus. Ich will ihn an einem Beispiel verdeutlichen: Als ich in ein kleines Dorf im Einzugsbereich von Augsburg zog, wurde dort eine breite Durchgangsstraße gebaut. Meine Kinder spielten im Dreck der Baustelle und schleppten den Schmutz zum Ärger meiner Frau ins Wohnzimmer; ich selbst mußte auf kleinen Wegen meinen Pkw zeitaufwendig nach Hause steuern. Jedenfalls wünschten wir uns, daß die neue Straße bald fertig würde. Der Bedarf wurde gedeckt; Bedürfnisbefriedigung erwuchs daraus nicht: Der Verkehr auf der neuen Straße wuchs erheblich an; eine Ampel wurde nicht installiert, so daß die Kinder die Straße nicht überqueren konnten, ihr „Spielraum" eingeengt und der auf der anderen Straßenseite liegende Sportplatz für sie unerreichbar wurde. Insbesondere an sommerlichen Wochenenden schwoll die neu gebahnte Reiselust der Tagesausflügler so an, daß des Lärms wegen Balkon, Terrasse und Garten unbenutzbar wurden. Mit diesen Konsequenzen hatten wir nicht gerechnet. Hätten wir sie gekannt, so wären unsere Bedürfnisse „gesteuert" worden.

Wenn wir uns in unserer Forschungsgruppe bemühen, die Motivation (die Wirtschaftswissenschaftler bevorzugen den Terminus Bedürfnisse) des Verkehrsverhaltens aufzuhellen (*Martin Held* und *Herbert König* leisten hier die Detailarbeit), so geschieht das zum einen mit den Zielen der Beschreibung, Erklärung und Prognose. Es geschieht zum anderen aber auch mit dem Ziel der Kontrolle in dem Sinne, daß wir aufzufinden suchen, wo individuelle Entscheidungen im Bereich des Verkehrsverhaltens aufgrund unzureichender Kenntnis über Konsequenz und Alternativen gefällt werden, um dann zu prüfen, wie diese Entscheidungen bei verbesserter Informationslage ausfallen. Beispielsweise zeigte *Helmut Stapf* (1975) in einer empirischen Arbeit, die in unserem Team geplant wurde, daß die Entscheidung für die Benutzung eines privaten Pkw meist auf der Grundlage völlig unrealistisch wahrgenommener finanzieller Konsequenzen gefällt wird.

Das Ziel unseres Forschungsansatzes macht verständlich, daß wir — von den Grundüberlegungen *Tolmans* (1932) und *Lewins* (1938) ausgehend — auf die entscheidungsorientierte Motivationstheorie *Vrooms* (1964) und seiner Schüler zurückgriffen, in der es letztlich um die Vorhersage geht:

— Welche Handlungen ein Individuum wählt und

— für welches Anstrengungsniveau zur Ausführung der Handlung es sich entscheidet.

Um hier Vorhersagen treffen zu können, ist es erforderlich, beim einzelnen

— die Werte der Endziele des Handelns inhaltlich und in ihrer Gewichtung zu erfassen,

— die wahrgenommene Instrumentalität bestimmter Handlungsalternativen für das Erreichen dieser Endziele zu messen und

— die subjektive Wahrscheinlichkeit, diese Handlungen auch zeigen zu können, abzuschätzen.

Während es kaum Aufgabe des Psychologen ist, die Werte der Endziele des Handelns zu beeinflussen (dies sollte nicht der Expertenmacht überlassen werden, sondern im komplexen Interaktionsprozeß des einzelnen mit seiner Umwelt im Zuge der Sozialisation ohne zentrale Steuerung erfolgen), kann er sehr wohl auf die subjektiven Wahrscheinlichkeiten und Instrumentalitätswahrnehmungen dort einwirken, wo sie offensichtlich unrealistisch sind und auf unzureichenden Informationen beruhen. Es könnte dadurch erreicht werden, daß die Erfüllung von Wünschen dann zu weniger Enttäuschung führt, d. h. die Erfüllung der — im beschriebenen Sinne — gesteuerten Bedürfnisse sehr viel mehr Befriedigung ermöglicht als die Erfüllung ungesteuerter Bedürfnisse.

Planung im Verkehrsbereich, die unter anderem auch das Ziel verfolgt, die Bedürfnisse derer, für die geplant wird, zu befriedigen, könnte unserer Meinung nach von derartigen Überlegungen — und mehr noch von daraus erwachsenden empirischen Forschungsergebnissen — profitieren. Sie wäre jedoch vermutlich schlecht beraten, wenn sie sich allein an individuellen Bedürfnissen orientierte. Wesentlich erscheinen zugleich vielfache andere Aspekte, von denen wir zuwenig wissen, deren Kenntnis uns aber erforderlich erscheint, damit wir in unserer weiteren Arbeit nicht völlig an der Realität vorbeigehen. Wir hoffen also auf Informationsaustausch im Sinne eines „Plus-Summen-Spiels". Anregung erhoffen wir für unsere Arbeit nicht nur durch Informationen darüber, wie in der Praxis der Planung vorgegangen wird, sondern auch aus der Diskussion mit jenen, die sich unabhängig von uns über diesen Prozeß Gedanken gemacht haben und auf gänzlich andere Aspekte aufmerksam machten, die wir bislang übersahen oder vernachlässigt haben. Aus diesen Gründen haben wir zu dieser Tagung eingeladen.

Von ihrem Konzept her birgt sie einige Risiken, die uns bewußt sind. Sie liegen — wie bereits betont — darin, daß:

— wir uns als Veranstalter auf ein Gebiet vorwagen, das für uns Neuland ist

— der Teilnehmerkreis äußerst heterogen ist und zwar unter den Aspekten:

● der Orientierung: vom ausgesprochenen Praktiker bis zum reinen Theoretiker

● des Faches: vom Ingenieur über den Wirtschaftswissenschaftler, Verwaltungswissenschaftler, Soziologen bis zum Psychologen

● der Berufserfahrung: vom soeben diplomierten jungen Wissenschaftler bis zum „gestandenen" langjährigen ordentlichen Professor und Institutsdirektor.

All dies kann zu Mißverständnissen führen. Einige sind unvermeidlich. Sie dürften bereits im Sprachlichen begründet sein und sollten durch die Diskussion, die sich an jedes Referat anschließen wird, aufgeklärt werden. Andere, die sich aus der soeben genannten Heterogenität ergeben, werden wohl bestehen bleiben müssen. Ich kann an dieser Stelle nur an alle appellieren, auch dort zuzuhören, wo Argumentationsketten vorgebracht werden, die eigenen Vorstellungen entgegenstehen und Tendenzen zur Wahrnehmungsabwehr kräftig aktivieren.

Einem möglichen Mißverständnis möchte ich aber gleich hier begegnen, da es den inhaltlichen Aufbau der Schrift betrifft. Es werden — sehr vereinfacht ausgedrückt — zunächst die „Praktiker", dann die „Theoretiker" zu Wort kommen. Daraus könnte man ableiten, daß zunächst der Ist-, dann der Sollzustand mit den daraus ableitbaren Konsequenzen für den Ist-Zustand gezeichnet werden soll, oder — etwas salopper formuliert — daß zunächst die Praktiker der Verkehrsplanung über ihre tägliche Arbeit berichten und dabei in das Messer der „richtigen Vorgehensweise" rennen, das die Theoretiker gezückt haben. Dieses Messer existiert nicht. Unsere Entscheidung für die Reihung ist anders begründet: Die Arbeiten, in denen das Planungsvorgehen in der Praxis geschildert wird, sollen das Material liefern, an dem die Konzepte der Theoretiker erprobt und gegebenenfalls ihre Grenze finden können.

Ich will hier darauf verzichten, den Inhalt oder auch nur die Kerngedanken der einzelnen Arbeiten im voraus zu nennen. Ich darf mich aber bei allen, die hier zu Wort kommen, herzlich für ihre Bereitschaft zur Übernahme eines Beitrags bedanken. Diese Bereitschaft war so groß, daß wir hier mit der nach unserer Auffassung „optimalen Besetzung" diskutieren; der von uns geplante Arbeitskreis entspricht fast völlig dem, der hier versammelt ist.

So gilt — in der Reihenfolge der Beiträge — dieser Dank

— *Herrn Prof. Dr. Helmut Klages,* der über Euphorie und Ernüchterung in der kurzen Geschichte systematischer politischer Planung berichten, auf Ziele und Methoden der politischen Planung eingehen und Einblick in die Möglichkeiten einer differenzierten Vorgehensweise politischer Planung in der Praxis am Beispiel des „Integrierten Planungs-, Entscheidungs- und Kontrollsystems (IPEKS) des Landes Rheinland-Pfalz geben wird,

— *Herrn Baudirektor Dr. Jürgen Huber und Herrn Ministerialrat Dipl.-Kfm. Eberhard Meyer,* die über die Vorgehensweise bei der koordinierten Verkehrswegeplanung des Bundes berichten, auf den dabei durch die finanziellen Orientierungsdaten gegebenen Rahmen verweisen und die Bedeutung der Kosten-Nutzen-Analyse aufzeigen und ihre Beziehung zum politischen Entscheidungsprozeß verdeutlichen werden,

— *Herrn Ministerialrat Dr. Jürgen Engelhardt,* der über die Nahverkehrsplanung des Landes Bayern berichten und das differenzierte System der dabei zu berücksichtigenden Kriterien aufzeigen wird,

— *Herrn Prof. Dr. Karlheinz Schaechterle,* der das Vorgehen bei der integrierten Verkehrsplanung im Zeitablauf — gewissermaßen als Phasenmodell — darstellen und dabei verdeutlichen wird, in welchem Maße bereits die mit der konkreten Planungsarbeit betrauten Ingenieurswissenschaften Erkenntnisse der Sozialwissenschaften bei der Planungsarbeit berücksichtigen oder zu berücksichtigen suchen,

— *Herrn Akad. Oberrat Dr. Walter Molt,* der — in bewußt provozierender Frische — die Grenzen rationalen Planens aufzeigen und auf die vom Psychologischen her gegebenen Schwierigkeiten des Planers bei seiner Arbeit aufmerksam machen wird, die zu einer verhängnisvollen Eigendynamik des Planungsprozesses führen können,

— *Herrn Prof. Dr. Gerhard Kaminski,* der in differenzierter theoretischer und phänomenologischer Analyse der Frage nachgehen wird, wie sich die Interessen des Bürgers im politischen Planungsprozeß artikulieren können, wobei die Kommunizierbarkeit hoch komplexer Strukturen und die Notwendigkeit und Problematik der Komplexitätsreduktion bei der Kommunikation zwischen Planer und Bürger besonders thematisiert werden,

— *Herrn Prof. Dr. Karl Otto Hondrich,* der vor dem Hintergrund seines bedürfnistheoretischen Ansatzes fragen wird, wie Bedürfnisse — und ihre Aggregierung im Bedarf — ermittelt werden können, wie derartige Daten — bedenkt man die Dynamik der Bedürfnisse im Zeitablauf — für die Planung genutzt werden können und welchen Beitrag die entsprechenden Daten für die Evaluierung leisten können,

— *Herrn Dipl. oec. Martin Held,* der über das Augsburger Forschungsprojekt „Anwendungsbezogene Theorie der Bedrüfnissteuerung" berichten wird, dessen Grundgedanken ich bereits schilderte,

— *Herrn Prof. Dr. Bernd Biervert und Frau Dipl.-Volkswirt Gabriele Köhler,* die die Thematik wieder erweitern, detailliert nach den Kriterien der Bewertung öffentlicher Güter fragen und die sich daraus ergebende Problematik der Zielfindung und Legitimation artikulieren werden.

Mein Dank gilt den Protokollanten, die sich bereit erklärt haben, die erfahrungsgemäß — trotz noch so tüchtiger Diskussionsleitung — etwas diffusen Diskussionen zu protokollieren, zu strukturieren und in ihren wichtigsten Gedanken darzustellen:

— *Frau Dr. Marianne Heinemann-Knoch*

— *Herrn Hans-Jürgen Schiffler*

— *Herrn Dipl. oec. Herbert König*

— *Herrn Dipl.-Ing. Heinz Tiefenthaler*

— *Herrn Dipl. oec. Martin Held*

— *Herrn Prof. Dr. Hans Hartmann*

— *Herrn Prof. Dr. Hermann Brandstätter*

— *Herrn Dipl. oec. Ain Kompa*

Besonderen Dank gilt *Herrn Prof. Hermann Brandstätter* und *Herrn Prof. Hans Hartmann,* die durch tolerante und zugleich interessierte Haltung die Installation relativ autonomer Forschungsgruppen innerhalb der Fachgruppe Psychologie der Universität Augsburg ermöglichten.

Bedanken möchte ich mich auch bei *Frau Ursula Brutscher, Frau Åse Lie, Frau Ingrid Schmucker und Frau Ingeborg Schnörch,* die uns bei der Vorbereitung und Durchführung dieser Tagung und ihres schriftlichen Niederschlags initiativereich unterstützten.

Dank auch dem Diözesanverband Augsburg, der uns die schönen Räume im Hause St. Ulrich für die Tagung zur Verfügung stellte.

Last not least gilt mein Dank — und ich darf hier auch im Namen des Mitherausgebers *Walter Molt* sprechen — der *Fritz Thyssen Stiftung e. V.,* die nicht nur die Mittel für die Durchführung dieser Tagung zur Verfügung stellte, sondern insgesamt unser Forschungsprojekt in großzügiger Weise finanziell unterstützt und auch die Drucklegung der Ergebnisse dieser Tagung gefördert hat.

Literatur

Biervert, B.; Ewald, G.; Molt, W.; v. Rosenstiel, L.; Strümpel, B.: Einführung in die Ökonomische Psychologie. Universität Augsburg, 1977.

Lewin, K.: The conceptional representation and the measurement of psychological forces. Durham, 1938.

Münsterberg, H.: Psychologie und Wirtschaftsleben. Leipzig, 1912.

Skinner, B.: Beyond freedom and dignity. New York, 1971.

Stapf, H.: Beurteilungsfehler in der subjektiven Kostenschätzung des Pkw. Dipl.Arbeit. Augsburg, 1975.

Tolman, E. C.: Purposive behavior in animals and man. New York, 1932.

Vroom, V. H.: Work and motivation. New York, 1964.

HELMUT KLAGES

2. Politische Planung: Ziele, Methoden und Zwänge aus verwaltungswissenschaftlicher Sicht

2.1. Begriff der politischen Planung

Ich muß am Anfang dieses Vortrags einige Erwartungen enttäuschen, die vielleicht durch seinen Titel wachgerufen worden sind. Die „Verwaltungswissenschaft" kann ich — ungeachtet meines Speyerer Hintergrunds — nur sehr eingeschränkt repräsentieren. Sie wird gerade auch bei uns in Speyer heute bereits durch Spezialwissenschaftler vertreten, die sich — auch gegenüber den verwaltungswissenschaftlich orientierten „Nachbarwissenschaften" — als eine „Disziplin" sui generis verstehen. Ich werde diesen Vortrag also als ein Soziologe halten, dessen Beziehungen zum Arbeits- und Erfahrungsfeld der öffentlichen Verwaltung verhältnismäßig eng sind. Dementsprechend werde ich die Thematik relativ „frei" behandeln, ohne mich allzusehr an fachwissenschaftliche Spielregeln des professionellen Diskurses, wie sie da und dort existieren mögen, gebunden zu fühlen.

Der Begriff „politische Planung" war in der Zeit vom Ende der 60er bis zum Beginn der 70er Jahre ausgesprochen wert- und bekenntnisgeladen und denkbar eng mit den Grundüberzeugungen eines neuen Verständnisses von „Planung" überhaupt verknüpft. „Politische Planung bedeutete nämlich weithin nicht etwa nur ‚Planung der Politik', sondern vielmehr gleichzeitig auch:

— aktive (d. h. nicht mehr ausschließlich reaktive) Planung;

— konzeptionelle (d. h. nicht mehr ausschließlich interventionistische) Planung;

— integrative (d. h. nicht mehr punktuell ansetzende oder ressortspezifische) Planung;

— langfristig-zukunftsbezogene (d. h. nicht mehr kurzfristig auf die Bewältigung gerade anfallender Probleme abstellende) Planung;

— offene, partizipative (d. h. nicht mehr „autoritäre", vom grünen Tisch her dekretierende, allenfalls noch die „Träger öffentlicher Belange" und die organisierten Interessen berücksichtigende) Planung;

— gesellschaftspolitisch motivierte (d. h. nicht mehr an der Bedienung von Einzelinteressen und -bedürfnissen ausgerichtete) Planung.

Hinsichtlich der Realisierbarkeit dieser im Rückblick sehr idealistisch und ambitiös anmutenden Zielsetzungen für die Planung (oder, genauer gesagt, für die „Planungsplanung") bestand bei progressiven Planungstheoretikern ein ausgesprochener ‚Optimismus mit pessimistischen Einsprengseln'. So erklärte *Naschold* (1969), der strukturimmanente Entfaltungstrend der Planung (ihre „Strukturlogik") sei auf der Seite der Planer, die sich somit mit der einen Einschränkung auf den selbstläufigen Gang der Dinge verlassen könnten, daß der Entstehung einer alles beherrschenden „technokratischen Steuerungsplanung" Einhalt geboten werden müsse, die angesichts der vorherrschenden politischen Apathie der Bürger günstige Entfaltungschancen habe. Diese Grenze und Gefahr für die politische Planung wurde nun allerdings keineswegs für unüberwindbar gehalten. So war es etwa für *Hesse*, als er 1972 sein Buch „Stadtentwicklungsplanung: Zielfindungsprozesse und Zielvorstellungen" veröffentlichte, eine ausgemachte Sache, daß die Planung unter der einen Bedingung demokratisierbar sei, daß den Bürgern transparenzerhöhende und kommunikationsfördernde Beteiligungsmodelle angeboten würden. Auf dieser Linie bewegte sich das Gros der Diskussionsteilnehmer. Ich will mich dabei selbst keineswegs ausnehmen. In meinem Buch „Planungspolitik" (*Klages*, 1971) beschäftigte ich mich ausführlich mit der „Humanbarriere" der Planung, für deren Überwindung eine Reihe von möglichen Handlungsansätzen angegeben wurden.

Heute blickt man im allgemeinen auf diese Zeit als eine Epoche der „Planungseuphorie" zurück. Die Planungstheoretiker beschäftigten sich seit 1973/74 — zeitweilig mit einer geradezu zwanghaften Äußerungsbedürftigkeit — mit der Mitteilung zwischenzeitlicher Erkenntnisse, die sich insgesamt zu der Sammelformel der „Ernüchterung" zusammenfügen lassen. Inhaltlich betrachtet lagen (und liegen) diese Erkenntnisse sehr unterschiedlich. Ich will sie nachfolgend in Form einer Liste wiedergeben, wobei ich mich um die zwischen ihnen bestehenden Unvereinbarkeiten und Widersprüche nicht kümmere. Nach ihrer logisch-konzeptuellen Zusammengehörigkeit gruppiert lauten die entsprechenden Argumente wie folgt:

„Restriktionen" der Planung:

— staats-/verwaltungsintern: Bremswirkung überkommener innovationsfeindlich-bürokratischer Verwaltungsstrukturen;

— staats-/verwaltungsextern: Bremswirkung der gegebenen „vested interests" sozio-ökonomischen Charakters; in marxistischer Verkürzung: Einflußwirkung des „Spätkapitalismus" (vgl. hierzu das in vielen Varianten entwickelte „politökonomische Paradigma");

Immanente „Grenzen" (Limitierungen) der Planung:

— Mangelnde Möglichkeit zur informatorischen (d. h. aber gleichzeitig auch: zur verstehend-erklärenden und zur prognostischen) Durchdringung der für die modernen Gesellschaftsverhältnisse typischen Komplexität. Die Planungstätigkeit erfolgt diesem Argument zufolge insbesondere sehr häufig ohne Kenntnis und realistische Einkalkulierung ihrer eigenen Folgen und Nebenwirkungen (aktuelles Paradebeispiel: die Misere der Bildungsplanung, welche im Hinblick auf eine massenhafte Motivierung der Menschen zum Besuch weiterführender Bildungseinrichtungen „erfolgreich" war, ohne jedoch die erforderlichen Anschlußbedingungen im Beschäftigungssektor sicherstellen zu können).

— Mangelnde Möglichkeit zur Sicherstellung der notwendigen internen Eigenkomplexität des expandierenden und — zwangsläufig — immer differenzierter werdenden politisch-administrativen Systems bei gleichzeitiger Wahrung der Aktivitäts-, Zukunftsorientiertheits-, Konzeptionalitäts- und Integrationspostulate der „politischen Planung" (Einzelthematisierungen: Überforderung der Informationsaufnahme- und -verarbeitungskapazität der Organisationsspitzen; mangelnde Fähigkeit der Spitzen zur Vorgabe operationaler Ziele mit realem Steuerungspotential; mangelndes Koordinationspotential mit der Folge des Vorwiegens einer „Negativkoordination", durch die insbesondere die integrativen und innovativen Politikelemente ausgefiltert werden).

— Mangelnde Möglichkeit zur Entwicklung eines übergreifenden gesamtpolitischen Zielsystems von hohem Geschlossenheits- und Homogenitätsgrad bei gleichzeitiger Wahrung des Offenheits- und Partizipationspostulats der politischen Planung.

— Mangelnde Möglichkeit zur öffentlichen Artikulierung gesellschaftspolitischer Leitziele der politischen Planung bei gleichzeitiger Niedrighaltung des gesellschaftlich-politischen Konfliktniveaus, das vielmehr mit dem Artikulationsniveau (und mit der Präzisierung und Operationalisierung) der Zielvorstellungen positiv korreliert ist.

— Auftreten nichtintendierter sozialpsychologischer Wirkungen der politischen Planung im Sinne der „Dislokation" von sozialen „Bedürfnissen" und „Werten" (Tenbruck, 1967) in Richtung der Planungsziele und über sie hinaus, so daß erzielte „Erfolge" in der Bewertung der Bürger negative Konsequenzen haben, d. h. subjektiv als Verluste empfunden werden können.

Ungeachtet ihrer Verschiedenheit und teilweisen Widersprüchlichkeit besitzen diese Argumente, zusammengenommen wie auch für sich allein betrachtet, eine beträchtliche Durchschlagskraft, so daß sie im Hinblick auf die weitere Entwicklung der Planungsdiskussion nicht ohne Einfluß bleiben konnten. Soweit sich diese Diskussion nicht in der Ausarbeitung und Diskussion dieser Argumente erschöpft, vollzieht sie sich gegenwärtig in zwei Hauptentwicklungsrichtungen, die sich beide als „Verschiebungen" des Problematisierungsschwerpunktes verstehen lassen:

1) in Richtung einer den internen Staatsbereich betreffenden Regierungs- und Verwaltungsreformdiskussion einschließlich der Reform des

2 Bedarfsdeckung

öffentlichen Dienstrechts, die sich zunächst vom Gesichtspunkt einer Überprüfung und Weiterentwicklung der „Planungsorganisation" leiten ließ, die jedoch zunehmend in „Organisationsplanung" umschlägt und dabei ihre Verbindung zum Planungsbereich im engeren Sinne des Wortes lockert;

2) in Richtung der Diskussion über die Möglichkeit einer auf „Sozialindikatoren" gestützten bedürfnis- oder wertorientierten Entwicklungs- oder Modernisierungspolitik, in die vielfältige Problemstoffe der sozialwissenschaftlichen Theorienbildung eingehen und die somit ebenfalls gegenüber der „Planung" im engeren Sinne des Wortes auf Distanz geht (d. h. z. B. nur noch mit großer Mühe auf den Klassifikationsnenner der „Aufgabenplanung" zu bringen ist).

Wie hier erkennbar wird, fasert die zunächst so kompakt erscheinende Planungsdiskussion angesichts dieser Entwicklungslinien und der hinter ihnen stehenden Problemerfahrungen in ein breit ausladendes und komplexes Feld divergierender Erörterungen, Forschungen und Konzeptbildungen aus, dessen gemeinsamer Bezugsrahmen nur noch auf einer sehr hohen analytischen Abstraktionsebene oder bei „historischer" Blickwendung ausmachbar ist und das somit gesonderte Thematisierungen erzwingt. Ich will dem im folgenden Rechnung tragen. Ich werde mich — unter Ausklammerung des gesamten Planungsorganisations- oder Organisationsplanungskomplexes — ungeachtet der eben angesprochenen Schwierigkeiten auf denjenigen Bereich der gegenwärtigen Entwicklung konzentrieren, der ins Blickfeld tritt, wenn man vom Suchbegriff der „Aufgabenplanung" ausgeht. Ich werde mich dabei auf dem Boden der vorstehend erwähnten Entwicklungslinie Nr. 2) bewegen, und ich will damit beginnen, daß ich versuche, einige Konsequenzen, die sich aus den vorgängigen Problemerfahrungen ableiten, sichtbar zu machen. Anschließend werde ich — im Sinne meiner Themastellung — einen Operationalisierungsansatz versuchen, der auf Ziele, Methoden und Zwänge konkreter politischer Planung eingeht und der hierbei ein Problemverständnis zugrundelegt, das dem aktuellen Stand, den die Planungsdiskussion auf dem Hintergrund ihrer bisherigen „Leidensstationen" erreicht hat, gerecht wird und entspricht.

2.2. Entwicklungstendenzen

Die Konsequenzen, die sich aus den vorstehend aufgelisteten „ernüchternden" Problemerfahrungen ableiten, sollen an dieser Stelle nicht erschöpfend behandelt werden. Ich will es mir insbesondere versagen, auf eine Reihe von Rückfällen in die antiplanerische Haltung einzugehen, die in der letzten Zeit zu beobachten waren. Solche Vorgänge werden— obwohl sie verständlicherweise im Augenblick sehr viel Aufmerksamkeit und Affekt auf sich zu vereinigen vermögen — wohl kaum die mittelfristige Zukunft überdauern. Was aller Voraussicht nach überdauern wird, sind dagegen einige Entwicklungstendenzen des Grund- und Aufgabenverständnisses politischer Planung, die nachfolgend thesenförmig skizziert werden:

1. Ungeachtet der angesichts spektakulärer Ereignisse der letzten Zeit spürbar heranreifenden Neigung zur institutionalisierten Berücksichtigung bürgerschaftlicher Beteiligungswünsche findet ein Verzicht auf Partizipationsrigorismen statt, wie sie noch vor kurzem fast unbestritten en vogue waren. Insbesondere neigt man zunehmend dazu, von der Hoffnung abzurücken, durch die bloße Demokratisierung der Planungsprozesse die Ziel- und Prioritätenfindungsprobleme der politischen Planung bewältigen zu können. Die Thematik der Partizipation wird, so scheint es, zwar auch in der Planungsentwicklung von morgen und übermorgen ihren gefestigten Platz und Stellenwert haben. Die reale Perspektive, die sich abzeichnet, ist aber — unterhalb der Ebene, die durch die Mitbestimmungsdiskussion in der Wirtschaft markiert worden ist — die einer Gewährleistung erweiterter Beteiligungsrechte im Planungsprozeß, durch die Planungseingriffe in gewachsene Lebensverhältnisse und -interessen auf ein gesellschaftlich notwendiges Minimum reduziert worden.

2. Ungeachtet der Einschränkung „naiver" Erwartungen, die sich ursprünglich mit so oder so gearteten Partizipationsmodellen verbanden, kommt nun allerdings der verbindlichen Ausrichtung der Planung an der „Lebensqualität" der Bürger eine rasch zunehmende und nirgends ernsthaft in Zweifel gezogene Bedeutung zu. Manifest „technokratische" und rein „pluralistische", d. h. auf bloße Interessenbedienung abstellende Planungsansätze verlieren damit ihre Legitimität und verschwinden von der Bildfläche. Aber auch reine Lippenbekenntnisse zur „bedürfnisorientierten Planung" werden schwieriger. Die Frage nach den Maßstäben, an denen sich eine solche Planung zu orientieren hat, beginnt zunehmend die Szene zu beherrschen. Sozialindikatoren werden diskutiert und wandern in die Zielbestimmung von Planungen ein. Es gehört auch zu den neuen Erscheinungen, daß sogenannten „subjektiven" Indikatoren Bedeutung zugemessen, d. h. also die erlebte Lebenssituation der Menschen zum Ziel- und Erfolgsmaßstab erhoben wird, wenngleich die Berücksichtigung sogenannter „kollektiver" (oder „gesellschaftlicher") Güter zwingend bleibt und eine Verabsolutierung dieses Maßstabs ausschließt.

3. Wenngleich angesichts des Terrainverlustes, den „naive" Partizipationsmodelle erleiden, die Bereitschaft zur (Wieder-)Akzeptierung eta-

blierter Grundformen der pluralistisch-parlamentarischen Demokratie
steigt, werden an sie doch neue Effizienz- und Effektivitätserwartungen
gerichtet, die sich aus dem Bodengewinn des „Lebensqualität"-Ziels
ableiten. Sie verlieren somit ihre sakrosankte Selbstwertqualität und
werden daraufhin in Frage gestellt, inwieweit sie im Hinblick auf die
Sicherung und Erhöhung der Lebensqualität „funktional" sind. In diesem Zusammenhang ist auch der zeitweiligen Renaissance des Bekennt-
nisses zum „inkrementalen" Planungsverhalten und zum „piecemeal
engineering" nur eine situationsgebundene Bedeutung zuzusprechen.
Vielmehr beginnen sich alle Erörterungen des Planungssystems und seiner politisch-organisatorischen Institutionalisierungen bis hin zur
Staatssystem- und Verfassungsgestaltung zunehmend am Leitkriterium
der gesellschaftlichen Lebensqualität zu orientieren.

Obschon sich die Vorbereitungen dieser neuen Weichenstellungen
über Jahrzehnte hinweg zurückverfolgen lassen und insofern nicht von
einem gänzlich „überraschenden" Wandel gesprochen werden kann,
können wir gegenwärtig doch „qualitative Sprünge" beobachten, die
der Situation ein stark verändertes Kolorit geben. Dies betrifft insofern
auch die aktuelle Planungsdiskussion (innerhalb des hier betrachteten
Rahmens), als sie sich erkennbar auf neue Thematisierungs- und Pro-
blematisierungsschwerpunkte hinbewegt. Einer dieser Schwerpunkte,
dem ein hervorragendes Gewicht zugemessen wird, konzentriert sich
auf die elementare Frage, was denn eigentlich „Lebensqualität" sei,
bzw. wie sie — soweit sie in „subjektiven" Größen der erlebten Lebenssituation (der „Bedürfnisbefriedigung", der „Zufriedenheit", der „Wertberücksichtigung") der Bürger ausdrückbar sei — festgestellt und definiert werden könne.

Die bisher vorliegenden Antworten auf diese Frage sind nun aber
nicht einheitlich. Vielmehr ergibt sich in Verbindung mit den zwischen
diesen Antworten bestehenden Divergenzen ein neuer Auseinanderset-
zungsraum der Planungsdiskussion, der aufmerksamster Beachtung und
Erörterung bedarf. Wenn nicht alles täuscht, dann scheint es nämlich
zwischen den einzelnen Antworten nicht nur qualitative Unterschiede
der „Sichtweise" zu geben, die mit der Äqui- und Multifinalität in komplexen Sozialsystemen zusammenhängen und deren Entscheidungsspielraum demonstrieren. Vielmehr gibt es auch „Niveauunterschiede", die
sich daraus ableiten, daß neue Denkentwicklungen „Zeit" brauchen, um
sich aus verhältnismäßig einfachen Anfängen zu vollentwickelten Formen zu entfalten. Diese, der „Kultursoziologie" entnommene Interpretation, soll der nachfolgenden Diskussion zugrundegelegt werden. In ihr
geht es um die Kennzeichnung und Erörterung von „Modellen", in
denen Vorstellungen über die Erfassung und planerische Umsetzung
„subjektiver" Führungsgrößen der Planung formuliert werden, wie sie

überall dort erforderlich werden, wo mit der Frage nach der Lebenssituation der Bürger in planerisch verantworteten Lebensräumen ernst
gemacht wird.

2.3. Einfache und komplexe Bedürfnis-/Satisfaktionsmodelle

Eine erste Gruppe von Modellen, mit der wir uns am Anfang (und
das heißt zugleich auch: auf der „untersten" Stufe der aufzuweisenden
Entwicklungsreihe) beschäftigen müssen, soll durch den Kurztitel „einfache Bedürfnis-/Satisfaktionsmodelle" gekennzeichnet werden. Es handelt sich dabei, zusammenfassend charakterisiert, um Ansätze, bei
denen es darum geht, auf eine verhältnismäßig „anspruchslose" Weise
die Frage aufzuwerfen und zu beantworten, inwieweit menschliche Bedürfnisse unter den gegebenen gesellschaftlichen Bedingungen befriedigt werden oder nicht; ob also die „Lebensqualität", die in einer
Gesellschaft realisiert ist, in Anbetracht der durch sie gewährleisteten
menschlichen Lebenssituationen ausreicht.

Die Modelle, um die es hier zunächst geht, beantworten diese elementare Frage auf zweierlei Weise, so daß sich zwei Untergruppen von
Ansätzen unterscheiden lassen: In der einen Untergruppe werden aufgrund von Expertenvorschlägen und/oder politischen Entscheidungen
normative Bedürfnis-Sollwerte entwickelt, von denen man annimmt,
daß sie den realen (oder „subjektiven") Bedürfnissen der Menschen entsprechen. Man arbeitet hier also mit gleichsam stellvertretenden „objektiven" Grundlagen für die Formulierung von Planungszielen, deren
konkrete Gestalt sich dann aus einem Vergleich der Sollwerte mit den
entsprechenden Istwerten ableitet. Wir finden diese Vorgehensweise
heute noch an den verschiedensten Punkten, ja man kann sagen, daß sie
weithin noch vorherrschend ist. Man braucht nur an das Operieren mit
sogenannten „Versorgungsgraden" in der Landesentwicklungsplanung,
oder an die „gesellschaftlichen Indikatoren" des Bundesministeriums
für Städtebau, Bauwesen und Raumordnung zu denken, um prominente
Beispiele aufzufinden. Auch die Bemühungen der Vereinten Nationen
um die Festlegung von Armuts- und Reichtumsgrenzen (von sozialen
Minima und Maxima) bauen auf dieser Grundlage auf.

Die offenkundige Schwäche dieser Ansätze ist nun, daß sie allesamt
der Gefahr ausgesetzt sind, sich auf die Werte, Bedürfnisse und Soll-
vorstellungen von sozialen Minderheiten (von wissenschaftlichen, politischen und administrativen Planungs- und Entscheidungseliten)
zu stützen und somit an den Präferenzen der Bevölkerungsmehr-
heit vorbeizuzielen. In der zweiten Untergruppe der einfachen Bedürf-
nis-/Satisfaktionsmodelle wird demgegenüber versucht, dieser Gefahr
dadurch zu begegnen, daß an die Bevölkerung selbst mit empirischen

Erhebungen herangetreten wird, um die subjektiv erlebten Spannungen zwischen dem Wünschenswerten und dem Vorhandenen ans Licht zu befördern. Typischerweise werden dabei vielfach — und eben hierin besteht die „Einfachheit" der betreffenden Ansätze — direkte Messungen von Bedürfnissen aufgrund von Umfragen angestrebt, wobei man sich neuerdings des Sozialindikatorenansatzes bedient. Die Beispiele, die hier anzuführen sind, reichen von den Wohnwunschbefragungen, welche den Städtebau der letzten 20 Jahre begleitet haben, bis zu der OECD-Liste von Indikatoren für „areas of social concern", mit deren Hilfe eine bedürfnisgerechte Entwicklungspolitik unter Einschluß internationaler Leistungstransfers sichergestellt werden soll.

In dieser zweiten Untergruppe von Ansätzen sind die Schwächen, die wir gerade festgestellt haben, vermieden. Dafür weisen sie aber andersartige (in gewisser Hinsicht: entgegengesetzte) Schwächen auf, die nicht minder gravierend sind. Sie unterstellen nämlich erstens eine Verläßlichkeit und Zukunftsrelevanz punktueller Messungen, die angesichts der Tatsache, daß „Bedürfnisse" nicht statisch, sondern höchst variabel und tangibel sind, nicht einlösbar ist. Sie gehen darüber hinaus aber zweitens auch von der höchst anfechtbaren Prämisse aus, daß zwischen der Stärke manifester Bedürfnisse und dem Umfang von Befriedigungsleistungen lineare Reziprozitätsverhältnisse bestehen, so daß sich an dem Profil empirisch ermittelter Bedürfnisse ablesen lasse, an welchen Punkten Ressourcenallokationen mit bedürfnisbefriedigender Wirkung möglich seien und in welcher Höhe jeweils ein Mitteleinsatz erforderlich sei.

Bei dieser, dem zweckrationalen Denken sehr naheliegenden Prämisse wird einmal außer acht gelassen, daß „an und für sich" vorhandene Wünsche und Bevorzugungen verdrängt oder in sekundäre Lebensbereiche abgeschoben sein können, so daß die unmittelbar meßbaren „Bedürfnisse" im negativen Grenzfall nur die Resignationsprodukte individueller Konfliktlösungen und Frustrationsverarbeitungen wiedergeben. Zum anderen wird in dieser Prämisse aber auch übersehen, daß die soziale Bewertung öffentlicher Ressourcenallokationen keineswegs der Höhe des Mitteleinsatzes proportional ist, sondern höchst einschneidende „kontra-intuitive" Abweichungen zur Schau stellt, die auf Wahrnehmungsbarrieren oder auch auf ansteigende Aspirationen und Erwartungen zurückgeht.

Fassen wir die Kritik an den beiden Untergruppen der „einfachen Bedürfnis-/Satisfaktionsmodelle" zusammen, dann zeigt sich, daß sie strenggenommen den Anforderungen, die an eine realitätsoffene Planung gerichtet werden müssen, nicht gerecht werden können. Glücklicherweise brauchen wir bei dieser deprimierenden Feststellung nicht stehenzubleiben, da es neben (oder vielmehr: oberhalb) der „einfachen Bedürfnis-/Satisfaktionsmodelle" auch „komplexe Bedürfnis-/Satisfaktionsmodelle" gibt, denen ich mich jetzt zuwenden will. Das entscheidende Kriterium, an denen sich die Grenze zwischen den beiden Modellgruppen festmachen läßt, ist das Vorhandensein von „Aktormodellen", mit deren Hilfe das Verständnis, die Erklärung und Prognose der Dynamik menschlicher Präferenzen und Verhaltensdispositionen angestrebt wird. Hier wird also nicht mehr auf die direkte Erhebbarkeit und Meßbarkeit von Bedürfnissen vertraut. Vielmehr wird davon ausgegangen, daß „Bedürfnisse" nur Zustände innerhalb eines komplexen persönlichkeitsdynamischen Bedingungsrahmens sind, der seinerseits mit makrogesellschaftlichen Kontextvariablen verknüpft ist und daß es für die Erfassung und Vorhersage von „Bedürfnissen" unerläßlich ist, diesen Bedingungsrahmen und Kontext zu entschlüsseln.

Ich möchte vorweg sagen, daß sich dieser Charakterisierung im Hinblick auf den richtigen Zugangsweg zur Auffindung der „subjektiven" Lebensqualität als Planungsparameter an und für sich wenig hinzufügen läßt. Was die „komplexen Bedürfnis-/Satisfaktionsmodelle" nichtsdestoweniger problematisch werden läßt, ist ihr Bemühen, der Komplexität des Forschungsprogramms, welches diese Charakterisierung zweifellos beinhaltet, durch vereinfachende Annahmen „heuristischer" (d. h. unrealistischer) Natur aus dem Wege zu gehen. Typischerweise werden auf dieser Stufe der Modellentwicklung mehr oder weniger „systemkonforme" Aktormodelle verwendet, d. h. Modelle von Handelnden, welche nicht ernsthaft in die von eigenen Ideen über richtige Planung gesteuerte Tätigkeit der Planungssubjekte intervenieren. Es lassen sich bei einer Durchsicht der einschlägigen planungs- und sozialwissenschaftlichen Literatur zumindest drei Wege zu einer solchen harmonisierenden Komplexitätsreduzierung feststellen:

— Annahmen über eine stabilisierende und/oder richtunggebende sozialpsychologische Wirkung der Planung gegenüber den verhältnismäßig ungefestigten und leicht beeinflußbaren Bedürfnissen. Die Planung tritt hier selbst in die Rolle der bedürfnissteuernden Instanz und braucht sich infolgedessen konsequenterweise nicht weiter um die „Rohform" der Bedürfnisse zu kümmern.

— Annahmen über eine mögliche Transformation der Menschen in vollrationale Handlungssubjekte, deren Rationalitätsprinzipien sich in voller Deckung mit dem von den Planungseliten vertretenen Rationalitätsprinzipien befinden. Auch hier kann der „empirische Mensch" als Rohform seiner eigentlichen Möglichkeit vernachlässigt werden, wobei der Unterschied zur vorerwähnten Alternative darin besteht, daß hier eine öffentliche Erziehungsstrategie kommunikativer oder indoktrinativer Natur mitgedacht wird.

— Annahmen über eine — gewöhnlich auf den Amerikaner *Maslow* (1954) zurückgeführte — universalmenschliche „Hierarchie" von Bedürfnissen, deren Kenntnis es scheinbar erlaubt, sich jenseits der schwankenden Oberfläche unmittelbar äußerungsfähiger und empirisch feststellbarer menschlicher Bedürfnisse auf einen feststehenden Antriebskern und auf ein fixes Schema des Bedürfniswandels zu beziehen und insofern Sicherheit für die Formulierung langfristiger Planungszielsetzungen zu gewinnen. Auch hier kann der „empirische Mensch" mit all seiner verwirrenden Komplexität vernachlässigt werden, wobei gegenüber dem „Voluntarismus" der ersten und dem „Aufklärungs"-Konzept der zweiten Alternative eine „ontologische" Reduzierungsrichtung eingeschlagen wird.

2.4. Vollentwickelte Systemmodelle; Beispiel: IPEKS

Die kritische Überprüfung der „komplexen Bedürfnis-/Satisfaktionsmodelle" führt zu dem Ergebnis, daß auch sie nicht als Zugangswege zu dem „in der Luft liegenden" Ziel der Auffindung, Strukturierung und planerischen Umsetzung der „subjektiven" Lebensqualität in Frage kommen. Wir werden somit auf eine dritte Ebene der Modellentwicklung gezwungen, auf der uns allerdings — jedenfalls gegenwärtig noch — die dünne Atmosphäre noch im Werden befindlicher Modellschöpfungen entgegenweht.

Ich will den Dingen, denen wir hier begegnen und die ich im vorliegenden Rahmen nicht mehr im einzelnen kennzeichnen kann, zunächst einmal einen Namen geben. Sie sollen als „vollentwickelte Systemmodelle" bezeichnet werden. Ihr entscheidendes Merkmal besteht — abstrakt gesagt — darin, daß sie der oben formulierten Zielformel der „komplexen Bedürfnis-/Satisfaktionsmodelle" ohne verzerrende Verkürzungen gerecht werden, daß sie also die „Bedürfnisse" (die menschlichen Wünsche, Präferenzen, Motive, Aspirationen, Erwartungen und die aus ihrer Nichterfüllung wachsenden Spannungen) in den Bezugsrahmen ihrer persönlichkeitsdynamischen Bedingungen und ihres gesellschaftlichen Kontexts stellen und sie somit in ihrem „Systemzusammenhang" analysieren. Sofern diese Systemmodelle Planungsrelevanz haben sollen, müssen sie natürlich auch eine Formel für die Übertragung der Analyseergebnisse in den Horizont des gestaltenden Handelns enthalten, welche der institutionalisierten politischen Dimension der Gesellschaft (dem „politisch-administrativen System") den erforderlichen Handlungsspielraum sichert (es dürfte innerhalb dieses Kreises kaum als anstößig empfunden werden, wenn ich feststelle, daß eine gleichsam „automatische" Umsetzung von wissenschaftlich erhobenen und analysierten menschlichen Verhaltensdispositionen in politisch-planerische Tätigkeiten angesichts der Knappheit des Verfügbaren und der stets zu berücksichtigenden externen Zwänge und Störungen immer eine Utopie bleiben wird).

Diese zunächst noch ganz allgemeine Kennzeichnung könnte nun Schritt für Schritt in konkrete Einzelbestimmungen umgesetzt werden.

Ich will diesen — im Grunde genommen gar nicht umgehbaren — Weg im Augenblick nicht gehen, sondern am Ende meines Vortrags einen Sprung in die Praxis der politischen Planung unternehmen, wobei ich — im Sinne einer „Einzelfallstudie" — ein Beispiel aufgreife, an dem sich einige der Merkmale des vollentwickelten Systemmodells zumindest in einer approximativen Form aufweisen lassen. Ich meine das in der letzten Zeit zunehmend häufig diskutierte „Integrierte Planungs-, Entscheidungs- und Kontrollsystem (IPEKS)" des Landes Rheinland-Pfalz.

Natürlich kann meine Einzelfallstudie hier nur sehr skizzenhaft sein und umrißhafte Vorstellungen vermitteln. Ausgangspunkt von IPEKS ist die Grundannahme, daß die moderne Gesellschaft nicht als ein sich selbst regulierendes System begriffen werden kann, sondern durch „aktive Politik" in Richtung einer erstrebenswerten Zukunft gesteuert werden muß. Was „erstrebenswerte Zukunft" heißen soll, wird von zwei sollwertgebenden Instanzen her entschieden. Einmal von dem „zukunftbezogenen politischen Gesamtkonzept der Landesregierung" her; zum anderen vom „Wertsystem der Bevölkerung" her. Ein erster wesentlicher operativer Bestandteil von IPEKS ist es nun, diese beiden sollwertgebenden Instanzen explizit werden zu lassen, indem die Präferenzen, die jeweils bestehen, mittels eines Katalogs von „Grundwerten" ermittelt werden. Faktisch ging man hierbei so vor, daß man aufgrund einer Inhaltsanalyse verfügbarer politischer Grundsatzdokumente wie auch aufgrund von Plausibilitätsüberlegungen fünf Grundwerte (Freiheit, Solidarität, Gleichheit, Pluralität, Effektivität) festlegte und durch Definitoren hinsichtlich ihres semantischen Profils klärte. Nunmehr wurden sowohl die politischen Spitzen der rheinland-pfälzischen Ministerialbürokratie als auch die im Rahmen eines Stichprobenplans identifizierten Repräsentanten der Bevölkerung aufgefordert, im Hinblick auf diese Grundwerte eine Präferenzordnung herzustellen und anschließend zu beurteilen, inwieweit die politisch-gesellschaftliche Wirklichkeit aufgrund ihrer bisherigen Entfaltung und Entwicklung dieser Präferenzordnung gerecht wird oder nicht. Es ergaben sich daraus auf beiden Seiten Abweichungen zwischen Soll und Ist, aus denen auf die erforderlichen Basis-Prioritäten des politischen Handelns geschlossen wurde. Natürlich sahen die Prioritäten der Regierungspolitiker nicht ganz genauso aus, wie die der Bevölkerungsstichprobe, wenngleich es eine breite Übereinstimmungszone gab. Den Regierungspolitikern, welche die eigentlichen Adressaten der Systementwicklung waren, konnte somit gesagt werden: An diesem und jenem Punkt habt Ihr, Politiker, ein anderes politisches Grundverständnis als die Menschen, die ihr repräsentiert. Den Regierungspolitikern wurde es an diesem Punkt freigestellt, sich für die Anpassung an die Werte der Bevölkerung oder für die Alternative der Einwirkung auf sie zu entscheiden. Beide Lösungen wurden mit Anwendung auf unterschiedliche Wertbereiche eingeschlagen, wobei im einen Fall die Präferenzordnung der Regierungspolitiker eine Korrektur erfuhr, während man sich im anderen Fall dafür entschied, nach Möglichkeit auf eine „Veränderung des Wertbewußtseins der Bevölkerung" hinzuwirken.

Die nachfolgenden Phasen dieser sogenannten „Zielrahmenplanung" wie auch die sich an die Zielrahmenplanung anschließenden Phasen der Zielprogrammplanung und der Operativen Planung vollzogen sich nun in einer Wechselbeziehung zwischen den Regierungspolitikern und den beratenden Wissenschaftlern, d. h. also unter Ausklammerung der Bevölkerung (wie auch übrigens der Parlamentarier). Ein wesentlicher Schritt war hierbei, daß zunächst einmal — unter Rückgriff auf die strukturell-funktionale Theorie des Soziologen *Parsons* — Funktionsbereiche des Gesellschaftszusammenhangs identifiziert wurden, welche gleichzeitig als die hauptsächlichen „Aktionsbereiche der Politik der Landesregierung" begreifbar waren (Wirtschaft, Kultur, Soziales, Staat/ Verwaltung). Diese Aktionsbereiche wurden zunächst im Hinblick auf ihre „Wertbeiträge" (d. h. also im Hinblick auf ihre Bedeutung für die Verwirklichung der fünf Grundwerte) analysiert und gewichtet, wobei wiederum Abweichungen zwischen Soll und Ist festgestellt wurden, die — in Verbindung mit den Rangstellungen der einzelnen Zielbereiche — eine erste Annäherung an Programmprioritäten ermöglichten. Sodann wurden — innerhalb der Aktionsbereiche — unter Anlehnung an die einzelnen Deskriptoren der Grundwerte Ziel- oder Handlungsfelder konkreteren Charakters identifiziert, die nun nochmals einer Soll-Ist-Vergleichsbewertung unterzogen werden konnten. Man erhielt am Ende also eine Liste von Handlungsfeldern auf Programmebene, „in denen die Wirkung der Politik von den angestrebten Wertpräferenzen am meisten abweicht" und die zur Grundlage aktueller, am Leitbild konzeptioneller Politik orientierter Prioritäten-Entscheidungen gemacht werden kann.

Nun, man kann diese Beschreibung auf eine noch kürzere Formel bringen und sagen: IPEKS stellt einen Ansatz für eine vorwiegend deduktiv verlaufende Zielplanung dar, welche — unter Einbeziehung von Wertsystemelementen der Bevölkerung — die Richtungen und Schwerpunkte der Politik aufgrund der in Zielbeitragsleistungen gemessenen Nutzenwirkungen der zur Auswahl stehenden Programme und Programmalternativen bestimmt. Wenn man IPEKS unter Verwendung der von mir entwickelten Modell-Typologie klassifiziert, dann wird man sagen können, daß es sich hier um einen Ansatz handelt, der das Niveau des vollentwickelten Systemmodells anzielt, ohne es jedoch faktisch bereits voll zu erreichen. IPEKS strebt zwar über das system-

konforme Aktormodell hinaus, indem es sich nicht an spekulativen Annahmen über die Wünsche und Dispositionen der gesellschaftlichen
Handlungssubjekte orientiert, sondern die Ergebnisse empirischer Forschungen einfließen läßt. Dies geschieht jedoch auf einer Ebene verhältnismäßig hoher Abstraktheit, ohne Ausschöpfung der differenzierten
Facetten und Nuancen, welche empirische Untersuchungen von Wertsystemen an den Tag fördern wie auch ohne Berücksichtigung konkreter Politikbewertungen auf der Ebene der politischen Einstellungen
oder auch auf der Ebene von Wählerentscheidungen. Auch die Auswirkungen des politischen Handelns auf die subjektive Befindlichkeit
der Menschen, die eigentlichen „Lebensqualität"-Beiträge der Politik,
bleiben außer Betracht. Eine Politik, die sich an IPEKS orientiert, kann
somit die Frage nach ihrer „Legitimität" letztlich nur normativ, nicht
aber auf der Ebene der Frage nach dem faktisch legitimitätsstiftenden
Effekt ihrer Entscheidungen und Leistungen beantworten. Sie kann,
kürzer ausgedrückt, ihre Effektivität im Sinne der konkreten Annäherung an das Ideal optimaler Wertberücksichtigung weder eindeutig
planen noch eindeutig kontrollieren, und sie kann sich keine Rechen-
schaft darüber ablegen, ob und inwieweit Maßnahmen, zu denen sie
sich bereitfindet, Zustimmung oder Ablehnung mobilisieren und somit
die Basis ihrer politischen Macht stabilisieren oder gefährden.

Anders ausgedrückt müßte IPEKS oder ein anderes ähnlich aufge-
bautes System politischer Planung im Hinblick auf die Explorierung
und Berücksichtigung der sozialen Wertsysteme und der Auswirkung
politischer Handlungen auf die subjektive Lebensbefindlichkeit der
Menschen noch einige große Schritte auf dem eingeschlagenen Weg
weitergehen, um die Ebene des vollentwickelten Systemmodells mit
einem ausgebauten Aktor-Submodell erreichen zu können.

Es lohnt sich nun allerdings am Beispiel von IPEKS, zu überlegen,
welche Probleme ein Planungssystem zu bewältigen hat, wenn es diese
Schritte tun will.

Grob gesagt hat ein solches weiterentwickeltes Planungssystem zunächst eine außerordentlich gesteigerte Menge von Informationen zu
verarbeiten. Es muß Sensoren besitzen, welche den empirischen Wertsystemen in der Bevölkerung bis in feine Verästelungen und bis in
mehr oder weniger verdeckte Bereiche nachspüren und welche gleichzeitig Wandlungstendenzen, Beeinflußbarkeiten, Politikakzeptanzbereit-
schaften und Reaktionsneigungen sensibel aufzuspüren vermögen. Das
System muß weiterhin strukturell gesehen viel „offener" sein und die
Verarbeitung von Inputs gestatten, welche aus dem „politischen Prozeß" heraus politikwirksam werden (IPEKS enthält, wie schon gesagt,
keine Informationen über die Präferenzen der Parlamentarier. Es ent-

hält aber auch keine Parteien- und Verbände-Präferenzen und bewegt sich somit in einem politisch homogenen Raum, der überall da, wo die Führungsverhältnisse nicht so gelagert sind, wie sie in Rheinland-Pfalz während der IPEKS-Entwicklung waren, nicht den pluralistischen Realitäten unserer politischen Landschaft entspricht).

Ungeachtet seiner verstärkten Informations- und Inputoffenheit muß ein solches System nun allerdings auch eine gewisse Immunität im Hinblick auf tagespolitisch bestimmten Opportunismus bewahren können, wenn es dem Postulat der Zukunftsorientiertheit nicht adé sagen will. Es muß gleichzeitig eine hochgradige Indifferenz gegenüber den Versuchungen der Macht entwickeln, welche sich zweifellos aus der Kenntnis empirischer Akzeptanzbereitschaften und Reaktionsmuster gegenüber politischen Entscheidungen ableiten. Man kann sich mit gutem Grund auf den Standpunkt stellen, daß das verbindliche Bekenntnis zu feststehenden Grundwerten unter den Bedingungen der gegenwärtigen politischen Moral immer noch ein gutes Stück „redlichen" Glaubens hinsichtlich der Übereinstimmung dieser Werte mit den Werten, Aspirationen und Erwartungen der Bevölkerung voraussetzt. Anpassungs- und Machtopportunismus können demgegenüber der Preis einer diesen Glauben enttäuschenden Aufklärung sein, die rein sozialtechnologisch erfolgt. Aus einer solchen Aufklärung kann sich auch die Tendenz zu einer Einschränkung der Demokratie ergeben, wie wir sie heute bereits in den meisten Ländern der Dritten Welt beobachten können (es gibt keinen Zweifel daran, daß es eine Regierung gerade bei der Planung großer „zukunftsweisender" Programme im Hinblick auf die Sicherstellung von Akzeptanz und Legitimitätsgewährung seitens der Bevölkerung leichter hat, wenn sie seitens der Massenmedien, der Verbände und der Parteien mit „Loyalität" rechnen kann. In der UdSSR z. B. gibt es trotz eines forcierten Atomstromprogramms keine oppositionellen Bürgerinitiativen).

Summa summarum konfrontiert uns die Perspektive der politischen Planung auf der Ebene vollentwickelter Systemmodelle also mit Problemen der Politikerweiterung und -veränderung, auf die sich ad hoc nur schwerlich befriedigende Antworten geben lassen. Vielleicht ist dies das entscheidende Dilemma der politischen Planung der 70er und 80er Jahre, daß ihre Weiterentwicklungsperspektiven an Grenzen der politischen Systembedingungen stoßen, die wir nicht leichtfertig mit einem Aufruf zur Systemveränderung beantworten können, sondern die ihre Verankerung in letztlich eben denjenigen Grundwerten haben, auf die sich die Planung selbst beziehen muß, wenn sie nicht hyperpragmatisch, machiavellistisch oder totalitär werden will.

Literatur

Hesse, J. J.: Stadtentwicklungsplanung: Zielfindungsprozesse und Zielvorstellungen. Stuttgart, 1972.

Klages, H.: Planungspolitik. Stuttgart, 1971.

Maslow, A. H.: Motivation and Personality. New York, 1954.

Naschold, F.: Organisation und Demokratie. Stuttgart, 1969.

Parsons, T.: The Social System. New York, 1964.

Tenbruck, F. H.: Zu einer Theorie der Planung. In: Wissenschaft und Praxis.
Festschrift zum zwanzigjährigen Bestehen des Westdeutschen Verlages.
Köln / Opladen, 1967.

MARIANNE HEINEMANN-KNOCH

3. IPEKS — Ein Kompromiß aus Kompromissen?

Diskussionsprotokoll zum Referat von Helmut Klages

Zur Diskusssion des Vortrages von *Klages* boten sich drei Möglichkeiten
der Strukturierung an:

— die generelle Einschätzung von politischer Planung,

— der von Klages vertretene Anspruch politischer Planung,

— seine Klassifikation unterschiedlicher Modelle politischer Planung.

Während der Diskussion, die sich im wesentlichen auf das Verhältnis
von Entscheidenden (Politikern) und Betroffenen konzentrierte, wurden
diese drei Ebenen in unterschiedlicher Weise miteinander verbunden. Die
Diskussion knüpfte in ihrem eigentlichen Tenor an die Darstellung des
„Integrierten Planungs-, Entscheidungs- und Kontrollsystems (IPEKS)"
des Landes Rheinland-Pfalz an. *Klages* wollte mit IPEKS analysieren,
wie mögliche Einflußgrößen der Beziehungen zwischen Entscheidenden
und Bevölkerung bestimmt werden können. Er stellte nochmals die
wünschenswerten Leistungsdimensionen eines Modells politischer Planung heraus, nämlich:

— die Steigerung der Informationsverarbeitungskapazität,

— die Offenheit des Systems,

— die Immunität gegenüber tagespolitischen Strömungen und

— die Indifferenz gegenüber machtpolitischen Erwägungen.

Strebe man nach der Erfüllung dieser Leistungskriterien, so sei ein
„Systemmodell mit erweitertem Struktursektor" als über-disziplinäres
Kernmodell politischer Planung dann machbar, wenn man voraussetze,
daß das Erklärungspotential spezifischer psychologischer Theorien für
den gesellschaftlichen Makrobereich groß ist und daß wissenschaftlich-
theoretische Integrationsleistungen notwendig sind z. B. zwischen Dissonanztheorie und Lerntheorie.

Die Hypothese der „Machbarkeit" führte zu der Frage nach der Legitimation für bei IPEKS vorgenommene Expertenbewertungen; das Lei-

stungskriterium der „Immunität gegenüber machtpolitischen Erwägungen" könne offensichtlich bei solchen Expertenbewertungen nicht erreicht werden, da kaum anzunehmen sei, daß Experten machtpolitisch indifferent sein können.

Dieser Kritik hielt *Klages* entgegen, daß in Kalküle über Werte und Bedürfnisse wohl auf jeden Fall — selbst bei strukturerweiterten Gesellschaftsmodellen — Vorgaben von Seiten der Planung eingehen. Daher seien im Planungsprozeß immer politische Prozesse der Kompromißaushandlung (bargaining) notwendig zwischen Experten (Politikern) und Betroffenen. Das Aushandeln von Kompromissen erfordere die Kombination von drei Orientierungsbereichen, nämlich:

— von technisch gelagerten Orientierungsbereichen (z. B. verkehrswissenschaftliche Leitgrößen technischer Art),

— von gesellschaftlichen Orientierungsbereichen und

— von aktuellen politischen Problemen.

Ob mit dieser generellen Aussage über politische Planung, die das Aushandeln von Kompromissen erfordere, die aktuelle Legitimationsproblematik der Expertenbewertung praktisch zu lösen wäre, blieb jedoch dahingestellt. Trägt eine solche Forderung nicht neuerlich bei zu dem von *Klages* konstatierten Mißverhältnis zwischen tatsächlichen Bedingungen und Folgen des politischen Handelns und davon abweichenden Vorstellungen? Oder konkreter: trägt eine solche Forderung nicht bei zu der von *Klages* kritisierten naiven Vorstellung über das Verhältnis von Politik und Bevölkerung, nach der die Politik Programme bereitstelle zur Befriedigung von Erwartungen und Aspirationen der Bevölkerung? Es ist nicht ohne weiteres, d. h. ohne weitere theoretische Begründung und praktische Erprobung von Verfahren, zu sehen, ob die Diskrepanz zwischen diesem Anspruch der Politik und der Wirklichkeit durch Modelle des Aushandels von Kompromissen zu verringern ist, wie sie mit IPEKS vorgestellt wurden. Diese Überlegung gilt um so mehr, als im Verlauf der Diskussion kritisiert wurde, daß IPEKS lediglich ein von einem umfassenden Modell politischer Prozesse zu unterscheidendes Simulationsmodell für Planungsprozesse der Verwaltung sei.

HANS-JÜRGEN HUBER UND EBERHARD MEYER

4. Praxis der Planung alternativer Verkehrsträgersysteme, gezeigt am Stand der koordinierten Bundesverkehrswegeplanung

4.1. Notwendigkeit der Koordinierung der Verkehrsplanungen — Bundesverkehrswegeplan 1. Stufe

4.1.1 Koordinierungsauftrag

Ausgehend von der sich ausweitenden Nachfrage nach Verkehrsleistungen einerseits und den finanziellen Problemen andererseits wurde in der Bundesrepublik Deutschland schon in den fünfziger Jahren auf die Notwendigkeit der Koordinierung der Verkehrsplanungen hingewiesen. Naturgemäß erreichte die Entwicklung zunächst im kommunalen Bereich ein Stadium, das verkehrszweigübergreifende Planungen und Maßnahmen verlangte. Die kommunalen Erfahrungen führten in Verbindung mit den Bestrebungen einer Abstimmung von Raumplanung und Fachplanung zu den ersten Ansätzen von Gesamtverkehrsplänen auf regionaler Ebene und auf Landesebene. Konkreten Niederschlag fanden diese Erfahrungen und Überlegungen in dem „Bericht der Sachverständigenkommission über eine Untersuchung von Maßnahmen zur Verbesserung der Verkehrsverhältnisse der Gemeinden" *(Sachverständigenkommission, 1964).*

4.1.2 Bundesverkehrswegeplan 1. Stufe

Der Sachverständigenbericht löste eine Reihe von verkehrspolitischen Initiativen und Erörterungen aus. Erstes sichtbares Ergebnis einer übergreifenden Planung auf Bundesebene war die Vorlage des Bundesverkehrswegeplanes 1. Stufe *(Bundesregierung, 1973).*

Der Bundesverkehrswegeplan 1. Stufe beschränkt sich definitionsgemäß auf die Verkehrswege des Bundes, d. h. auf

— das Schienennetz der Deutschen Bundesbahn,

— die Bundesfernstraßen,

— die Bundeswasserstraßen,

— die Flugsicherungsanlagen

3 Bedarfsdeckung

und enthält nachrichtliche Angaben über die Flughafenbeteiligungen
des Bundes.

Bei der Erarbeitung der angestrebten Investitionsstruktur stützte sich
der Bundesverkehrswegeplan 1. Stufe auf verkehrszweigübergreifende
Nachfrageprognosen, auf eine Gegenüberstellung der Auslastungsgrade
der Verkehrswege, auf Kosten-Nutzen-Untersuchungen in ausgewählten Verkehrskorridoren sowie auf den Vergleich von Schienenverkehr
und Regionalluftverkehr. Eine geschlossene verkehrszweigübergreifende Bewertung aller um die verfügbaren Finanzmittel konkurrierenden Maßnahmen lag weit außerhalb der personellen und zeitlichen Möglichkeiten. Zudem fehlten Daten, und das methodische Instrumentarium
war erst im Aufbau begriffen. Die Investitionsstruktur mußte daher
neben den genannten Grundlagen auch die vorliegenden Ausbaupro-
gramme und die sie begründenden sektoralen Überlegungen mit einbeziehen.

4.1.3 Geänderte Randbedingungen

Der Bundesverkehrswegeplan 1. Stufe stand zur parlamentarischen
Behandlung an, als Ereignisse eintraten und Entwicklungen eingeleitet
wurden, die heute gemeinhin als „Energiekrise" bezeichnet werden. In
den letzten 3 Monaten des Jahres 1973 ergriffen die arabischen Ölför-
derländer Maßnahmen, die die Rohölkosten mehr als verdreifachten.
Das reale Bruttoinlandsprodukt von 1974 lag nur um 0,7 % höher als
1973 und ging 1975 sogar gegenüber dem Vorjahr zurück. Wenn auch
die z. T. krisenhafte Entwicklung dieser Jahre überwunden wurde, so
wird doch die zusätzliche Belastung mit höheren Mineralölpreisen das
langfristige Wirtschaftswachstum weiterhin beeinflussen.

Das im Bundesverkehrswegeplan 1. Stufe unterstellte wirtschaftliche
Wachstum mußte von 4,5 bis 4,7 % jährlich auf rd. 3,5 % reduziert werden.

Die geringeren Wachstumserwartungen wirken sich einerseits dämpfend auf die Verkehrsnachfrage aus, zum anderen erfordern sie veränderte Annahmen über die für Verkehrswegeinvestitionen verfügbaren Mittel. Ein weiterer Faktor, der die Verkehrswegeplanung beeinflußt, ist die rückläufige Bevölkerungszahl. Die Leitdaten des Bundes-
verkehrswegeplans 1. Stufe gingen noch von einer Prognose für 1985/90
von 65 Millionen Einwohnern für das Bundesgebiet aus. Diese Prognose
mußte in den Jahren nach 1973 erheblich revidiert werden und sank
inzwischen unter 60 Millionen Einwohner. Die Verkehrswegeplanung
kann wegen der langen Lebensdauer der geplanten Investitionen auch
dann nicht an dieser Entwicklung vorbeisehen, wenn einstweilen die
fahrfähige Bevölkerung und der Pkw-Bestand noch ansteigen.

Die hier skizzierten Entwicklungen veranlaßten den Bundesminister für Verkehr, die im Bundesverkehrswegeplan 1. Stufe ohnehin vorgesehene Fortschreibung so schnell wie möglich in Gang zu setzen.

4.2. Koordiniertes Investitionsprogramm für die Jahre 1976 bis 1985

4.2.1 Planungsgrundsätze

Die Fortschreibung erstreckt sich auf die geplanten Bauvorhaben an Bundesverkehrswegen in den Jahren 1976 bis 1985 und trägt die Bezeichnung „Koordiniertes Investitionsprogramm für die Bundesverkehrswege".

Nachfolgend sind die allgemeinen Grundsätze genannt, die für die Aufstellung dieses Programms maßgebend waren.

Jeder Verkehrsträger soll die Verkehrsleistung übernehmen können, für die er am besten geeignet ist. Kapazitätserweiterungen der verschiedenen Bundesverkehrswege dürfen nicht isoliert vorgenommen, sondern müssen aufeinander abgestimmt werden. Parallelkapazitäten sind stets zu beachten. Wichtiger Maßstab für die Realisierungswürdigkeit soll das gesamtwirtschaftliche Kosten-Nutzen-Verhältnis sein: Es ist Kriterium sowohl für die Prioritätenbildung gegenüber anderen Maßnahmen als auch für die Auswahl der technisch-verfahrensmäßig zweckmäßigen Gestaltung der einzelnen Maßnahmen. Bei Großmaßnahmen ist neben dem Kosten-Nutzen-Verhältnis für das Gesamtprojekt eine Kosten-Nutzen-Bewertung von Teilabschnitten vorzusehen, um eine wirtschaftlich sinnvolle zeitliche Abfolge der Teilmaßnahmen mit jeweils eigenem Verkehrswert festlegen zu können.

Im allgemeinen werden Maßnahmen, die dazu beitragen, die Kapazität vorhandener Verkehrswege zu erhöhen, Vorrang vor dem Bau neuer Trassen haben. Alternativ sollten auch die technischen und organisatorischen Möglichkeiten geprüft werden, die Verkehrsströme auf den Verkehrswegen so zu führen, daß sich eine optimale Ausnutzung der Netzkapazität ergibt.

Ist ein Neubau erforderlich, soll die Dimensionierung — soweit verkehrstechnisch möglich — der abschnittsweise wechselnden Nachfrage angepaßt werden.

Die technischen Ausbaustandards beim Wegeausbau sollen eine sichere Verkehrsabwicklung gewährleisten, sich gleichzeitig aber an wirtschaftlichen Kriterien ausrichten; es kann daher nicht das Ziel sein, stets die technisch vollkommenste Lösung zu verwirklichen.

Um Fehlentwicklungen beim Ausbau einzelner Bundesverkehrswege zu vermeiden, ist es erforderlich, die Verkehrsnutzer stärker an den

Wegekosten, d. h. an den Kapital- und den laufenden Kosten, zu beteiligen. Langfristiges Ziel ist die Deckung der Wegekosten.

Verkehrsinvestitions- und verkehrsordnungspolitische Maßnahmen sollen aufeinander abgestimmt werden.

4.2.2 Finanzielle Orientierungsdaten

Bei der Aufstellung eines „Koordinierten Investitionsprogrammes" wurde eine Verzahnung von Programm- und Finanzplanung angestrebt. Dies erforderte eine Abschätzung des künftigen Finanzierungsspielraumes für Verkehrswegeinvestitionen, wobei gleichzeitig die Verbindung mit dem Finanzbedarf für nichtinvestive Zwecke gesehen werden muß.

Gesamtwirtschaftliches Rahmendatum für die Ermittlung des künftigen Finanzierungsspielraumes ist ein angenommener realer Anstieg des Bruttosozialproduktes 1976 bis 1985 um jährlich 3,5 %. Zusätzlich wurde für den Bundeshaushalt ein gleichbleibender Anteil am Bruttosozialprodukt angenommen. Desgleichen wird für den Verkehrshaushalt ein Anstieg entsprechend den Zuwachsraten des Bundeshaushaltes unterstellt. Für den 10jährigen Planungszeitraum wurde hieraus folgendes Gesamtvolumen des Verkehrshaushaltes des Bundes hergeleitet:

1976 bis 1980	rd. 105 Mrd. DM
1981 bis 1985	rd. 125 Mrd. DM
1976 bis 1985	rd. 230 Mrd. DM

Zur Abschätzung des im Zuständigkeitsbereich des Bundesministers für Verkehr — Einzelplan 12 — voraussichtlich verfügbaren bzw. anzustrebenden Investitionsvolumens ist eine Annahme bezüglich der Entwicklung der Investitionsquote erforderlich. Im Zeitraum 1970 bis 1975 stand einem absoluten Anstieg der Investitionen von 6,6 Mrd. DM auf 8,8 Mrd. DM ein prozentualer Abfall des Investitionsanteiles am Verkehrshaushalt von rd. 60 % im Jahre 1970 auf 46,1 % im Jahre 1975 gegenüber. Für den Zeitraum 1976 bis 1985 wird ein leichter Anstieg gegenüber dem Ausgangswert von 46,1 % des Jahres 1975 unterstellt.

Mit Hilfe dieser Annahmen ergibt sich folgendes Verkehrsinvestitionsvolumen im Einzelplan 12 des Bundeshaushaltes:

1976 bis 1980	rd. 50 Mrd. DM
1981 bis 1985	rd. 60 Mrd. DM
1976 bis 1985	rd. 110 Mrd. DM

Vor einer Strukturierung des für die Bundesverkehrswege disponierbaren Teiles der Investitionsmittel im Verkehrshaushalt müssen von den angestrebten 110 Mrd. DM für den Zeitraum 1976 bis 1985 die bereits disponierten Anteile abgesetzt werden:

— Investitionszuschüsse des Bundes zur Verbesserung der Kapitalstruktur der Deutschen Bundesbahn.

— Für Bundesfernstraßen und Bundeswasserstraßen ist der Betrag für die notwendigen Ersatzinvestitionen aus gesamtwirtschaftlichen Zusammenhängen abgeleitet worden. Auch er vermindert den für Nettoinvestitionen zur Verfügung stehenden Spielraum.

— Nettoinvestitionen für seewärtige Zufahrten, die noch nicht verkehrszweigübergreifend bewertet werden konnten.

— Im öffentlichen Personennahverkehr (ÖPNV) und im kommunalen Straßenbau Mittel für die aufgrund des Gemeindeverkehrsfinanzierungsgesetzes mit den Ländern und Gemeinden abgestimmten Maßnahmen.

— Für den Bereich der sonstigen Aufgabengebiete, wozu insbesondere Luftfahrt, Handelsschiffe, Neubauhilfen und Deutscher Wetterdienst gehören, sind die Investitionsbeträge, die nach dem derzeitigen Kenntnisstand in den Jahren 1976 bis 1985 benötigt werden, anhand von Schätzungen ermittelt worden.

Als Nettoinvestitionsvolumen für die Bundesverkehrswege Schiene, Straße und Wasserstraße ergeben sich:

	Disponiert	Nicht disponiert
1976 bis 1980	rd. 29 Mrd. DM	rd. 21 Mrd. DM
1981 bis 1985	rd. 32 Mrd. DM	rd. 28 Mrd. DM
1976 bis 1985	rd. 61 Mrd. DM	rd. 49 Mrd. DM.

4.2.3. Maßnahmenbewertung

Das für den Zeitraum 1976 bis 1985 nach Abzug der disponierten Anteile nicht disponierte Volumen von rd. 49 Mrd. DM reicht bei weitem nicht aus, die vorliegenden Wünsche zur Erweiterung des Schienen-, Straßen- und Wasserstraßennetzes zu befriedigen. Es galt daher, die investitionspolitische Zielsetzung zu verwirklichen, wonach das gesamtwirtschaftliche Kosten-Nutzen-Verhältnis wesentlicher Maßstab für die Realisierungswürdigkeit der Maßnahmen sein soll. Das bedeutete, daß die um die Ausbaudringlichkeit konkurrierenden Maßnahmen nach einem verkehrszweigübergreifenden Verfahren zu bewerten waren. Der Bewertung gingen gründliche Analysen der Angebotssituation sowie integrierte Nachfrageprognosen *(DIW,* 1975) voraus. Bei der Durchführung der Bewertung mußte vielfach Neuland beschritten werden.

4.3. Vergleichende Bewertung

4.3.1 Verfahren der Kosten-Nutzen-Untersuchung

Ausgangspunkt der Bewertung ist der Grundsatz, der in der privaten Wirtschaft seit langem gang und gäbe ist: Eine weit vorausschauende Planung und Investitionsentscheidungen gemäß dem Prinzip ökonomischer Rentabilität. Dieses verlangt, daß jedes Projekt in einem bestimmten Mindestmaß mehr produktive Faktoren einspart als es produktive Faktoren beansprucht.

Beide Domänen — private Wirtschaft und öffentliche Hand — eint das Bestreben, in erster Linie die gegenwärtigen und die künftigen Wünsche der Konsumenten zur Richtschnur des Handelns zu machen.

Während sich aber private Unternehmen damit begnügen können, das Geschehen auf ihren Beschaffungs- und Absatzmärkten zu berücksichtigen, muß die öffentliche Hand auch solche Wirkungen ihrer Maßnahmen beachten, die sich teils in staatlichen Haushalten nicht niederschlagen, teils sogar überhaupt keine Marktpreise aufweisen *(Kapp,* 1958). Man spricht von sekundären bzw. von indirekten Effekten, wenn sie sich auf dem Projekt nachgelagerten Stufen bzw. jenseits des projekteigenen Produktionszugs ereignen *(Mishan,* 1971).

Seit dem 1. Januar 1970 gelten für die Verwaltungen des Bundes und der Bundesländer die Bestimmungen der *Bundeshaushaltsordnung —* *BHO* — (§ 7) und des *Haushaltsgrundsätzegesetzes* — *HGrG* — (§ 6). Die gleichlautende Vorschrift des jeweiligen Absatzes zwei wurde neu eingefügt. Sie entspricht — nach der amtlichen Begründung — dem Gebot einer modernen Haushaltspolitik, die über die finanziellen Belange hinaus die Erkenntnisse einer fortschrittlichen Wirtschaftlichkeitsermittlung nutzt.

Der in der Bundeshaushaltsordnung verwendete Begriff „Nutzen-Kosten-Untersuchung" wird dort als Oberbegriff für die gebräuchlichen Entscheidungstechniken interpretiert. Er umfaßt Kosten-Nutzen-Analysen (KNA), Kostenwirksamkeitsanalysen (KWA) und schließt als Sonderfälle gesellschaftliche Kosten- und gesellschaftliche Nutzenvergleiche ein.

Wird, wie es oft in den Erörterungen geschieht, auch die Nutzwertanalysen (NWA) in die Betrachtung einbezogen, so lassen sich die folgenden Grundüberlegungen festhalten, von denen die genannten Entscheidungstechniken ausgehen:

4.3.2 Grundüberlegungen der Kosten-Nutzen-Untersuchungen

Die Kosten-Nutzen-Analyse beruht auf dem „Mit"/„Ohne"-Prinzip. Gemessen werden Veränderungen von Kosten bei Verwirklichung der erwogenen Maßnahme gegenüber der Lage bei Nichtverwirklichung. Je nach dem Vorzeichen dieser Kosten — negativ oder positiv — unterscheidet man Kosten und Nutzen. Der Definition des „Null-Falles" kommt erhebliche Bedeutung zu. Die Kosten und die Nutzen werden möglichst in Geld bewertet und einander gegenübergestellt. Das Ergebnis ist nicht nur Maßstab für die Beantwortung der Frage, welche Maßnahme einer anderen vorzuziehen ist, sondern auch für die Beantwortung der Frage, ob es gesamtwirtschaftlich vorteilhaft ist, die erwogene Maßnahme bzw. das erwogene Maßnahmenbündel zu realisieren.

Die Kostenwirksamkeitsanalyse kommt vor allem dann in Betracht, wenn sich einige oder alle erwarteten Wirkungen einer unmittelbaren Bewertung in Geldeinheiten entziehen. Sie zielt darauf ab, den Ertrag einer Maßnahme bei gegebenem Budget zu maximieren oder umgekehrt, die monetären Kosten zu minimieren. Gemessen wird der Grad der Zielerfüllung, der bei Verwirklichung der erwogenen Maßnahme erreicht werden kann. Der Zusammenstellung der Ziele und ihrer Messung kommt erhebliche Bedeutung zu. Nicht monetär gemessene Kosten und Nutzen werden nach einer jeweils zu erstellenden Bewertungsskala geordnet.

An die Stelle von Dringlichkeit des Bedarfs, die sich in Markt- oder Schattenpreisen von Kosten-Nutzen-Analysen spiegeln, treten Zielgewichte. Sie erlauben es, Ziele mit einer höheren Bedeutung im Vergleich zu denen mit einer niedrigeren Bedeutung mit einem entsprechend größeren Gewicht zu berücksichtigen. Die Messung von Wirkungen an Zielen in Erreichbarkeitsgraden macht Größen mit unterschiedlichen Dimensionen gleichnamig, die Gewichtung der Ziele macht die Erreichbarkeitsgrade vergleichbar. „Nutzen" sind bewertete Zielerfüllungsgrade, soweit sie ein definiertes Minimum übersteigen.

Das Ergebnis liefert nur eine Aussage über die relative Vorteilhaftigkeit der Maßnahme (des Maßnahmenbündels) gegenüber anderen untersuchten Alternativen.

Die Nutzwertanalyse entspricht weitgehend der KWA. Sie berücksichtigt allerdings die Kostenseite nicht explizit. Implizit können die „Kosten" als Zielfunktion formuliert werden. Im Gegensatz zur KWA haben sie dann dieselbe Dimension wie die Nutzen.

4.3.3 Kosten- und Nutzenbereiche in der Verkehrswegeplanung

Jede Art von Projekten weist spezifische Kosten- und Nutzenbereiche auf. Für die Verkehrswegeplanung kann folgender zusammenfassender Überblick gegeben werden:

Als Kosten werden in der Bundesverkehrswegeplanung Investitionsausgaben definiert.

Nutzen sind alle übrigen Wirkungen einer erwogenen Maßnahme; sie können positive oder negative Vorzeichen haben.

Welche investiven Maßnahmen kennzeichnen die Verkehrswegeplanung in erster Linie?

Bei Eisenbahnen handelt es sich insbesondere um:

— Neu- und Ausbaumaßnahmen,
— Begradigung von Linienführungen,
— Anlage zusätzlicher Gleise,
— Einrichtung von Gleiswechselbetrieben,
— Verbesserung der Signalsteuerung,
— Schaffung gleisfreier Bahnsteigzugänge.

Bei Straßen sind vor allem zu nennen:

— Neubau von Streckenabschnitten,
— Vermehrung der Fahrspuren,
— Verlegung der Trasse,
— Anlage von Ortsumgehungen,
— Beseitigung höhengleicher Bahnübergänge.

Bei Binnenwasserstraßen gehören zu den Maßnahmen hauptsächlich:

— Verbreiterung der Querschnitte,
— Vertiefung der Fahrrinnen,
— Befestigung von Ufern,
— Neubau/Ersatz von Schleusen,
— Neubau von Wasserstraßen.

Die erwogenen Projekte können sowohl die Erzeugung und die Verflechtung als auch die Aufteilung und die Umlegung der zunächst unter Status quo-Bedingungen vorausgeschätzten Verkehrsnachfrage beeinflussen. Ihre Verwirklichung verursacht einerseits während der Bauphase investive Ausgaben, andererseits treten Wirkungen während der Lebensdauer der jeweiligen Projekte ein. So können sich Aufwendungen für die ständige Instandhaltung verändern; in manchen Fällen werden aperiodische Erneuerungen von alten Anlagen entbehrlich. Gelingt es, Fahrgeschwindigkeiten zu erhöhen, so läßt sich ein und dieselbe Beförderungsmenge mit einer kleineren Zahl von Fahrzeugen befördern. Zugleich können die Aufwendungen für den Fahrzeugbetrieb sinken oder steigen. Aus der Verkürzung von Warte-, Umsteige- bzw. Umladungs- sowie von Zu- und Abgangszeiten ergeben sich Ersparnisse. Maßnahmen, die die Ladefähigkeit von Fahrzeugen steigern, verringern darüber hinaus den Umfang der erforderlichen Fahrleistung. Wird die Kapazität von Wegen und/oder Stationen ausgeweitet, so werden sonst unvermeidliche Umleitungen und Umwege entbehrlich; Verlagerungen auf konkurrierende Verkehrsmittel unterbleiben. Nicht zuletzt dienen investive Projekte dazu, die Verkehrssicherheit zu heben. Sie können auch die Umwelt von Verschmutzung und von Lärm entlasten. Verbessern sie die Erschließung oder die Anbindung wirtschaftlich schwach strukturierter Regionen, so tragen sie im allgemeinen zur Erhaltung und zur Schaffung von Arbeitsplätzen bei. Vorteile können dabei unterschiedlich viel wiegen, je nachdem, ob sie in benachteiligten oder begünstigten Gebieten gestiftet werden; die Maßnahmen können mithin die raumordnungspolitischen Bemühungen um die Herbeiführung überall gleichwertiger Lebensbedingungen unterstützen.

Zur Bewertung der erwarteten Projektfolgen stehen verschiedene Ansätze zur Verfügung. Für die Investitionen selbst sowie für den leistungs- und zeitabhängigen Aufwand des Fahrzeugbetriebs bieten sich unmittelbare Marktpreise an. Die Bewertung von personalen Zeitersparnissen knüpft an das Einkommen der Erwerbstätigen je Arbeitsstunde an, schenkt aber zugleich dem Umstand Beachtung, daß die mit unterschiedlichen Aktivitäten ausgefüllten Freizeiten in bestimmten Knappheitsverhältnissen zur Arbeitszeit stehen (*Pusch*, 1972). Die Erfassung der Anteile, die die verschiedenen Fahrzwecke an den Fahrleistungen haben, erlaubt es, für den Zeitwert ein gewogenes Mittel abzuleiten und so die personalen Zeitersparnisse einheitlich zu bewerten. Erfolge der Unfallbekämpfung können vor allem an Hand der vermiedenen direkten und indirekten Produktionseinbußen gemessen werden. Produktionsausfälle entstehen einerseits durch Tötung und Verletzung von Personen sowie durch Vernichtung und Beschädigung von Sachen, andererseits durch Bindung von Produktionsfaktoren für Zwecke der Heilung bzw. der Reparatur. Senken Verkehrswegeinvestitionen Belastungen der Umwelt, so äußert sich dies darin, daß aktive Schutzmaßnahmen an Fahrzeugen oder/und passive an Gebäuden teilweise oder ganz eingespart werden. Die Kosten, die dadurch wegfallen, gelten als Umweltnutzen der betreffenden Investitionsprojekte. Erhaltene und geschaffene Arbeitsplätze in strukturell benachteiligten Gebieten werden mit dem durchschnittlichen Nettosozialprodukt zu Faktorkosten bewertet. Bei Beiträgen von Verkehrswegeinvestitionen zur regionalen Wirtschaftsförderung verdient zweierlei besondere Aufmerksamkeit: Inwieweit verdanken die entsprechenden Nutzen ihre Entstehung komplementären Maßnahmen, und wie ändern sich die wirtschaftlichen Verhältnisse in den Gebieten, aus denen die umgeleiteten Privatinvestitionen im ‚With'-Fall stammen? (*Schneeweiss*, 1971). Während den Beiträgen zur Förderung von Regionen mit struktureller Unterbeschäftigung durchaus auch eine allokative Bedeutung zukommen kann, verfolgt die Herbeiführung überall gleichwertiger Lebensbedingungen rein distributive Absichten. Die Bundesverkehrswegeplanung berücksichtigt raumordnungspolitische Ziele dadurch, daß sie verkehrlichen Nutzen dann einen „Bonus" verleiht, wenn er in benachteiligten, und einen „Malus", wenn er in bevorzugten Gebieten entsteht.

4.3.4 Kosten-Nutzen-Verhältnis

Die Bundesverkehrswegeplanung strebt an, durch eine verkehrszweigübergreifende gesamtwirtschaftliche Bewertung investiver Projekte einen insgesamt möglichst hohen Überschuß der Nutzen über die Kosten zu erzielen. In jedem Verkehrszweig ist der Nutzenüberschuß am höchsten, wenn die Grenzkosten dem Grenznutzen entsprechen. Verkehrszweigübergreifend müssen sich also die Grenzkosten zueinander ebenso verhalten wie die Grenznutzen. Dies bedeutet nichts anderes, als daß die Summe aller Nutzenüberschüsse ihr Optimum dann erreicht, wenn an der Grenze der finanzwirtschaftlichen Restriktionen der Quotient aus dem Bruttonutzen und den Kosten der letzten Maßnahme in allen Verkehrszweigen gleich hoch ist. Deshalb wird in der Bundesverkehrswegeplanung das Kosten-Nutzen-Verhältnis als Entscheidungskriterium für die Bildung der Projektrangfolge herangezogen.

4.4. Investitionsstruktur

Ergebnis der verkehrszweigübergreifenden Bewertung war zunächst eine Dringlichkeitsrangfolge der bewerteten Maßnahmen. In der Reihenfolge aufsteigender Platzziffern der Rangfolge wurden sodann alle Maßnahmen bis zur Ausfüllung des Volumens von rd. 49 Mrd. DM erfaßt. Bei der letzten noch erfaßten Maßnahme betrug das Kosten-Nutzen-Verhältnis 2,6, d. h. alle Maßnahmen mit einem darüber liegenden Bewertungsergebnis erscheinen bis 1985 realisierungswürdig. Bei Zugrundelegung der auf diese Weise ausgewählten Maßnahmen und nach deren Zugehörigkeit zu den einzelnen Verkehrszweigen ergeben sich die DM-Beträge des disponierbaren Investitionsvolumens bis 1985:

Neu- und Ausbaustrecken der DB	11,9 Mrd. DM
Bundesfernstraßen	34,5 Mrd. DM
Bundeswasserstraßen	3,0 Mrd. DM
Summe	49,4 Mrd. DM.

Zusammen mit den bereits disponierten Investitionsanteilen entstand somit die Investitionsstruktur für die Jahre 1976 bis 1985:

Deutsche Bundesbahn	16,1 v. H.
Bundesfernstraßen	53,7 v. H.
Bundeswasserstraßen	6,6 v. H.
Öffentlicher Personennahverkehr (Zuschüsse)	10,2 v. H.
Kommunaler Straßenbau	8,7 v. H.
Sonstige Aufgabengebiete	4,7 v. H.
Summe	100,0 v. H.

4.5. Kosten-Nutzen-Analyse — Entscheidungshilfe oder Entscheidungsersatz?

Der bei der Ableitung der Investitionsstruktur beschrittene Weg könnte den Eindruck erwecken, die Kosten-Nutzen-Analyse stelle einen Ersatz für politische Entscheidungen dar. Hierzu wurde bereits im Bundesverkehrswegeplan 1. Stufe wörtlich ausgeführt, daß „Nutzen-Kosten-Untersuchungen Entscheidungshilfen liefern sollen". Diese lassen nicht nur Raum für politische Gewichtungen, sondern setzen politische Entscheidungen. Zusätzlich erlauben sie eine Versachlichung der politischen Auseinandersetzung, weil sie Kosten und Nutzen transparent machen.

Der politische Wille kam zunächst in der Auswahl der in die Berechnung einbezogenen Ziele und Nutzen zum Ausdruck. Die Zielgewichtung, vor allem in bezug auf Abwägung zwischen raumordnerischen und verkehrlichen Nutzen, erfordert ebenfalls politische Vorgaben, die vom Bundesverkehrsminister nach Diskussion mit den zuständigen Parlamentsausschüssen und Landesministerien in enger Verbindung mit den beteiligten Bundesressorts getroffen worden sind. Als Grundlage für die Entscheidung über die Zielgewichtungen wurden verschiedene Alternativen durchgerechnet und deren Auswirkungen bis zum Ergebnis der Rangfolge vorgelegt. Beispiele aus dem Bereich des Wasserstraßenbaues und des Bundesfernstraßenbaues zeigen, daß der gegebene Entscheidungsspielraum auch durch Maßnahmen ausgefüllt werden kann, die auf grundsätzlichen politischen Entscheidungen beruhen.

Im Wasserstraßenbau führten vertragliche Bindungen und politische Entscheidungen zu positiven Aussagen in bezug auf die Weiterführung des Main-Donau-Kanals und des Saar-Ausbaues. Die zusätzlichen Aufwendungen gehen — sofern sie nicht durch eine ohne Nutzeneinbuße mögliche Reduzierung des Ausbaustandards aufgefangen werden können — zu Lasten der Anteile des Wasserstraßenbaues, d. h.:

— Streckung laufender Vorhaben und/oder

— Verzögerung des Baubeginns neuer Vorhaben.

Im Bundesfernstraßenbau hat sich das Parlament mit dem Gesetzentwurf der Bundesregierung *(Bundestagsdrucksache 7/4584 vom 15. 1. 1976)* befaßt, der bis 1985 Vorhaben im Umfang von 37,3 Mrd. DM vorsah. Diese setzten sich aus dem Überhang (15,9 Mrd. DM) und der Dringlichkeitsstufe I a (21,4 Mrd. DM) zusammen, wobei letztere entsprechend dem Bewertungsergebnis strukturiert war. Das Parlament hat im Laufe seiner Beratungen Maßnahmen im Umfang von 900 Mill. DM umgestellt *(Bundestagsdrucksache 7/5090 vom 28. 4. 1974)*. Bezogen auf den Umfang des bis 1985 vorgesehenen Volumens für Erweiterungsinvestitionen hat damit das Parlament durch seine Entscheidungen einen Anteil von 2,5 % abweichend vom Bewertungsergebnis umgeschichtet.

Durch eine dem Umfang der Höherstufung entsprechende Rückstufung anderer Straßenbaumaßnahmen wurde, ähnlich wie im Falle des Wasserstraßenbaues, die Veränderung innerhalb des für den Straßenbau vorgesehenen Volumens des Programms vollzogen. Zusätzlich wurde darauf geachtet, daß die Umstellung auch die Anteile der einzelnen Bundesländer, die sich aus der Bewertung ergeben hatten, nicht veränderte.

4.6. Fortschreibung

Wie jeder größeren Planung bleibt auch der Bundesverkehrswegeplanung nicht erspart, daß bereits die Vorlage mit Überlegungen zur Fortschreibung verbunden werden muß. Nachfolgend werden die aus heutiger Sicht erkennbaren wichtigsten Einflüsse zusammengestellt, die bei der turnusmäßig bis spätestens 1980 abzuschließenden Fortschreibung Berücksichtigung finden sollen.

Bei der nächsten Fortschreibung sollen die längerfristigen Planungen für alle Bundesverkehrswege erfaßt werden, so daß sich, bezogen auf das Jahr 1980, als Planungshorizont das Jahr 2000 ergibt. Konkrete Veranlassung, im Bereich der längerfristigen Planungen möglichst bald eine Klärung herbeizuführen, gibt unter anderem die Frage der planerischen und baulichen Vorleistungen, z. B. bei Kreuzungen oder bei ersten Baustufen von später zur Erweiterung vorgesehenen Fahrbahnen.

Hand in Hand mit der Erweiterung des Planungshorizonts müssen die bisherigen Nachfrageprognosen fortgeschrieben werden. Die nunmehr vorgesehene zeitliche Ausdehnung bis zum Jahre 2000 hat keineswegs den Charakter einer futorologischen Spielerei, sondern gilt ganz konkret der Suche nach den voraussichtlichen Nachfrageveränderungen. Der anhaltende Bevölkerungsrückgang könnte bis zum Jahre 2000 dazu führen, daß die Dringlichkeit bestimmter Vorhaben, die bis 1990 nicht realisiert werden können, dann wieder abnimmt. Dieser Effekt kann eine differenzierte Betrachtung erforderlich machen, je nachdem, ob die Maßnahme vorwiegend dem Personen- oder dem Güterverkehr dient.

Bei der turnusmäßig vorgesehenen Überprüfung der Prämissen der Planung kommt der Fortschreibung der finanziellen Grundlagen naturgemäß besondere Bedeutung zu. Neben der Entwicklung der externen Randbedingungen ist für die Verkehrsinvestitionspolitik von entscheidender Bedeutung, inwieweit die Investitionsquote von z. Z. rd. 46,1 %, wie vorgesehen, leicht gesteigert werden kann. Erfolgsaussichten sind eng mit der Entwicklung des Zuschußbedarfs der Deutschen Bundesbahn verbunden, so daß alle Anstrengungen zur Verbesserung des Wirtschaftsergebnisses der Deutschen Bundesbahn unternommen werden müssen.

Schließlich sind bei der Fortschreibung stärker als bisher die internationalen Bezüge zu berücksichtigen. Sowohl auf der Ebene der Europäischen Gemeinschaft (EG) als auch der Europäischen Verkehrsministerkonferenz (CEMT) gehen die Bestrebungen in Richtung auf eine intensivere gegenseitige Konsultation und Information. Jüngste Vorschläge der EG-Kommission zielen darüber hinaus sogar auf die Schaffung einer Grundlage zur finanziellen Unterstützung von Vorhaben von gemeinschaftlicher Bedeutung auf dem Gebiet der Verkehrsinfrastruktur.

Unter den verkehrsspezifischen Entwicklungen, die bei der Fortschreibung der Bundesverkehrswegeplanung zu berücksichtigen sind, verdienen auch die Bemühungen um die Erarbeitung eines gesamtwirtschaftlich optimalen Schienennetzes Interesse. Die voraussichtlich nach Personen- und Güterverkehr differenzierten Ergebnisse könnten im Zusammenhang mit flankierenden Maßnahmen ggf. auch zu Auswirkungen auf einzelne Straßenbauvorhaben führen.

Bei der Weiterentwicklung der Bewertungsverfahren und der zugehörigen Grundlagen steht neben der Verbesserung der methodischen Grundlagen auch die Ausdehnung auf bislang ausgeklammerte Bereiche, wie z. B. die Flugsicherung, im Vordergrund.

Literatur

Bundeshaushaltsordnung BHO vom 19. August 1969, Bundesgesetzbl. I S. 1284; Gesetz über die Grundsätze des Haushaltsrechts des Bundes und der Länder (HGrG) vom 19. August 1969, Bundesgesetzbl. I S. 1273.

Bundesregierung: Bundesverkehrswegeplan 1. Stufe. Bundestagsdrucksache 7/1045 vom 3. 10. 1973.

Deutsches Institut für Wirtschaftsforschung: Vorausschätzung der Ersatzinvestitionen für die Verkehrsinfrastruktur. Berlin, 1975.

Kapp, W.: Volkswirtschaftliche Kosten der Privatwirtschaft. Tübingen-Zürich, 1958.

Mishan, E. J.: Cost-Benefit Analysis. London, 1971.

Pusch, R. H.: Ökonomie des Faktors Zeit im Personenverkehr — Ein methodenkritischer Beitrag. Bonn, 1972.

Sachverständigenkommission zur Untersuchung von Maßnahmen zur Verbesserung der Verkehrsverhältnisse der Gemeinden, Bundestagsdrucksache IV/2661 vom 29. 10. 1964.

Schneeweiss, H.: Ökonometrie. Würzburg-Wien, 1971.

HANS JÜRGEN SCHIFFLER

5. Problematik der Kosten-Nutzen-Analyse

Diskussionsprotokoll zum Referat

von Hans Jürgen Huber und Eberhard Meyer

Die Diskussion behandelt die vielschichtige Problematik der Kosten-Nutzen-Analyse, wie sie vom Referenten als im Verkehrsministerium gebräuchliches Bewertungsinstrument vorgestellt worden war. Es ergaben sich dabei im wesentlichen fünf Bereiche für kritische Ansätze:

5.1. Die Schwierigkeit, Nutzen und dazugehörige Kosten genau anzugeben

Neben der Bewertungsproblematik bei den sog. Umweltkosten und der durch die Baumaßnahmen erwarteten Zeitersparnis werden die Schwierigkeiten beim Gegenüberstellen von Nutzen und Kosten, dem sog. Nutzen-Kosten-Verhältnis oder der Verhältnismethode, aufgezeigt. Anwendbar erscheint diese Methode nur, wenn beispielsweise beim Vergleich zweier alternativer Verkehrstrassen entweder die Nutzen oder die Kosten bei beiden gleich sind. Falls bei der einen Trasse die Kosten bedeutend niedriger sind und dabei die Nutzen geringfügig unter denen der Alternative liegen, ergibt sich rein rechnerisch, daß die kostspieligere Variante erheblich wirtschaftlicher ist, obwohl sie möglicherweise die fünffachen Kosten verursacht. Als alternative Bewertungsmethode wurde die Nutzwertanalyse vorgeschlagen, wobei die monetäre Gewichtung im Zusammenwirken mit der Psychologie geschieht, um genauere Angaben über die Einstellung der Bevölkerung zu den Belastungen durch den Verkehr zu erhalten.

5.2. Zielermittlungsprobleme

Um Nutzen und Kosten einander gegenüberstellen zu können, müssen diese vergleichbar sein. Nutzen sollte als Verwirklichung von Zielen, und Kosten als Verzicht auf solche Ziele bezeichnet werden. Daraus ergibt sich die Frage, ob im Verkehrsministerium derartige Ziele als Berechnungsgrundlage vorhanden sind.

Da im Vortrag der Wert von Unfalltoten und Unfallverletzten und ihrer Rehabilitierung aus dem möglichen Beitrag dieser Menschen zum Bruttosozialprodukt ermittelt wurde, liegt der Schluß nahe, daß im BMV nur die Maximierung des Bruttosozialproduktes als Ziel gilt. Insofern würden aber die Meßformen dann die Ziele bestimmen. Als Beispiel dafür, daß dem Ministerium nicht nur die Maximierung des Sozialprodukts als Ziel dient, führte *Huber* die Berücksichtigung des Struktureffektes an, wobei empirische Ergebnisse über die Strukturwirkung von Investitionen mit in die Bewertung einbezogen werden. Neben den reinen Wachstumszielen seien bei diesem Ansatz auch Ziele wie Raumordnung, Umverteilung, Sicherheit und Umweltentlastung enthalten.

5.3. Erfassung des Nutzens durch soziale Indikatorensysteme

Durch eine Kosten-Nutzen-Analyse werden immer nur die Interessen solcher Gruppen berücksichtigt, deren Ziele durch diese Methode ökonomisierbar sind.

In einer Konferenz, die sich mit verhaltensorientierten Konzepten befaßt, sollte man deshalb unbedingt versuchen, über diese einfachen ökonomischen Modelle hinwegzukommen. Dazu wurde angeregt, die Nutzen durch soziale Indikatorensysteme zu erfassen und diese im Rahmen der Nutzwertanalyse zu verarbeiten, wobei allerdings das Problem der politischen Bewertung von Nutzen und Erschwernissen der einzelnen sozialen Gruppen noch zu lösen ist.

5.4. Interaktionsphänomene zwischen den einzelnen Verkehrssystemen

Die im Vortrag aufgezeigte Anwendung der Kosten-Nutzen-Analyse berücksichtigt die Interaktionsphänomene zwischen den einzelnen Verkehrssystemen zu wenig. So scheint die Möglichkeit, ein Verkehrssystem bei den Investitionen bewußt zu vernachlässigen um ein anderes, vorhandenes, in einem bestimmten Bereich wirtschaftlich besser auszulasten, bislang nicht berücksichtigt zu werden.

5.5. Bewertung des Zeitfaktors

Die vorgestellte Form der monetären Bewertung des Zeitfaktors im Rahmen der Kosten-Nutzen-Analyse ist aus psychologischer Sicht nicht vertretbar. Wer den Pkw aus Freude am Autofahren benutzt, nimmt wegen dieses besonderen Vergnügens Zeitverluste durch Stauungen gerne in Kauf und wird nicht auf die schnellere S-Bahn umsteigen.

Wegen der fortgeschrittenen Zeit konnte auf diese Beiträge von *Huber* nicht mehr detailliert geantwortet werden.

JÜRGEN ENGELHARDT

6. Nahverkehrsgestaltung in Bayern auf der Grundlage einer neuen Richtlinie zur Nahverkehrsplanung

Oberstes Ziel der Nahverkehrsplanung ist die Sicherung und Verbesserung menschlicher Lebensbedingungen in Stadt und Land. Bei der Beurteilung notwendiger Maßnahmen hat sich das Fehlen allgemeingültiger Planungskriterien als grundlegender Mangel herausgestellt. Daher hat das Bayerische Staatsministerium für Wirtschaft und Verkehr eine Richtlinie erarbeitet, die die wesentlichen Grundsätze einer zufriedenstellenden Nahverkehrsgestaltung bestimmt und damit dem Aufgabenträger des öffentlichen Personennahverkehrs die notwendigen Entscheidungen zur Verbesserung der Nahverkehrsverhältnisse erleichtern wird. Dadurch soll eine Entwicklung ausgelöst werden, die durch immer wiederkehrende Kontrolle und Steuerung langfristig zur Verbesserung der Nahverkehrssituation unter Ausschluß von Fehlinvestitionen führt. Dabei sind vor allem Maßnahmen zur Verbesserung der Erschließung, Bedienung und Wirtschaftlichkeit zu ermitteln.

6.1. Träger der Nahverkehrsgestaltung:

6.1.1 Aufgabenträger der Nahverkehrsplanung

Die für den öffentlichen Personennahverkehr zuständigen Aufgabenträger sind auch für die Aufstellung und den Vollzug nahverkehrlicher Planungen verantwortlich.

Für den örtlichen Personennahverkehr sind gemäß Art. 83 BV und Art. 6, 7, 57 GO die Gemeinden zuständig. Übersteigt die Erfüllung dieser Aufgaben deren Leistungsfähigkeit, so fällt gemäß Art. 4 LkrO der öffentliche Personennahverkehr in den Wirkungskreis der Landkreise.

Für den überörtlichen Personenverkehr sind gemäß Art. 5, 51 LkrO die Landkreise zuständig. Hierzu gehören alle Verkehre (einschließlich der Zubringerverkehre zu Einrichtungen des Schienenverkehrs), soweit sie der Erschließung eines Landkreises dienen.

Die Gebietskörperschaften erfüllen ihre Aufgaben im öffentlichen Personennahverkehr im eigenen Wirkungskreis. Sie sollen die hierfür notwendigen Einrichtungen schaffen und unterhalten.

Bestehende Verpflichtungen und Aufgaben des Bundes sowie seiner Unternehmen im öffentlichen Personennahverkehr bleiben hiervon unberührt.

6.1.2 Zusammenarbeit der Aufgabenträger

Die Gemeinden und Landkreise sind auf ein Zusammenwirken bei Aufstellung und Vollzug nahverkehrlicher Planungen angewiesen, soweit dies die innerhalb eines Nahverkehrsraums bestehenden verkehrlichen Verflechtungen oder die begrenzte finanzielle Leistungsfähigkeit der Gebietskörperschaften erforderlich machen. Hierfür stehen die im *„Gesetz über die kommunale Zusammenarbeit" (KommZG)* vom 12. Juli 1966 *(GVBl.* S. 280 ber. S. 314) angebotenen Formen der kommunalen Zusammenarbeit zur Verfügung. Für die Erfüllung nahverkehrlicher Aufgaben wird die Bildung besonderer Arbeitsgemeinschaften gemäß Art. 5 ff KommZG sowie von Zweckverbänden gemäß Art. 18 ff KommZG empfohlen.

Der Nahverkehrsbeauftragte der Regierung, die Nahverkehrskommissionen und die regionalen Planungsverbände beraten und unterstützen die kommunalen Gebietskörperschaften bei der Erfüllung ihrer Aufgaben.

6.1.3 Einwirkungsmöglichkeiten der Regierung

Die Regierung trifft als Genehmigungsbehörde die zur Durchführung der Planung erforderlichen Regelungen nach dem Personenbeförderungsgesetz. Hierzu gehört neben der

— Netzgestaltung gemäß § 8 Abs. 3 PBefG,

— Fahrplangestaltung und Verkehrserweiterung gemäß § 8 Abs. 2, §§ 20a und 40 Abs. 3 PBefG,

— Förderung der Kooperation der Verkehrsträger gemäß § 8 Abs. 1 und 3 PBefG und

— Tarifgestaltung gemäß §§ 39, 45, 45a, Abs. 1 PBefG und § 6 Abs. 1 AEG

vor allem die Konzessionsgestaltung gemäß §§ 13 und 44 PBefG.

Von einer an den öffentlichen Verkehrsinteressen orientierten Konzessionsvergabe hängt die Verwirklichung einer Nahverkehrsplanung entscheidend ab.

Bei Erteilung und Verlängerung von Liniengenehmigungen sind Leistungsumfang (§ 13 PBefG) und Konzessionsdauer (§ 44 PBefG) danach zu bemessen, ob

— bereits eine Nahverkehrsplanung abgeschlossen,

— eine Planung begonnen, aber noch nicht abgeschlossen oder

— bisher keine Planung eingeleitet ist.

Liegt für einen Nahverkehrsraum eine abgeschlossene Planung nach dieser Richtlinie vor, so wird das öffentliche Verkehrsinteresse hierdurch bestimmt. Dabei ist die Konzessionsdauer an den zeitlichen Erfordernissen auszurichten.

Liegt keine abgeschlossene Planung vor, so ist die Konzessionsdauer bis zu dem Zeitpunkt zu befristen, in dem der Abschluß der Planung zu erwarten ist.

Ist für einen Nahverkehrsraum noch keine Planung eingeleitet, so sind sich abzeichnende Erfordernisse einer Nahverkehrsplanung sowie allgemeine Entwicklungstendenzen hinsichtlich der Änderung des Verkehrsaufkommens auf Schiene und Straße bei Leistungsumfang und Konzessionsdauer zu berücksichtigen.

6.1.4 Finanzhilfen

Bei den genannten Regelungen können Gesichtspunkte des öffentlichen Verkehrsinteresses umso stärker berücksichtigt werden, wenn im Zusammenhang damit Finanzhilfen nach dem *Gemeindeverkehrsfinanzierungsgesetz* und dem *Nahverkehrsprogramm Bayern* gewährt werden. Ist dennoch kein Nahverkehrsunternehmer in der Lage, die nach der Nahverkehrsplanung erforderlichen Verkehrsleistungen kostendeckend zu erbringen, so hängt die Verwirklichung der Nahverkehrsplanung von Ausgleichsleistungen des Aufgabenträgers ab.

6. 2. Übersicht über den Planungsablauf

Grundlage der Nahverkehrsplanung ist die Erfassung und Bewertung der bestehenden Verhältnisse im Nahverkehrsraum. Bei Feststellung von Mängeln ist ein Soll-Zustand zu entwickeln, der einer zufriedenstellenden Gestaltung der Verkehrsverhältnisse entspricht. Die zu seiner Verwirklichung erforderlichen Maßnahmen können in einfach gelagerten Fällen mit Hilfe der Richtwertplanung ermittelt werden. Für komplexe Planungssituationen sind die erforderlichen Maßnahmen mit Hilfe der planerischen Informationsverarbeitung zu bestimmen.

6.3. Erfassung des Zustandes im Nahverkehrsraum

Die Erfassung des Ist-Zustandes erstreckt sich auf Merkmale des öffentlichen Personennahverkehrs (ÖPNV) und des Individualverkehrs (IV) in den Aufgabenbereichen

— Erschließung,
— Bedienung und
— Wirtschaftlichkeit.

Sie erfolgt in sechs Arbeitsschritten:

— Abgrenzung des Nahverkehrsraums
— Klassifizierung des Nahverkehrsraums
— Bestandsaufnahme der sozio-ökonomischen Struktur
— Bestandsaufnahme des Verkehrssystems
— Bestandsaufnahme der Wirtschaftlichkeit
— Bestandsaufnahme verkehrsbedeutsamer Entwicklungsplanungen und Rechtsgrundlagen.

6.3.1 Abgrenzung des Nahverkehrsraums

Ausgangspunkt der Nahverkehrsplanung ist der Raum, innerhalb dessen beachtenswerte nahverkehrliche Bewegungen vorliegen. Nahverkehr ist hierbei gekennzeichnet durch:

— Verkehrsbewegungen mit häufig und regelmäßig wiederkehrenden Fahrtmotiven (z. B. Arbeits- und Ausbildungspendelfahrten, Einkaufsfahrten),
— Reiseentfernungen bis zu 50 km und
— Reisezeiten bis zu 60 Minuten.

Beschränkt sich die nahverkehrliche Verflechtung auf das Gebiet einer Gemeinde oder eines Landkreises, so handelt es sich um einen kommunalen Nahverkehrsraum. Wenn die Beziehungen und Verflechtungen des Personennahverkehrs in verkehrspolitisch beachtenswertem Umfang über den Bereich einer Gemeinde und eines Landkreises hinausgehen, ist das davon betroffene Gebiet unter Beachtung der Erfordernisse der Raumordnung als regionaler Nahverkehrsraum abzugrenzen und für die nahverkehrlichen Planungen und Entscheidungen als zusammengehöriges Gebiet zu betrachten. Dabei ist die Bestimmung der Verflechtungsbereiche in der Regel in Anlehnung an die Raumgliederung des *Landesentwicklungsprogramms Bayern (LEP)* „*Verordnung über das Landesentwicklungsprogramm Bayern vom 10. März 1976 (GVBl. S. 123)*" vorzunehmen. Räumliche Einheiten, aus denen die

Nahverkehrsräume zu bilden sind, sind Gemeinden Nahbereiche, Mittelbereiche und Landkreise.

Einzelne Linienverbindungen mit Orten außerhalb des Nahverkehrsraums (ein- und ausbrechende Verkehre) werden bei der Abgrenzung nicht berücksichtigt.

6.3.2 Klassifizierung von Nahverkehrsräumen

Probleme und Aufgaben des öffentlichen Personennahverkehrs werden von den Bedürfnissen der Bevölkerung sowie von Struktur und Größe des Nahverkehrsraums bestimmt. Für die Planungsmethodik bietet sich daher ein raumtypisches Verfahren an. Die schon bestehenden Nahverkehrsräume sind fünf Nahverkehrsraumklassen zugeordnet.

6.3.3 Bestandsaufnahme der sozio-ökonomischen Struktur

Die Bestandsaufnahme der sozio-ökonomischen Struktur erlaubt eine Bestimmung der möglichen Gesamtnachfrage im Nahverkehrsraum. Sie umfaßt Daten aus dem Bereich der Bevölkerung, der Flächennutzung sowie der verwaltungsmäßigen und landesplanerischen Gliederung. Die Auswahl der jeweils erforderlichen Daten richtet sich nach Planungsaufgabe und Methodik. Bei spezieller Untersuchungsproblematik kann sich die Erhebung und Verwendung zusätzlicher Daten (Haushaltsgröße, Motorisierungsgrad, Einzelhandelsumsätze, usw.) als notwendig erweisen.

6.3.3.1 Bevölkerungsdaten

Aus der Wohnbevölkerung insgesamt sind die Bevölkerungsverteilung und die Bevölkerungsdichte (Bevölkerung in Ortsgrößenklassen) zu ermitteln. Daneben können Angaben über die Struktur der Wohnbevölkerung nach Alter, Geschlecht und sozialer Stellung erforderlich sein. Für die Erwerbsbevölkerung insgesamt sind Angaben über die sektorale Gliederung sowie über den Anteil der Erwerbstätigen an der Wohnbevölkerung (Erwerbsquote) erforderlich.

6.3.3.2 Flächennutzungsdaten

Aus dem Bereich der Flächennutzung sind Angaben über die Wohnstätten (Wohnstätten insgesamt, Wohnstättenverteilung), Arbeitsstätten insgesamt, Arbeitsplatzverteilung, Arbeitsplatzdichte, Arbeitsplatzdefizit, sektorale Gliederung) sowie über Ausbildungs-, Einkaufs-, Dienstleistungs-, Versorgungs-, Verwaltungs-, Freizeit- und Erholungsstätten zu ermitteln.

6.3.3.3 Organisationsdaten

Daten der Verwaltungsgliederung und landesplanerischen Gliederung ermöglichen die Zuordnung von Teilräumen unter planungsbedeutsamen Gesichtspunkten.

6.3.4 Bestandsaufnahme des Verkehrssystems

Die Bestandsaufnahme des Verkehrssystems umfaßt die Merkmale

— Nachfrage nach Personenbeförderung,

— Angebot zur Personenbeförderung und

— Zusammenhang zwischen Nachfrage und Angebot

6.3.4.1 Nachfrage nach Personenbeförderung

Die Nachfrage setzt sich aus erfüllten und solchen Verkehrsbedürfnissen zusammen, die mit Hilfe des vorhandenen Beförderungsangebotes nicht erfüllt bzw. nicht erfüllbar sind.

Die nicht erfüllte Nachfrage wird durch Interviewbefragungen erfaßt. Sie kann ferner teilweise durch Analogieschlüsse, ausgehend von der erfüllten Nachfrage in vergleichbaren Fällen, ermittelt werden.

Die erfüllte Nachfrage ist für begrenzte Räume und definierte Zeitabschnitte als Gesamtheit aller Verkehrsbewegungen meßbar. Sie ist über Zählungen und Befragungen zu erfassen.

Die Verkehrsbewegungen sind dabei nach folgenden Merkmalen zu beschreiben:

— Fahrtzweck (Berufs-, Wirtschafts-, Ausbildungs-, Einkaufs-, Erholungs- und sonstiger Verkehr),

— Beförderungsmittel (Pkw, Bus, Straßenbahn, U-Bahn, DB-Schienennahverkehr etc.),

— zeitliche Verteilung (Werktags-, Samstags- und Sonntagsverkehr mit stündlichen Schwankungen, Spitzen- und Durchschnittsverkehr, etc.),

— räumliche Verteilung (Quelle-Ziel-Beziehung, Fahrtweg, Entfernung, etc.)

6.3.4.2 Angebot zur Personenbeförderung

Das Angebot zur Personenbeförderung umfaßt die dem Nachfrager in einem Raume zur Verfügung stehenden Beförderungssysteme mit ihren kennzeichnenden Merkmalen.

Das Beförderungssystem des öffentlichen Personennahverkehrs besteht aus

— Beförderungsanlagen (Beförderungswege, Haltestellen- und Umsteigeanlagen, Park-and-Ride-Anlagen, Betriebshöfe und Werkstätten),
— Beförderungsmitteln (U-Bahn, Straßenbahn, Stadtbus, Regionalbus),
— Leistungsangebot (Fahrtenhäufigkeit, Bedienungszeitraum, fahrplanmäßige Fahrleistung, Ein- und Ausrückleistung) und
— Beförderungsorganisation (Netz-, Fahrplan-, Informationsabstimmung, tarifliche Gestaltung, Abfertigungs-, Tarif-, Informationssysteme).

Merkmale des Beförderungssystems für den Individualverkehr sind nur insoweit zu erheben, wie sie für die Beurteilung und Planung des öffentlichen Personennahverkehrs von Bedeutung sind (z. B. Flächen für den fließenden und ruhenden Verkehr sowie verkehrslenkende Einrichtungen).

6.3.4.3 Zusammenhang zwischen Nachfrage und Angebot

Beförderungsvorgänge können nach zeitlichen sowie räumlichen Kriterien und nach ihrer Zuordnung zu bestimmten Nachfragemerkmalen (z. B. Fahrtzweck) oder Angebotsmerkmalen (z. B. benutztes Beförderungssystem) beschrieben werden.

Daneben gibt es Merkmale, die das zu jedem Zeitpunkt zwischen der Nachfrage nach Personenbeförderung und dem Angebot an Beförderungsleistung bestehende Verhältnis beschreiben:

— Belastungsmerkmale kennzeichnen die Verteilung der realisierten Nachfrage auf das Angebot (z. B. Haltestellen-, Querschnitts- oder Linienbelastungen eines ÖPNV-Netzes).
— Auslastungsmerkmale kennzeichnen die Inanspruchnahme des Angebots durch die Nachfrage.
— Akzeptanzmerkmale kennzeichnen die Bedingungen der Annahme eines Angebots durch die Nachfrage (z. B. Annahme einer Bushaltestelle in Abhängigkeit ihrer Fußwegentfernung von der Verkehrsquelle). Sie sind durch vergleichende Analyse oder durch Methoden der Marktforschung zu ermitteln.

6.3.5 Bestandsaufnahme der Wirtschaftlichkeit

Die Bestandsaufnahme der Wirtschaftlichkeit erstreckt sich auf gesamt- und betriebswirtschaftliche Daten.

Die gesamtwirtschaftliche Bestandsaufnahme umfaßt insbesondere Reisezeitverluste durch Verkehrsstauungen, Investitions- und Unterhaltungskosten der Straßeninfrastruktur sowie Energie-, Abgas-, Lärm- und Unfallkosten.

Für die betriebswirtschaftliche Bestandsaufnahme sind insbesondere folgende Merkmale unternehmensbezogen zu erheben:

a) Einnahmesituation

— Tarifeinnahmen: Bartarife, Zeittarife, Sondertarife
— sonstige Einnahmen.

b) Kostensituation

— Kapitalkosten
— Betriebskosten: Sachkosten, Personalkosten.

c) Kennzahlen des Erlös- und Kostenbereiches

— Erlöse und Kosten je Personalkilometer, Beförderungsfall, Wagenkilometer, Platzkilometer
— Kostendeckungskennzahlen.

6.3.6 Berücksichtigung verkehrsbedeutsamer Entwicklungsplanungen und Rechtsgrundlagen

Neben der Bestandsaufnahme verkehrlicher oder raumstruktureller Merkmale sind besondere gesellschaftliche Ziel- und Ordnungsvorstellungen mit Auswirkung auf die Nahverkehrsplanung zu berücksichtigen. Hierzu gehören:

— Gebietsentwicklungspläne und -programme (Landesentwicklungsprogramm, Regional-, Gemeindeentwicklungs- und Bauleitpläne etc),

— Einzelplanungen (raumbedeutsame Verkehrswege oder Anlagen, verkehrsbedeutsame Einzelplanungen aller Art),

— Gesetze und Rechtsverordnungen (Allgemeines Eisenbahngesetz, Personenbeförderungsgesetz),

— Konzessionen und Verträge und

— Richtlinien (z. B. Mittelstandsrichtlinien).

6.4. Bewertung des Ist-Zustandes und Entwicklung eines Soll-Zustandes

Aus der Bewertung des Ist-Zustandes ergibt sich, ob die Ziele der Nahverkehrsplanung in den Aufgabenbereichen

— Erschließung,

— Bedienung und

— Wirtschaftlichkeit

zufriedenstellend verwirklicht sind. Die Bewertung erfolgt in zwei Arbeitsschritten:

— Bestimmung der Merkmale, an Hand derer der derzeitige Zustand zu bewerten ist (Bewertungsmerkmale);

— Vergleich der Ist-Werte mit bezifferten Kenngrößen allgemein zufriedenstellender Verkehrsverhältnisse (standardisierte Richtwerte).

6.4.1 Bestimmung der Bewertungsmerkmale

Aus den übergeordneten Zielen der Nahverkehrsplanung sind über Zielaspekte verkehrsrelevante Merkmale zu entwickeln.

— Die angemessene Erschließung umfaßt als Zielaspekte die Flächenerschließung sowie die Erreichbarkeit von Teilflächen von unterschiedlicher Nutzung.

— Der Bedienungsstandard umfaßt als Zielaspekte Reisezeit, Bedienungskomfort, Abfertigungs- und Informationssysteme sowie die Organisationsform.

— Die Wirtschaftlichkeit umfaßt die Zielaspekte Fahrpreis, Einnahmen, Kapital- und Betriebskosten sowie die Erlös-Kosten-Situation.

Diese Zielaspekte sind durch Bewertungsmerkmale gekennzeichnet, an Hand derer der derzeitige Zustand bei komplexen Problemsituationen umfassend zu beschreiben und zu bewerten ist. In einfachen Planungsfällen kann sich die Auswahl auf Bewertungsmerkmale beschränken, die den ausgewählten planungsspezifischen Zielen oder Zielaspekten zugeordnet sind. Bei der Auswahl der Bewertungsmerkmale ist auf die Klassifizierung des jeweiligen Nahverkehrsraums zu achten.

6.4.2 Vergleich der Ist-Werte mit den Richtwerten

Durch einen Vergleich der Ist-Werte mit standardisierten Richtwerten ist festzustellen, ob die derzeitige Situation in einem Nahverkehrsraum dem für Räume gleicher Struktur erwünschten Zustand entspricht.

Für Bewertungsmerkmale, zu denen keine standardisierten Richtwerte vorgegeben sind, gibt der Aufgabenträger eigene Richtwerte vor. Diese Werte sind, soweit möglich, aus problemverwandten standardisierten Richtwerten zu entwickeln.

Durch die Gegenüberstellung von Ist- und Richtwerten ist der Erfüllungsgrad für den gegenwärtigen Zustand zu ermitteln. Der Erfüllungsgrad gibt an, mit wieviel Prozent ein Ist-Wert den Richtwert erfüllt. Ergeben sich für ein Merkmal mehrere Ist-Werte (z. B. Reisezeit von mehreren Orten zum Unter- oder Oberzentrum), so ist jeder dieser Ist-Werte mit den Richtwerten zu vergleichen. Für eine Gesamtbeurteilung kann ein durchschnittlicher Erfüllungsgrad errechnet werden.

Für einzelne Bewertungsmerkmale ist ein zufriedenstellender Befund gegeben, wenn der Vergleich der Ist-Werte mit den Richtwerten einen Erfüllungsgrad von 100 % ergibt.

6.4.3 Entwicklung des Soll-Zustandes

Zeigen Bewertungsmerkmale einen nicht zufriedenstellenden Befund, ist zu prüfen, inwieweit die Richtwerte den speziellen Zielen der Nahverkehrsplanung entsprechen. Bei erheblicher Diskrepanz zwischen Ist- und Richtwerten kann sich die Entwicklung raumspezifischer Soll-Werte empfehlen, die den speziellen Zielsetzungen der Nahverkehrsplanung und den finanziellen Möglichkeiten des Aufgabenträgers entsprechen.

Die Entwicklung raumspezifischer Soll-Werte kann auch bei Übereinstimmung der Ist- und Richtwerte erforderlich sein, wenn die Richtwerte den raumspezifischen Ansprüchen der Interessengruppen Allgemeinheit, Benutzer und Betreiber an das Nahverkehrssystem nicht entsprechen.

6.5. Entwurf einer Planungsstrategie

Die festgestellten Mängel bestimmen die inhaltlichen Anforderungen an den Planungsprozeß zur Verwirklichung des Soll-Zustandes. Es bestehen folgende Möglichkeiten:

— Planung mit Hilfe von Richtwerten,

— Planung mit Hilfe der planerischen Informationsverarbeitung.

6.5.1 Richtwertplanung

Die Richtwertplanung ermöglicht es, in einfach gelagerten Fällen ein günstiges Verhältnis zwischen Planungsaufwand und Erfolg zu erreichen. Das hierfür vorgesehene Zweck-Mittel-Schema erlaubt die Zuordnung geeigneter Maßnahmen zu den Richtwerten. Die Richtwertplanung eignet sich vor allem für Aufgaben der Erschließung in ländlichen Räumen, der Verknüpfung des Stadtgebietes mit dem angrenzenden Umland sowie für einfache Planungsaufgaben, die sich auf eine Untersuchung einzelner Bewertungsmerkmale beschränken.

6.5.2 Planerische Informationsverarbeitung

Die Planung mit Hilfe der planerischen Informationsverarbeitung ist bei komplexen Problemstellungen erforderlich. Wesentlicher Bestandteil dieses Verfahrens ist die Simulation der Auswirkungen von Maßnahmen, die eine umfassende Wertung der Eignung von Maßnahmen ermöglicht. Diese Art der Planung eignet sich für

— die komplexe Neuordnung von Liniennetzen,

— die Untersuchung alternativer Verkehrserschließung in städtischen Räumen,

— Schnellbahnplanung in Ballungsräumen und

— Planungsfälle, deren wirtschaftliche Konsequenzen nicht annähernd vorausschätzbar sind.

6.6. Bestimmung bestgeeigneter Maßnahmen

6.6.1 Grundsätze

Es sind Maßnahmen zu bestimmen, die zur Behebung der festgestellten Mängel in den Aufgabenbereichen

— Erschließung,

— Bedienung und

— Wirtschaftlichkeit

geeignet sind. Hierzu sind folgende drei Arbeitsschritte erforderlich:

— Konzeption von Maßnahmen zur Behebung der festgestellten Mängel,

— Untersuchung der Auswirkungen von vorgeschlagenen Maßnahmen und

— Schlußbewertung geeigneter Alternativen.

Eine Verbesserung der Verkehrsverhältnisse kann durch folgende Maßnahmen erreicht werden:

— Veränderung der Netzkonzeption,
— Anpassung des Leistungsangebots an die Nachfrage,
— Verbesserung der Kooperation und
— Verbesserung der Organisation.

6.6.1.1. Maßnahmen zur Veränderung der Netzkonzeption sind bei un-genügender Verkehrserschließung zu erarbeiten. In Frage kommen:

— Änderung der Linienführung innerhalb einer Teilfläche oder zwischen verschiedenen Teilflächen,
— Einrichtung neuer Verkehrslinien und
— Veränderung von Zahl und Lage der Haltestellen.

6.6.1.2 Maßnahmen zur Anpassung des Leistungsangebotes an die Nach-frage sind bei Mängeln im Bedienungsstandard zu treffen. In Betracht kommen:

— Anpassung der Fahrtenhäufigkeit,
— Fahrplanänderungen,
— Verkehrslenkungsmaßnahmen,
— alternative Beförderungssysteme und
— Ausbau von Umsteigeanlagen

6.6.1.3 Maßnahmen zur Verbesserung der Zusammenarbeit sind bei mangelnder Koordination von Linien, Fahrplänen und Tarifen zweck-mäßig. Folgende Formen der Kooperation kommen in Betracht:

— Abstimmung von Verkehrsleistungen,
— Verkaufsgemeinschaften,
— tarifliche Zusammenarbeit (Additionstarif, Übergangstarife, Durch-tarifierung, Gemeinschaftstarif, Tarifgemeinschaft),
— Verkehrsgemeinschaft und
— Verkehrs- und Tarifverbund.

6.6.1.4 Verbesserung der Organisation

Organisatorische Maßnahmen sind bei Mängeln der Wirtschaftlich-keit zu treffen. Neben der Möglichkeit innerbetrieblicher Rationalisie-rung ist die Frage der Privatisierung zu prüfen. In Betracht kommt hierbei:

— Umwandlung kommunaler Eigenbetriebe in Eigengesellschaften,

— Anmietung von Verkehrsleistungen geeigneter Subunternehmer und

— Übertragung der aus der Konzession erwachsenden Rechte und Pflichten oder des Betriebes auf einen privaten Unternehmer.

Eine Entscheidung hierüber setzt Kostenvergleiche zwischen gleichwertigen kommunalen und privaten Unternehmen voraus.

6.6.2 Richtwertplanung zur Bestimmung bestgeeigneter Maßnahmen

Die Konzeption von Maßnahmen beschränkt sich auf die Anwendung des Zweck-Mittel-Schemas.

Die Untersuchung der Auswirkungen von Maßnahmen besteht aus einer groben Vorausschätzung der verkehrlichen Auswirkungen. Dabei sind insbesondere Wechselwirkungen mehrerer Maßnahmen zu berücksichtigen. So etwa können Maßnahmen zur Verbesserung des Leistungsangebotes (erhöhte Bedienungshäufigkeit durch Bündelung mehrerer Linien) eine Verschlechterung der Erschließung (durch verringerte Anbindung von Teilflächen) zur Folge haben.

Bei der vergleichenden Bewertung alternativer Maßnahmen ist darauf zu achten, daß Gleichwertigkeit der Prämissen hinsichtlich Erschließung und Bedienung gegeben ist.

Zur Bewertung verkehrlich geeigneter Maßnahmen sind ihre finanziellen Auswirkungen zu beurteilen. Die der Bewertung zugrundegelegten Prämissen sind offenzulegen und im Hinblick auf die Bestimmung der bestgeeigneten Maßnahmen kritisch zu würdigen.

6.6.3 Planerische Informationsverarbeitung
zur Bestimmung bestgeeigneter Maßnahmen

6.6.3.1 Maßnahmenkonzeption

Die Konzeption geeigneter Maßnahmen erfolgt auf der Grundlage des Zweck-Mittel-Schemas. Ergänzend können spezielle Analysen erforderlich sein. Dabei sind die beobachtbaren Zusammenhänge zwischen Maßnahmen und Auswirkungen zu untersuchen. Für ländliche Räume steht ein standardisiertes Modell zur Verfügung, das sich auf die Verwendung der Bestandsaufnahme des Verkehrsangebotes in den Nahverkehrsräumen sowie auf allgemein verfügbare Daten der amtlichen Statistik beschränkt. Die Maßnahmenplanung in ländlich strukturierten Nahverkehrsräumen kann durch mehrfache Anwendung des Modells mit jeweils veränderten Parametern und Eingabedaten verbessert und in ihrer Auswirkung beurteilt werden. Für die Anwendung dieses Modells ist ein EDV-Programm beim Landesamt für Datenverarbeitung verfügbar und nach Abstimmung mit dem Staatsministerium für Wirtschaft und Verkehr abrufbar.

6.6.3.2 Untersuchung der Auswirkungen von Maßnahmen

Für die Untersuchung der Auswirkungen von Maßnahmen sind Modelle anzuwenden, mit denen der Zustand des Nahverkehrsraums simuliert wird. Hierfür stehen folgende Modelle zur Verfügung, die Datenerhebungen in unterschiedlichem Umfang erfordern:

a) Aggregierte Modelle gehen vom gesamtheitlichen Verkehrsverhalten innerhalb von Teilflächen aus und bestimmen auf dieser Grundlage das Verkehrsverhalten der Bevölkerung eines Nahverkehrsraumes. Sie setzen die Unterteilung des Planungsraumes in Verkehrszellen voraus. Zwischen den Merkmalen (Kenngrößen) der Verkehrszellen wie etwa Einwohnerzahl, Zahl der Beschäftigten, Zahl der vorhandenen PKW's und bestimmten Ausprägungsformen des Verkehrs bestehen Zusammenhänge. Die Berechnung des Verkehrsbildes erfolgt durch schrittweise Verfeinerung mit Hilfe der Teilmodelle

— Verkehrserzeugung,

— Verkehrsverteilung,

— Verkehrsaufteilung und

— Verkehrsumlegung.

Die Parameter des gesamtheitlichen Verkehrsverhaltens können auf dieser Grundlage für die Simulation nur grob vorausgeschätzt werden.

b) Disaggregierte Modelle leiten das Verkehrsverhalten einer Bevölkerungsgruppe vom Verhalten einzelner Verkehrsteilnehmer ab. Sie müssen deshalb die Wechselwirkungen zwischen der Verkehrsentstehung und den Gewohnheiten des einzelnen Verkehrsteilnehmers einbeziehen. Die Komponenten der Verkehrsentstehung sind

— individuelle Bedürfnisse,

— Einrichtungen zur Befriedigung der Bedürfnisse und

— Verhaltensweisen bei der Befriedigung der Bedürfnisse.

Wesentliches Merkmal disaggregierter Modelle ist die Verwendung personenbezogener Daten zur Beschreibung dieser Komponenten. Hierfür ist eine Einteilung in verhaltenshomogene Gruppen erforderlich. Eine derartige Typologie kann von einer Gruppierung in Erwerbstätige, Hausfrauen, Schüler und Rentner ausgehen. Aus den Bedürfnissen dieser Personenkreise sowie aus ihrer Bindung an

Einrichtungen zur Befriedigung der Bedürfnisse lassen sich Rückschlüsse auf das Verkehrsverhalten ziehen.

6.6.3.3 Methoden der Schlußbewertung
zur Bestimmung bestgeeigneter Maßnahmen

Für die abschließende Bewertung der Auswirkungen verkehrlich geeigneter Maßnahmen stehen folgende Bewertungsverfahren zur Verfügung:

— Kosten-Nutzen-Analyse,

— Kosten-Wirksamkeits-Analyse und

— Nutzwert-Analyse.

Die Auswahl des jeweils anzuwendenden Bewertungsverfahrens richtet sich nach Umfang und Art der in die Bewertung einzubeziehenden Merkmale:

— Die Kosten-Nutzen-Analyse ist anzuwenden, wenn vor allem Auswirkungen im Bereich der Wirtschaftlichkeit zu untersuchen sind.

— Die Kosten-Wirksamkeits-Analyse ist durchzuführen, wenn überwiegend monetär nicht erfaßbare Merkmale im Nutzenbereich berücksichtigt werden sollen.

— Die Nutzwert-Analyse eignet sich vor allem für Maßnahmen im nicht-investiven Bereich.

Die Schlußbewertung einzelner oder alternativer Maßnahmen geht von einem Vergleich mit dem vorhandenen Zustand aus.

Bei der Beurteilung alternativer Ergebnisse der Bewertungsverfahren ist zu überprüfen, ob die zugrunde gelegten Prämissen insbesondere hinsichtlich Erschließung und Bedienung unverändert gleich sind. Kommt die Abwägung verkehrlicher Erfordernisse mit finanziellen Möglichkeiten zu keinem eindeutigen Ergebnis, ist die sich hieraus ergebende Alternative dem Aufgabenträger zur Entscheidung vorzulegen. Bei vorgegebenen Restriktionen (z. B. im finanziellen und organisatorischen Bereich) muß das abschließende Bewertungsergebnis durchsetzbare Teilmaßnahmen und deren Prioritäten aufzeigen (Maßnahmenprogramm). Die Bewertung schließt mit einer kritischen Würdigung der dem Maßnahmenvorschlag zugrundegelegten Prämissen ab.

HERBERT KÖNIG

7. Beispiel „Nahverkehrsgestaltung in Bayern": Fragwürdige Vereinfachungen als Folge rationalisierter Planung — eine Herausforderung an die Wissenschaft

Diskussionsprotokoll zum Referat von Jürgen Engelhardt

Das referierte Konzept einer einheitlichen Nahverkehrsplanung wurde unter folgenden drei Aspekten beleuchtet:

1. Der Ablauf des Planungsprozesses.
2. Die Problematik der Zielfindung für die Richtlinie.
3. Die Angemessenheit der Ziele selbst.

Ad 1: Problematisch am dargestellten Verfahren erschien es mehreren Tagungsteilnehmern, daß der wie auch immer ermittelte Ist-Zustand einer Nahverkehrssituation zunächst nur mit einem generell vorgegebenen und bewußt verallgemeinert formulierten Soll-Zustand verglichen wird. Kommt es bei dieser Bewertung zu einer vollständigen Übereinstimmung zwischen den konstatierten gegebenen Verhältnissen und den allgemeingültigen Richtwerten, so sei damit offenbar der Planungsprozeß abgeschlossen und werde erst bei evidenten Umweltveränderungen von Neuem aufgenommen. Hier sah man nun in der Diskussion die Gefahr, daß letztlich nur noch die hundertprozentige Übereinstimmung zwischen Ist- und Soll-Werten zum Planungsgegenstand werde, was leicht ein unbewußtes Abgehen von ursprünglichen Planungsabsichten beinhalten könne. Vor allem aber werde dabei der vorgegebene verallgemeinerte Soll-Zustand im Falle der Übereinstimmung nicht weiter hinterfragt und nicht auf seine raum- und situationsspezifische Gültigkeit hin überprüft.

Der Referent gab zu, daß sein Konzept die Annahme eines zufriedenstellenden Zustandes bei vollständiger Übereinstimmung zwischen Bestandsdaten und Richtwerten impliziere, sah jedoch die Möglichkeit, daß im Rahmen einer — nicht näher beschriebenen — Rückkopplung in einer spezifischen Nahverkehrssituation auch eine Veränderung der Richtwerte möglich sei. Grundsätzlich würde bei einem größeren Erfüllungsdefizit zwischen Ist- und Soll-Zustand geprüft, ob die Richtwerte für diesen Raum zutreffend seien.

Ad 2: Angesichts der offenbar dominierenden Bedeutung der verallgemeinerten Richtwerte für die Nahverkehrsplanung nach dem beschriebenen Konzept, erschien den Diskutanten die Frage der Zielfindung für diese Richtwerte besonders bedeutsam. Dabei wurde vermerkt, daß Formulierungen wie „angemessene Erschließung", „zufriedenstellende Bedienung" oder auch „Wirtschaftlichkeit" zunächst wenig über die Art der Quantifizierung und die Begründung entsprechender Werte für den Soll-Zustand aussagen. Auch der Rückgriff auf Erfahrungswerte sei nicht unproblematisch, denn diese seien häufig mehr oder weniger erfunden oder überlegt, also bestenfalls dem persönlichen Erfahrungsbereich einiger Fachleute entnommen. Ähnliches gelte auch z. T. für empirisch ermittelte Zielgrößen, da hier oft mit wenig realitätsnahen Kategorisierungen wie etwa „zumutbarer Fußweg" und Ähnlichem gearbeitet würde. Deshalb sei es beim dargestellten Vorgehen besonders wichtig, gerade die Soll-Werte für eine permanente Überprüfung und Korrektur zu öffnen.

Ad 3: Kritisch beleuchtet wurden schließlich auch die referierten Ziele selbst. Dabei wurden folgende Gesichtspunkte betont:

— Das aufgezeigte Planungskonzept sei ausschließlich auf eine bedarfsdeckende Nahverkehrsplanung ausgerichtet. Gerade in Ballungsgebieten gehe es jedoch vor allem um eine aktive Steuerung, um zeitliche und räumliche Verlagerung, um Reduzierung, bisweilen aber auch um Intensivierung von Verkehrsströmen. Die Planung und Bereitstellung von Nahverkehrsinfrastruktur stehe heute meist als Instrument der Stadtentwicklungspolitik im Vordergrund des Interesses. Damit könne jedoch der Grad der Deckung eines aktuellen Bedarfs nicht mehr zum alleinigen Bewertungskriterium erhoben werden.

— Damit erscheine es aber auch fraglich, ob es überhaupt sinnvoll sei, ein und dieselbe Planungsstrategie sowohl auf ländliche Räume als auch auf Ballungsgebiete anzuwenden.

— Die gerade in Ballungsräumen aus städtebaulichen, ökonomischen und nicht zuletzt ökologischen Gründen wesentliche Frage der Aufteilung des Verkehrs auf alternative Verkehrsmittel, des modalsplits, werde aus der Bewertung des Zustandes eines ÖPNV-Netzes ausgeklammert, weil ein bestimmter Anteil des ÖPNV am gesamten Verkehrsaufkommen eines Raumes offenbar überhaupt nicht als Zielgröße in den verallgemeinerten Soll-Zustand eingehe.

— Der im vorgestellten Konzept stark betonte Grundsatz der Eigenwirtschaftlichkeit von ÖPNV-Trägern werde häufig nicht den gesamtwirtschaftlichen Erfordernissen gerecht. So würden z. B. Wegekosten für Schienenverkehrsmittel beim ÖPNV-Träger, für Straßenverkehrsmittel jedoch beim jeweiligen Lastträger des Straßenbaus bilanziert. Deshalb könne ohne weiteres auch ein betriebswirtschaftlich ungünstigeres Ergebnis beim ÖPNV-Träger volkswirtschaftlich günstiger sein.

In diesem Zusammenhang wurde auch die Frage einer möglichen Privatisierung von Verkehrsleistungen angeschnitten: Man müsse dabei berücksichtigen, daß ein Ausgleich von Verkehrsnachfrage und -angebot über Marktmechanismen externe Effekte produzieren könne, die voll auf die öffentliche Hand zurückschlagen würden.

Der Referent wies schließlich noch auf die Problematik der Langfristigkeit von Nahverkehrsplanungen hin, die gerade für den einzelnen Verkehrsunternehmer als Kostenträger ein hohes Risiko beinhalte, denn er könne bei veränderten Entwicklungen, z. B. einer von den für die Planung herangezogenen Prognosen abweichende Geburtenentwicklung, keinen Rückgriff mehr auf den Staat nehmen. Grundsätzlich sei es für die Nahverkehrsplanung heute nötig, zu einem Zeitpunkt zu planen, da man die Entwicklung nicht ausreichend kenne, und dabei Maßnahmen zu konzipieren, die noch in eine Zeit hineinwirken, da die Generation, für die man plane, gar nicht mehr existiere.

Zusammenfassend kann festgehalten werden, daß die Diskussion weitestgehend Probleme des Vorgehens selbst zum Inhalt hatte, an der grundsätzlichen Intention des Konzepts jedoch keine Zweifel erhob: Die Notwendigkeit für den Planungspraktiker, die Nahverkehrsplanung durch derartige Leitlinien zu strukturieren und zu rationalisieren, blieb unbestritten. Es wurde vielmehr anerkannt, daß der Praktiker unter einem Handlungszwang steht, folglich für ihn unter Umständen eine nur siebzigprozentige Lösung besser ist als die zeitraubende Suche nach perfekten Konzepten. Insofern weichen die Überlegungen der Praktiker zum Teil zwangsläufig von denen der Wissenschaftler ab. Daraus ergibt sich aber gerade die Forderung, daß die Wissenschaft auch die Problemstellungen der Praktiker und ihre Vorgehensweisen analysieren bzw. evaluieren, damit zur kritischen Handhabung der Methoden in der Praxis beitragen und letztlich darauf aufbauend selbst realisierbare Alternativen entwickeln sollte.

KARLHEINZ SCHAECHTERLE

8. Vorgehen und Probleme der Praxis einer integrierten Verkehrsplanung

8.1. Entwicklung der Problemstellung

In der menschlichen Entwicklungsgeschichte hat die Planung und der Bau von Verkehrswegen stets eine wichtige Rolle gespielt. Vor allem die großräumige Verkehrspolitik und Verkehrswegeplanung wurde als Mittel der militärischen Kontrolle und wirtschaftlichen Entwicklung schon im römischen Reich meisterhaft gehandhabt und erlebte im Eisenbahnzeitalter eine neue Blüte. Obwohl schon immer die Verflechtung des Verkehrs mit anderen gesellschaftlichen Systemen bestanden hat und frühzeitig auch Theorien über diese Verflechtung in den Anfängen der Verkehrswissenschaft entwickelt wurden, haben Verkehrspolitik und Verkehrsplanung, insbesondere die städtische Verkehrsplanung, lange in einer gewissen Isolierung gelebt, die sich bis heute in vielen der Methoden und Modelle widerspiegelt, mit deren Hilfe Verkehrsprognosen und Generalverkehrspläne erstellt wurden. In der Planungspraxis haben systemtheoretische Betrachtungen unter Zugrundelegung der Interdependenzen mit neben- oder übergeordneten Systemen nur zögernd Anwendung gefunden.

Je nach Aktualität der jeweils mit dem Verkehr verbundenen und der aus diesem resultierenden Probleme sind in der Verkehrsplanung in den letzten 25 Jahren unterschiedliche Akzente gesetzt und entsprechende Entwicklungsabschnitte erkennbar geworden (*Schaechterle / Wermuth*, 1974).

1. Deckung des u. a. auch aus den Kriegsfolgen herrührenden unmittelbaren, kurzfristigen Bedarfs mit Anpassung der Verkehrswegesysteme, speziell der Straßennetze, an die erwartete Verkehrsmenge.

2. Vorausschauende Bedarfsdeckung trendmäßig bereits feststellbarer künftiger Anforderungen unter dem Aspekt der Maximierung der Angebote in der Verkehrsinfrastruktur. Dabei entstanden u. a. Leitbilder der sogenannten „verkehrsgerechten Stadt".

3. Entwicklungsorientierte Bedarfsplanung, in welcher unter dem Gesichtspunkt eines „menschen- und stadtgerechten Verkehrs" verstärkt humane und sozial-wissenschaftliche Aspekte Berücksichtigung finden.

Während im 1. Abschnitt Annahmen über die voraussichtliche Entwicklung lediglich globaler verkehrsrelevanter Größen (z. B. Motorisierung) auf den beobachteten Ist-Zustand angewendet wurden, war der zweite Abschnitt gekennzeichnet durch die Entwicklung einer Planungsmethodik, deren Ziel darin bestand, die Abhängigkeiten zwischen Verkehr und Raum- bzw. Siedlungsstruktur zu beschreiben, um mit ihrer Hilfe aus einer autonom prognostizierten Strukturentwicklung die in Zukunft zu erwartende Verkehrsnachfrage abzuschätzen. Dieses Vorgehen lieferte den Nachweis der Abhängigkeit der Verkehrsnachfrage von den Strukturmerkmalen und führte zur Entwicklung von Verkehrsmodellen als informative Hilfsmittel für Planungsentscheidungen, wobei die strukturelle Differenzierung — z. B. nach Beschäftigten in einzelnen Wirtschaftsbereichen — u. a. eine Unterscheidung nach Verkehrsteilnehmergruppen, nach Fahrtzwecken und weiterer verhaltensbedingter Einflußgrößen zulassen.

Die jüngsten Entwicklungsanstrengungen auf dem Gebiet der Verkehrstechnologie sind ein Ausdruck der letztgenannten dritten Planungsmaxime. Dabei wird allerdings der Planungsspielraum in der Verkehrsplanung durch zahlreiche feste Randbedingungen eingeengt. Sie betreffen vor allem die bereits bestehenden Gegebenheiten der Flächennutzung und der Verkehrsinfrastruktur. Wir sollten niemals vergessen, daß wir in einer Welt und vor allem in Städten leben, die von Realitäten baulicher und verkehrlicher Struktur geprägt sind. Die in letzter Zeit sehr deutlich gewordene Begrenztheit der volkswirtschaftlichen Leistungskraft macht für Verkehrsplanungen zunehmend eine Einsatzoptimierung der verfügbaren Mittel im Bereich der Handlungsnotwendigkeiten erforderlich. Die Verengung der Finanzierungsspielräume von Bund, Ländern und Kommunen haben den zur Zeit bemerkbaren Wandel in der verkehrspolitischen Auffassung verstärkt: Häufiger als vor Jahren wird die Notwendigkeit von Ausbaumaßnahmen, etwa der Straßennetze, in Frage gestellt oder auf einen späteren Zeitpunkt zurückgestellt, ohne daß die Tragweite solcher geänderter Prioritäten erkannt wird, durch die u. a. auch die Bemühungen der Verkehrsplanung zur Verwirklichung von mehr Lebensqualität, mehr Umweltschutz bei nach wie vor wachsender Verkehrsnachfrage hinfällig werden.

8.2. Wandel des Objektsystems der Verkehrsplanung und der Verkehrsforschung

In der Verkehrsplanungstheorie sowie in der Verkehrsplanungspraxis hat sich die systemtheoretische Betrachtungsweise als wertvolles Hilfsmittel zur Strukturierung und Abgrenzung sowie zur Beschreibung von Interdependenzen durchgesetzt. In der Fachsprache kann die Entwicklung der zu Anfang genannten verkehrsplanerischen Problemstellung als schrittweise Systemerweiterung bezeichnet werden. Dabei sind im wesentlichen drei Phasen der Systemerweiterung zu unterscheiden (*Spiegel*, 1974):

1. Vom System eines bestimmten Verkehrsträgers (Straße oder Schiene) zum Gesamtverkehrssystem.

2. Vom Gesamtverkehrssystem zum materiell-technischen System.

3. Vom materiell-technischen System zum sozio-technischen System.

Die erste Phase ist dadurch gekennzeichnet, daß die bisher als geschlossene Systeme angesehenen Straßen- oder Schienensysteme hinsichtlich Verkehrsaufkommen, Verkehrsverteilung und Verkehrswegewahl nicht mehr für sich betrachtet, sondern als Sub-Systeme eines umfassenden Verkehrssystems angesehen werden, in denen auch die Modalitäten der Verkehrsmittelwahl Berücksichtigung finden. In der Praxis stellen u. a. die Einbeziehung der Taxis in den ÖPNV, die Bemühungen um Park- and Ride-Systeme oder die Berücksichtigung qualitativer Auswirkungen der unterschiedlichen Verkehrssysteme Straße und ÖPNV (Schiene) auf die Benutzerquote derartige Systemerweiterungen dar.

In der zweiten Phase versucht man quantitative Zusammenhänge zwischen Flächennutzung und Verkehrsaufkommen mit dem Ziel der Verbesserung der Verkehrsverhältnisse in Gemeinden zu analysieren. Dies bedeutet, daß das Verkehrsaufkommen nicht mehr für sich allein, sondern in seinem Zusammenhang mit anderen Elementen des materiell-technischen Systems, also speziell der Flächennutzung sowie der qualitativen und quantitativen Kenndaten der Verkehrsinfrastruktur in Stadt und Region gesehen wird. Die engen Zusammenhänge zwischen Verkehrsaufkommen einerseits, Art, Maß und Zuordnung der Flächennutzung sowie Ausstattung durch Transportsysteme andererseits wurden erkannt und haben von da an die kommunale und regionale Entwicklungsplanung sowie die Verkehrsplanung stark beeinflußt. Die Zielvorstellungen einer Zuordnung von Nebenzentren und Siedlungsschwerpunkten zu Schnellbahnstationen in Verdichtungsräumen — siehe u. a. die regionalen Achsenkonzepte oder das Hamburger

Dichtemodell — sind kennzeichnend für die Umsetzung derartiger Systemerweiterungen in die Praxis, obwohl in vielen Fällen die systematische Analyse der quantitativen Zusammenhänge zwischen Flächennutzung und Verkehrsaufkommen und insbesondere über die Auswirkungen der Verkehrsinfrastruktur auf strukturfördernde, aber auch strukturschädliche Entwicklungen noch in den Anfängen steckt.

Ohne daß also diese zweite Phase inhaltlich durch die erzielten Forschungsergebnisse zufriedenstellend abgeschlossen wäre, erfolgte schließlich die dritte Phase der Systemerweiterung, in welcher die Einbeziehung des sozio-ökonomischen und des ökologischen Systems angestrebt wird. Für die städtische Verkehrspolitik und Verkehrsplanung ist dabei bedeutsam,

— daß die Einbeziehung der Zusammenhänge zwischen Verkehrssystem und sozio-ökonomischem System aus der Erkenntnis resultiert, die Verkehrspolitik als Mittel der Gebietsentwicklungspolitik, insbesondere der Stadtentwicklungspolitik, einsetzen zu können und

— daß die direkten und indirekten Auswirkungen des Verkehrssystems auf die Umwelt gerade in den letzten Jahren in das Bewußtsein einer breiten Öffentlichkeit gedrungen sind. Gleichzeitig wird der Bevölkerung aber auch die Bedeutung der Mobilität für ihre Existenz und für die Wahrung von Lebenschancen bewußt.

Im Laufe dieser Entwicklung der Problemstellung in der praktischen Verkehrsplanung ist eine Vielzahl von Einzelproblemen aufgetaucht. Viele konnten gelöst werden, viele sind heute als noch nicht gelöst anzusehen. Die neuerdings angestrebten und zum Teil bereits in Entwicklung befindlichen verhaltensorientierten Ansätze, die gesamtwirtschaftliche und gesamtgesellschaftliche Prognosen einzubeziehen versuchen, lassen Öffnungen von Systemen auch in der Verkehrsplanungstheorie erkennen.

Für den Ingenieur haben allerdings derartige system-theoretische Betrachtungen den Nachteil, daß sie arbeitstechnisch unbequem sind, da die Zahl der Variablen, mit denen zu rechnen ist, vermehrt wird und dabei meist Größen einfließen, deren Quantifizierbarkeit zu wünschen übrig läßt. Der Ingenieur als Verkehrsplaner ist es seit langem gewohnt, die Konsequenzen einer Planung nach „Maß und Zahl" aufzuzeigen (*Feuchtinger*, 1959). Sein Bestreben ist es, Auswirkungen und Effekte der Planung vor der endgültigen Entscheidung zu quantifizieren und so einer Forderung der Entscheidungsträger zu entsprechen.

8.3. Heutige Problematik

Den Hintergrund für die heute bestehenden Probleme der praktischen Verkehrsplanung und damit der Verkehrswissenschaft bilden zwei Aspekte:

1. Verkehr entsteht dadurch, daß bestimmten Bedürfnissen im Tagesablauf von Personen entsprechende Einrichtungen zur Befriedigung dieser Bedürfnisse an den verschiedensten Standorten gegenüberstehen. Solche Grundbedürfnisse sind Wohnen, Arbeiten, Bildung, Versorgung, Erholung. Gerade die Gesichtspunkte der Daseinsfürsorge beherrschen zahlreiche Maßnahmen der Stadtentwicklungs- und Flächennutzungspolitik (*Schaechterle*, 1974).

Die räumliche Verteilung dieser Einrichtungen in Stadt und Region prägen die jeweilige Siedlungsstruktur. Die städtische Umgebung als Teilsystem bietet damit permanent „Möglichkeiten" oder „Gelegenheiten" für die Bewohner, sich der vielfältigen Angebote innerhalb der gesamten materiellen Raumstruktur unserer besiedelten Gebiete zu bedienen. Mit dem Ausdruck „Gelegenheit" wird das Ausmaß und die Qualität der Wahlmöglichkeiten gekennzeichnet, die den Stadtbewohnern und den übrigen Nutzern städtischer Räume und deren Attraktivitäten zur Verfügung stehen (*Mäcke*, 1974). Je mehr allen Bevölkerungsteilen solche Gelegenheiten verschafft werden, um so stärker können soziale Disparitäten abgebaut werden.

In der globalen Systemanalyse kann vereinfachend festgestellt werden, daß die Teilsysteme:

— Siedlungsstruktur einschließlich Flächennutzung,

— Verkehrssystem und

— individuelles Verhaltenssystem der Bevölkerung

eine bestimmte realisierte Verkehrsnachfrage determinieren (*Braun/ Wermuth*, 1973). So gesehen spielt Verkehr eine „passive Rolle", die für den Ausgleich bestehender Spannungen zwischen den individuellen Aktivitäten des einzelnen einerseits und den Einrichtungen zu deren Realisierung an verstreut liegenden Orten andererseits sorgt. Verkehr ist damit lediglich aktivitäten-verteilend, nicht wachstums-induzierend.

Die Wirkungen der Siedlungs- und Verkehrsinfrastruktur sowie der Verhaltensweisen auf die Verkehrsnachfrage können bei Betrachtung des Verkehrs eines relativ kleinen Zeitraumes, z. B. eines Tages, als ein Teilsystem betrachtet werden, in welchem die Siedlungsstruktur hinsichtlich ihres Einflusses auf die Verkehrsnachfrage als konstant angesehen wird.

Durch Verkehrsmodelle, wie sie heute existieren, wird diese Abhängigkeit der Verkehrsnachfrage von Gegebenheiten einer bestimmten, vorgegebenen Siedlungs- und Verkehrsinfrastruktur beschrieben (*Schaechterle / Braun / Wermuth*, 1973).

2. Der zweite Aspekt, der durch die integrierte Verkehrsplanung unter Berücksichtigung des ökologischen und sozio-ökonomischen Systems betrachtet werden muß, basiert auf der Erkenntnis, daß Maßnahmen im Verkehrssystem ökonomische und soziologische Folgeprozesse induzieren und damit einen wesentlichen Eingriff in das Gesamtsystem der industriellen Gesellschaft eines Raumes darstellen.

Bezogen auf einen längeren Zeitraum, in dem die Veränderungen in der Siedlungsstruktur nicht mehr vernachlässigt werden können — das trifft etwa bei Generalverkehrsplänen mit Prognosezeiträumen von 10—15 Jahren zu — liegt ein Gebietsentwicklungs- oder Stadtentwicklungsprozeß mit u. a. Veränderungen der Flächennutzung, der soziologischen Strukturen etc. vor. In diesem Mega-System „Siedlungsraum" sind die Beziehungen sowohl räumlich als auch zeitlich wirksam. Die räumliche Dimension ist dabei realisiert durch die Verteilung der Aktivitäten im Raum wie Kultur- und Bildungs-, Freizeit- und Konsumeinrichtungen, die von der Stadtplanung als einer nachfrage-orientierten Flächennutzungsplanung vorgegeben oder angestrebt wird.

In jüngster Zeit wurden zwar erhebliche Fortschritte erzielt, die Wirkungen von Strukturelementen auf die Verkehrsnachfrage phänomenologisch zu beschreiben, jedoch konnten die länger- oder mittelfristig wirksamen ökonomischen oder soziologischen Folgeprozesse des Verkehrs in keiner Weise eindeutig quantifiziert werden. Der Grund hierfür liegt darin, daß im Gesamtsystem Siedlungsraum eine ganze Reihe wirtschaftlicher, gesellschaftlicher und politischer Einflüsse wirksam sind, deren Beschreibung etwa durch ein Modell nicht oder nur beschränkt möglich ist.

Obwohl das Verkehrsmodell in seinem heute erreichten Gütegrad keinesfalls umfassende Entwicklungsmodelle ersetzen kann, ist es jedoch als Simulationsmodell und wesentlicher Bestandteil eines Stadt- und Regionalentwicklungsmodells in der Lage, über Rückkoppelungsprozesse Hinweise zur Qualität alternativer räumlicher Strukturen oder zu bestimmten restriktiven Vorgaben zu liefern und so das Entscheidungsverfahren zu erleichtern und transparenter zu gestalten (*Braun/Wermuth* 1973; *Schaechterle* 1976).

In den Verdichtungs- und Ballungsräumen, in denen die ausein-
anderklaffende Schere zwischen den ökonomischen und ökologischen
Kapazitäten einerseits und der wachsenden Verkehrsnachfrage andererseits immer stärker in Erscheinung tritt, sind wir gezwungen,
die planerischen Möglichkeiten im Sinne einer „dämpfenden Bedarfsplanung" und damit zur Nachfrageminimierung einzusetzen
(*Willeke und Retzko,* 1974). Auf der anderen Seite wird das Zurück-
bleiben verkehrlich unterentwickelter Regionen dazu zwingen, im
Sinne einer „anregenden Bedarfsplanung" zur Nachfrage- und
Wachstumsförderung einzugreifen. Beispiele sind die Bemühungen
im Bayerischen Wald und im Allgäu, diesen Erholungsgebieten
durch eine bessere Verkehrsinfrastruktur verstärkte Entwicklungs-
impulse für Fremdenverkehrsorte zu verschaffen.

Verkehrsplanung wird damit als Mittel der Strukturpolitik eingesetzt, durch das nicht nur Bedarfsbefriedigung, sondern Bedarfs-
steuerung betrieben werden kann.

8.4. Heutiges Vorgehen und offene Fragestellungen

Im folgenden möchte ich auf das derzeitige Vorgehen der Praxis
einer integrierten Verkehrsplanung und die dabei bestehenden noch
offenen Fragestellungen eingehen.

Die zuvor genannte Analysierung der Verkehrsnachfrage ist ein
wichtiger und bisher schwerpunktmäßig behandelter Untersuchungs-
bereich der Verkehrsforschung. Das Ziel besteht dabei in einer handhabbaren Beschreibung von planungsrelevanten Verkehrsnachfrage-
größen in Abhängigkeit von demographischen, soziologischen und ökonomischen Faktoren sowie von den Merkmalsvariablen des Verkehrsmittelangebotes. Die Übersichtlichkeit und Handhabbarkeit ist am
größten bei der Verwendung von mathematischen Modellen, die bekanntlich dazu herangezogen werden.

Die Entwicklung auf diesem Gebiet der verhaltensorientierten simu-
lativen Verkehrsnachfragemodelle ist keineswegs abgeschlossen. Den
relativ groben, makroskopischen Verkehrsmodellen zur Ermittlung der
Verkehrsnachfrage auf der Basis räumlich (d. h. durch die Festlegung
von Verkehrszellen) aggregierter, quantitativer Größen der Bevölke-
rungs- und Wirtschaftsstruktur folgte — ermöglicht durch die Entwicklung leistungsfähiger EDV-Anlagen — in jüngster Zeit die Entwicklung mikroskopischer verhaltensorientierter Modellansätze zur Beschreibung individueller Verhaltensweisen und Entscheidungen. Speziell auf diesem Gebiet der verhaltensorientierten Individualmodelle
stehen wir am Anfang einer umfangreichen Forschungstätigkeit, die

beispielsweise an meinem Institut schon vor einigen Jahren begonnen wurde.

Das Verkehrsverhalten wird bekanntlich beeinflußt

— von soziologischen, demographischen und ökonomischen Faktoren, also sozio-demographischen Dimensionen (Marktforschungsansatz),

— von externen räumlichen Merkmalen der Siedlungsstruktur und des Verkehrssystems (Strukturansatz) und

— von subjektiven Verhaltensweisen und Einstellungskomponenten (Antriebe, Meinungen).

Nachweisbar liefert jeder einzelne Einfluß bzw. Ansatz unbrauchbare und widersprüchliche Erklärungsaussagen zum Verkehrsverhalten; brauchbare Ergebnisse sind nur im gemeinsamen Ansatz zu erwarten.

Die Aufgabe, die sich für die Verkehrswissenschaft aus diesen Einflüssen auf das Verhalten zunächst ergibt, besteht darin, die Wirkungen dieser Einflußkomplexe und deren Einzelfaktoren auf die Verkehrsnachfrage ganz allgemein sowie auf das Verkehrsverhalten des Individuums im besonderen zu separieren und zu beschreiben.

Gegenüber der makroskopischen Modellbetrachtung, die auf der Analyse von Aggregatmittelwerten aufbaut, ermöglichen es die Verhaltensmodelle auf individueller Basis, das Verhalten des Individuums aufgrund seiner speziellen Situation zu analysieren und zu erklären. Dadurch wird es möglich, die spezifischen Wirkungen der Einzelfaktoren auf das realisierte Verhalten aufzuzeigen. Aufgrund solcher Aussagen können dann Änderungen des Verhaltens und der Verkehrsnachfrage als Folge von Änderungen der äußeren Rahmenbedingungen, der sozio-demographischen Struktur und des Verkehrsmittelangebotes in der Zukunft abgeschätzt werden. Insbesondere können dadurch dem Politiker die Folgen einzelner planerisch konstruktiver oder restriktiver Maßnahmen genauer aufgezeigt und als Entscheidungshilfe an die Hand gegeben werden.

Hervorzuheben ist an dieser Stelle, daß die subjektiven Einstellungen nur dann planerisch berücksichtigt werden können, wenn sie mit soziologischen Merkmalen wie Alter, Geschlecht, Beruf u. a. m. assoziiert auftreten. Ansonsten kann ihr Einfluß nur statistisch erfaßt und berücksichtigt werden.

Zwei Beispiele mögen dies verdeutlichen:

1. Beispiel

Der tägliche Weg zwischen Wohnung und Arbeitsplatz bestimmt rd. 40 bis 50 % der täglichen Verkehrsvorgänge. Während eine Entscheidungsmöglichkeit über die Teilnahme am täglichen Berufsverkehr kaum besteht, kann der einzelne hinsichtlich Länge und Verlauf des Arbeitsweges und hinsichtlich des Verkehrsmittels wählen. Dieser Entscheidungsspielraum wird jedoch erheblich eingeengt durch technisch-organisatorische Entwicklungen im ökonomischen Bereich. Der vergrößerte Flächenbedarf je Arbeitsplatz mit der dadurch ausgelösten Verlagerung von Industrie und Gewerbe in die Außenbezirke der Städte, die zunehmende Differenzierung der Arbeitsplätze bei gleichzeitiger Spezialisierung der Berufe und der technische und organisatorische Wandel, der häufiger einen Berufs- und Arbeitsplatzwechsel mit sich bringt, haben u. a. zu einer im allgemeinen erheblichen Verlängerung des täglichen Arbeitsweges von der Wohnung zum Arbeitsplatz geführt (*Spiegel*, 1974).

Aber auch im Bereich des Wohnungswesens haben sich Entwicklungen eingestellt, die den Entscheidungsspielraum der Bevölkerung bezüglich Wahl des Wohnstandortes eingeengt haben. Dazu gehören u. a.:

— erhöhter Bedarf an Wohnfläche sowie an Flächen für Folgeeinrichtungen, wodurch auch hier Verlagerungen des Wohnungsangebotes in die Randbezirke der Städte eingetreten sind;

— Einschränkungen der Freizügigkeit aufgrund von Kostensteigerungen im Wohnungsmarkt;

— soziale Umstrukturierungen mit der Folge, daß vor allem kinderreiche und junge Familien die alten und hygienischen Ansprüchen nicht mehr genügenden Quartiere in und am Rande der Innenstadt verlassen.

Diese genannten Entwicklungen tragen wesentlich zu einer allgemein feststellbaren Erhöhung des Verkehrsaufkommens bei; ganz offensichtlich halten die mit der größeren räumlichen Distanz entstehenden höheren Transportkosten nicht davon ab, in verkehrsungünstiger gelegene Wohngebiete umzuziehen. Die geringe Zeit- und Kostenempfindlichkeit und eine statt dessen viel höher eingeschätzte Wahlmöglichkeit von Wohnung, Arbeitsplatz und Verkehrsmittel haben dazu geführt, daß mit der Verbesserung der Verkehrsverhältnisse langfristig eher der Aktionsradius der Haushalte ausgedehnt wurde, als daß dadurch die täglichen Reisezeiten zwischen Arbeitsplatz und Wohnungen vermindert wurden.

2. Beispiel

Da sich bei zunehmendem Pro-Kopf-Einkommen aufgrund des wirtschaftlichen Wachstums auch die Ansprüche der Bevölkerung an eine angemessene Versorgung mit Waren, Dienstleistungen, Bildungsmöglichkeiten und Freizeiteinrichtungen kurzfristig ändern, bemüht sich die Flächennutzungsplanung, die Einrichtungen zur Befriedigung dieser menschlichen Grunddaseinsfunktionen zu erweitern. Die Vermehrung, Vergrößerung und zunehmende Standortstreuung der sich in der Flächennutzung niederschlagenden differenzierten Funktionsbereiche sind eine wichtige Grundlage veränderter Verhaltensweisen der diese Einrichtungen nutzenden Bevölkerung (Schaechterle, 1974). So hat sich im Raume Bielefeld zwischen 1969 und 1975 die durchschnittliche Fahrtenhäufigkeit je Einwohner um ca 22 %/o erhöht, wobei vor allem der Individualverkehr in denjenigen Stadtteilen und Straßenabschnitten um ca. 30 bis 50 %/o zugenommen hat, in denen neue Flächennutzungsaktivitäten wie Universität, Verbrauchermärkte, Freizeiteinrichtungen etc. in diesem Zeitintervall entstanden sind (Schaechterle/Holdschuer, 1976).

Aufgrund dieser an zwei Beispielen gezeigten Feststellungen über „Wirkungen" besteht das Ziel der weiteren Verkehrsmodellentwicklung darin, noch bessere, deskriptive Verfahren über Einflußgruppen und deren Einzelfaktoren hinsichtlich ihrer Auswirkungen auf die Verkehrsnachfrage zu entwickeln. Diese Verkehrsforschung bezieht sich z. B.:

— auf die Mobilität von Personen und Gütern und deren Veränderungen,
— auf sogenannte „Widerstände" der Raumüberwindung,
— auf die Attraktivität von Einrichtungen,
— auf die Verkehrsmittelwahl und
— auf die Verkehrswegewahl.

Die Sozialstruktur von Wohnsiedlungen als ein spezielles Merkmal der Flächennutzung bestimmt genauso das tägliche Verkehrsaufkommen wie die Motorisierung der Stadtbewohner bzw. die Verfügbarkeit über einen Pkw, die einen eindeutigen Einfluß auf die Mobilität ausüben. Trotz der Unsicherheit über die Mobilitätsentwicklung kann aus den Verhaltensnormen in Städten auf zahlreiche kaum veränderbare Zusammenhänge geschlossen werden. Ein Beispiel ist die sogenannte „Verkehrsteilnahme" unter Benutzung von Verkehrsmitteln, die abhängig von der Gemeindegröße und damit vom Umfang und der Erreichbarkeit verkehrserzeugender Attraktivitäten der Flächennutzung ist.

Durch die Differenzierung des Gesamtverkehrsaufkommens nach Fahrtzwecken können Aussagen über die unterschiedlichen Verhaltensweisen bezüglich der Verkehrsmittelbenutzung und über den Einfluß der Merkmale des Ausgangs- und Endpunktes jeder Fahrt gemacht werden. Daraus lassen sich fahrtzweckspezifische Verteilungsfunktionen entwickeln, die — wie etwa im Großraum München — günstige Voraussetzungen für Modellansätze bieten *(Schaechterle u. a., 1976)*.

Wie aus bisher durchgeführten Untersuchungen zum Verkehrsmittelwahlverhalten hervorgeht, sind im städtischen und regionalen Personenverkehr nur einige wenige Einflußfaktoren als sicher zu betrachten. Dazu gehören:

— die Verfügbarkeit eines oder mehrerer Verkehrsmittel,

— die Reiseweite und der Reisezweck,

— der Reisezeit- bzw. Reisekostenvorteil und

— der Komfort,

wobei die zuletzt genannten beiden Einflußfaktoren die Bedienungs- bzw. Verbindungsqualität eines Verkehrssystems kennzeichnen.

Das Kriterium „Verfügbarkeit von Verkehrsmitteln" entscheidet über den Grad der Wahlfreiheit und trennt deshalb die Verkehrsteilnehmer in solche, die — wie alte oder jugendliche Personen sowie vielfach auch Hausfrauen — an das öffentliche Verkehrsmittel gebunden sind und solche, die die Freiheit zur Wahl zwischen IV und ÖV haben. Für planerische Zwecke besonders relevant ist die Verfügbarkeit eines öffentlichen Verkehrsmittels. Dagegen muß die Pkw-Verfügbarkeit und insbesondere die in der Planung vielfach als einzige Einflußgröße verwendete Motorisierung zum Teil als Folge des Fehlens eines öffentlichen Verkehrsmittels und damit als Sekundär-Einfluß betrachtet werden. Ein weiteres wichtiges Kriterium neben Reisezweck und Reiseweite ist die Verbindungsqualität des Verkehrssystems.

Auf der Grundlage derartiger Feststellungen müssen im Modellablauf diese für die Verkehrsmittelwahl ausschlaggebenden Faktoren stärker als bisher berücksichtigt werden. So darf insbesondere bei der Verkehrserzeugung nicht mehr — wie bisher fast ausschließlich geschehen — nur von sozio-ökonomischen Strukturgrößen ausgegangen werden, ohne die Verfügbarkeit und die räumliche Verbindungsqualität der konkurrierenden Verkehrsmittel mit zu berücksichtigen. Dadurch ist bisher unzulässigerweise lediglich ein vom Verkehrsmittelangebot unabhängiges Fahrtenaufkommen abgeschätzt worden. Statt dessen muß vielmehr die Verfügbarkeit von individuellen Verkehrsmitteln, vor allem aber die Erreichbarkeit eines öffentlichen Verkehrsmittels im Planungsmodell stärkere Berücksichtigung finden. Darüber hinaus gestatten es nur solche verfeinerten Erzeugungsmodelle die Auswirkungen einer dynamischen Förderungspolitik zugunsten der öffentlichen Verkehrsmittel in den Städten auf die Mobilitätsstruktur abzuschätzen.

Anhand dieser genannten, zum Teil neuen Probleme, die in den weiterentwickelten Verkehrsmodellen im Rahmen der integrierten Gesamtverkehrsplanung auftreten, wird deutlich, daß der Verkehrswissenschaftler mehr als bisher dazu gezwungen ist, neben verkehrstechnischen und siedlungsstrukturellen Gesichtspunkten in weitgehendem Maße soziologische, psychologische und ökologische Betrachtungsweisen aufzugreifen.

8.5. Ablauf der integrierten Verkehrsplanung

Auf der Basis der Kenntnis der zuvor aufgezeigten Zusammenhänge zwischen der Verkehrsnachfrage und den diese bestimmenden Teilsystemen Siedlungsstruktur, Verkehrssystem und individuelles Verhaltenssystem kann Verkehrsplanung als Fachplanung, als ein Prozeß der Informationsverarbeitung betrieben werden mit der Zielsetzung, Auswirkungen von Maßnahmen vor deren Realisierung aufzuzeigen. In diesem Prozeß werden Aussagen über Zustände des Objektsystems zu verschiedenen Zeitpunkten, Ziele (d. h. wünschenswerte Zustände des Objektsystems) und Maßnahmen (d. h. Eingriffe in das betrachtete Objektsystem) miteinander kombiniert. Als Maßnahmen kommen dabei in Betracht:

— der Ausbau der Verkehrssysteme (Verkehrsplan),

— externe Eingriffe in die Siedlungsstruktur (Flächennutzungsplan) und

— Beeinflussung von Verhaltensweisen (z. T. dämpfend oder anregend, etwa mittels verbessertem Leistungsangebot im ÖPNV bei gleichzeitiger Parkraumrestriktion in Innenstädten).

Im Planungsablauf haben sich folgende Teilschritte bewährt:

a) Aufstellen von Planungsalternativen, wobei im allgemeinen der Spielraum wegen der bestehenden Realitäten siedlungsstruktureller oder finanzieller Art begrenzt ist;

b) Prognose der Verkehrsnachfrage;

c) Ermittlung der quantifizierbaren Folgewirkungen, wie z. B. Verbesserung oder Verschlechterung der verkehrlichen Standortqualitäten, Umweltbeeinflussung (Lärm, Abgase etc.), Folgekosten etc.;

d) Bewertung mittels Kosten-Nutzen- (KNA), Kosten-Wirksamkeits- (KWA) und Nutzwertanalysen (NWA).

In der städtischen Verkehrsplanung sind vorwiegend die KWA und NWA anwendbar, da mit ihnen nicht nur Verkehrs- und Kostenkriterien erfaßt, sondern auch städteplanerische, stadtgestalterische und umweltspezifische Aspekte berücksichtigt werden können (*Funck / Retzko / Schaechterle,* 1975).

Die aufgrund der antizipierten Maßnahmen zu erwartende Verkehrsnachfrage dient nicht nur der Ermittlung der genannten Folgewirkungen, sondern sie kann darüber hinaus als Input zur Abschätzung weiterer Auswirkungen im ökologischen, ökonomischen und sozialen Bereich herangezogen werden. Beispiele hierfür sind die inzwischen gebräuchlich gewordenen Karten über Lärm- und Schadstoffemissionen oder über Erreichbarkeits- und Lagegunstveränderungen. Dank der Vorgabe von Planungsalternativen kann das jeweilige, analytisch erfaßbare Verhalten der Verkehrsteilnehmer mittels Analyse und Modellprognose unter den jeweiligen Voraussetzungen explikativ prognostiziert werden.

Bisher hat der Verkehrsplaner seine Aufgabe darin gesehen, die Mobilitätsmöglichkeiten zu erleichtern und außerdem zu steigern. Die erkennbare Verkehrsnachfrage wurde deshalb von ihm als „Bedürfnis" angesehen (Verkehrsanalyse). Aus den Erkenntnissen solcher empirischen Untersuchungen wird ein in der Zukunft zu erwartender Bedarf abgeleitet, der sich weitgehend aus der sozio-demographischen Struktur des einzelnen Individuums ableiten läßt.

In den genannten Teilschritten a) bis c) wird noch keine Bewertung vorgenommen, sondern es werden lediglich die Auswirkungen von antizipierten Maßnahmen bzw. von alternativen Planungsvorstellungen aufgezeigt. Die unterschiedliche Gewichtung der verschiedenen Auswirkungen im anschließenden Bewertungsverfahren, unter Einbeziehung der Auffassung der betroffenen und beteiligten Personengruppen oder zum mindesten des politischen Entscheidungsträgers, trägt zur Transparenz der Planung und ihrer Folgeprozesse bei. Dadurch wird die Entscheidungsfindung erleichtert, wenn auch Entscheidungen letztlich unter Maßgabe verkehrspolitischer Leitlinien im Rahmen gesellschaftspolitischer Zielsetzungen erfolgen müssen. Dies bedeutet demnach, daß nicht der Verkehrsplaner über Planungs- und Ausbaumaßnahmen entscheidet, sondern daß er versucht, die anstehenden Entscheidungen den zuständigen politischen Institutionen durch Aufzeigen bestimmter Folgewirkungen zu erleichtern.

Auch der für die Bewertung erforderliche Katalog möglichst quantifizierbarer Bewertungskriterien hat sich an den vorgegebenen Zielvor-

stellungen zu orientieren, wobei auch qualitative Argumente und subjektive Präferenz-Aussagen relevanter Entscheidungsträger mit eingehen.

Die Möglichkeit, durch iterative Prozesse, d. h. Rückkoppelungen,
Alternativen der Siedlungs- und Verkehrsinfrastruktur unter Beachtung unbeeinflußter oder durch Restriktionen beeinflußbarer Verhaltensweisen in ihren Auswirkungen zu quantifizieren und damit zu vergleichen, hat bereits in vielen praktischen, regionalen und städtischen
Gesamtverkehrsplanungen wesentlich zu einer besseren Entscheidungs-
vorbereitung und Entscheidungsfindung beigetragen.

Durch ein derartiges Beurteilungsverfahren vorweggenommener Planungsmaßnahmen bzw. Planungsabsichten wird also das Feld planerischer Möglichkeiten und deren Auswirkungen abgetastet mit dem
Ziel, denjenigen Gesamtverkehrsplan auszuwählen, welcher mit der
beabsichtigten Strukturentwicklung und mit den Bedürfnissen der Bevölkerung am verträglichsten erscheint.

Die Anwendung der Verkehrsmodelle nach gefällter Entscheidung
und nach der Projektverwirklichung im Rahmen der Erfolgskontrolle
liefert darüber hinaus die Chance, den Planungs- und Entwicklungs-
prozeß permanent zu gestalten und ihn den jeweils vorherrschenden,
oft wechselnden verkehrs-, finanz- und gesellschaftspolitischen Zielvorstellungen anzupassen.

Das Ziel dieses heute praktizierten Planungsgeschehens besteht also
darin, auf der Basis der Untersuchungsergebnisse über die Verkehrsnachfrage die zu erwartenden Auswirkungen von Planungsmaßnahmen
vorauszusehen. Dazu ist die Abschätzung der Wirkungsweise sied-
lungs-, bevölkerungs- und verkehrsinfrastruktureller Faktoren auf die
Verkehrsnachfrage von grundlegender Bedeutung. Sie wird mit Hilfe
der bereits mehrfach erwähnten, vorwiegend mathematisch-statisti-
schen, verhaltensorientierten Modelle beschrieben. Diese Verfahren
werden zwar laufend verbessert, sie haben jedoch bereits in ihrem
heutigen Standard ihren Nutzen deutlich bewiesen.

8.6. Anforderungen an die Wissenschaft

In der Erkenntnis, daß heute die Gesamtverkehrsplanung als integra-
ler Bestandteil eines komplexen Zielfindungsprozesses zu verstehen ist,
in dem wir Ingenieure als Sachverständige mitwirken und Entscheidungen vorbereiten, ergeben sich in verstärktem Umfange Anforderungen und Wünsche an Wissenschaft und Forschung. Im einzelnen betrifft
es folgende Bereiche:

a) Aufbau eines Zielsystems mit einer Zielhierarchie, um überhaupt zu klären, welche Ziele in der Planung welche Bedeutung haben und wie auftretende Zielkonflikte geklärt werden können. Die Zielhierarchie kann je nach Planungsraum und -zeitpunkt unterschiedlich sein (*Retzko*, 1977);

b) Verbesserung der Verfahren zur Erfassung und Beschreibung der Verkehrsnachfragemodelle und der Modelle zum Standortwahlverhalten, z. B. von Haushalten, von Betrieben etc. Neben anderen Einflüssen wie Bodenpreise u. a. m. stellt die verkehrsinfrastrukturelle Entwicklung in Großstädten und Stadtregionen mit eine wesentliche Voraussetzung für siedlungsstrukturelle Wandlungen dar. Diesen relevanten Einfluß in geeignete Modellansätze aufzunehmen, würde dem Anliegen der Verkehrsplaner dienen, im Rahmen einer gesamtgesellschaftlichen Planung Primär- und Folgeeinflüsse des Verkehrsablaufes auf die sozio-ökonomische Struktur zu klären. Trotz des allgemeinen Nachweises, daß ein gut funktionierendes Verkehrssystem die wichtigste Voraussetzung für die wirtschaftliche Entwicklung eines Raumes ist, fehlen praktikable Verfahren, diese Rückkoppelungseffekte im Planungsprozeß zu verdeutlichen (*Böhringer / Schaechterle / Steierwald / Willeke*, 1974 *und Voigt*, 1960);

c) Verbesserung der Quantifizierung der Auswirkungen der prognostizierten Verkehrsnachfrage, insbesondere der ökologischen Auswirkungen. Allerdings verfügen wir auf diesem Gebiet bereits über einige brauchbare Verfahren wie Lärmkarten etc. (*Glück u. a.*, 1975);

d) Untersuchung der Auswirkungen ökonomischer und soziologischer Folgeprozesse. Hier tut sich ein noch wenig ergründetes Forschungsgebiet auf. In verstärktem Maße werden dabei Planungszielkonflikte zu erwarten sein. Zwei zentrale Konfliktbereiche seien angesprochen:

Zum ersten:

Es ist eine Tatsache, daß der Verkehrsplaner mit seinem Bemühen, einen zur Überwindung räumlicher Disparitäten begründeten Mobilitätsbedarf zu befriedigen, künstliche, weniger lebensnotwendige Mobilitätsbedürfnisse weckt, die durch Ausbaumaßnahmen und damit einer Verbesserung des Gesamtverkehrssystems initiiert werden. Ich verweise auf das Beispiel des öffentlichen Personennahverkehrs München. Mit der Attraktionssteigerung der Gemeinden in der Region durch die S-Bahn ist eine verstärkte Abwanderung der Bewohner aus der Stadt eingetreten, mit der eine zusätzliche Verkehrsnachfrage entstanden ist. Gleichzeitig wurde mit der verbesserten Erreichbarkeit der Stadt bei den bereits vorhandenen Regionsbewohnern eine zusätzliche Verkehrsnachfrage geweckt, die möglicherweise zum Teil gar nicht notwendig ist (z. B. zusätzlicher Einkaufsverkehr). Ganz nebenbei geht mit dieser Entwicklung eine unerwünschte Steigerung der Zentralität einher, die im Gegensatz steht zu den erklärten Zielen des Bundesraumordnungsgesetzes *(Abress, 1974).*

Ein weiterer Zielkonflikt tritt auf, wenn räumlich weniger begünstigte Teile der in Städten wohnenden Bevölkerung ihren Anspruch auf Erholung und deshalb auf Verkehrswege anmelden, um in die Erholungsgebiete gelangen zu können. Dieser Anspruch ist legitim, wenn räumliche Disparitäten abgebaut werden sollen. Dagegen kann es aus ökologischer Sicht durchaus wünschenswert sein, die entstehenden Autolawinen von Naturschutz- und Erholungslandschaften fernzuhalten, um das ökologische Gleichgewicht nicht zu zerstören *(Molt, 1975).*

Man sollte allerdings auch klar erkennen, daß durch den Ausbau beispielsweise des Straßennetzes trotz eines dadurch initiierten, vielleicht sogar zum Teil weniger notwendigen Neuverkehrs, auch positive Wirkungen entstehen: Durch Verkehrsverlagerungen kann die Umweltbelastung der Anlieger reduziert werden, d. h. die bisher vom örtlichen Durchgangsverkehr zweckentfremdeten oder mißbrauchten Wohnquartiere können durch die Umgestaltung bzw. Ergänzung der Straßennetze stark beruhigt werden *(Schaechterle, 1974).*

Zum zweiten:

Neben dem Problem des Neuverkehrs und der Fundamentalfrage, ob dieser in seinem gesamten Umfang notwendig ist, muß auch auf die Gefahr des einseitigen Ausbaues eines einzigen Verkehrsträgers hingewiesen werden, der nur bestimmten Bevölkerungsgruppen zur Verfügung steht. So werden durch den einseitigen Ausbau des Straßensystems soziale Disparitäten entstehen, durch welche diejenigen Bevölkerungsteile, die aus bestimmten Gründen kein individuelles Fahrzeug führen können, benachteiligt werden. Aber auch durch eine auf Räume und Verkehrsmittel bezogene restriktive Verkehrspolitik können Bevölkerungs- und Wirtschaftsgruppen benachteiligt werden, die beim Ausbleiben eines entsprechend ausgeweiteten Leistungsangebotes im ÖPNV eine reduzierte Erreichbarkeit und Zugänglichkeit bestimmter Standortbereiche hinnehmen müssen.

Die in solchen Fällen unterschiedliche Bewertung der Verkehrssituation ist häufig auf die ungenügende Kenntnis der Folgen planerischer Maßnahmen zurückzuführen. Der den verkehrspolitischen

Zielsetzungen heute vielfach zugrundeliegende Meinungswandel, wonach die in der Vergangenheit praktizierte Priorität für den Kraftwagen als falsch gesetzt beurteilt wird, ist weniger auf inzwischen geänderte Bewertungssysteme, sondern auf die zunächst nicht erkannten Konsequenzen einer zunehmenden Motorisierung und der damit einhergehenden Flächennutzung zurückzuführen (*Peschel*, 1975).

Es hat allerdings den Anschein, als ob sich die gleiche Entwicklung nach der in den letzten Jahren vollzogenen Kehrtwendung zugunsten des ÖPNV anbahnt. Denn wieder werden offensichtlich die finanziellen und wirtschaftsstrukturellen Folgen nicht in der notwendigen vorausschauenden Klarheit erkannt.

Eines steht jedenfalls fest:

In jedem Falle ist bisher von einer generellen Einschränkung der Mobilität explizit nie die Rede gewesen. Befürwortete Restriktionen blieben bisher im wesentlichen auf die Innenstädte und eindeutig abgrenzbare, zentrale Wohnbereiche beschränkt.

Wie aus diesen geschilderten Problembereichen hervorgeht, treten in der Verkehrsplanung stets Zielkonflikte auf, zu deren Lösung die Analyse und die Erstellung eines Zielsystems notwendig ist. Gerade hier erwartet der Verkehrsplaner u. a. auch von den Psychologen eine Antwort auf die Frage, was wir unter „Bedürfnis" und „Bedarfsermittlung" im Planungsprozeß zu verstehen haben, was die eigentlichen Bedürfnisse des Menschen sind und wessen Verkehrsbedürfnisse überflüssig und bei wem sie unbedingt anzuerkennen sind.

Erstmals hat sich eine Gruppe der *OECD* 1973 mit der Formulierung von Oberzielen für die Steigerung der Lebensqualität befaßt (*OECD*, 1973). Solche primären Zielbereiche sind:

a) Gesundheit,

b) individuelle Entwicklung durch Lernen,

c) Beschäftigung und Qualität des Arbeitslebens,

d) Zeit und Muße,

e) Verfügung über Güter und Dienste,

f) die physische Umwelt,

g) persönliche Sicherheit und Rechtspflege,

h) Teilhabe an gesellschaftlichen Möglichkeiten.

Die Zielbereiche signalisieren eine Fülle von Möglichkeiten, die als konstituierende Elemente von „Lebensqualität" anzusehen sind. Sie haben unter den räumlichen Bedingungen arbeitsteiliger Industriegesellschaften die Erreichbarkeit von Einrichtungen und Institutionen, die derartige Möglichkeiten anbieten, also Verkehr und Mobilität, zur Voraussetzung. Unter der Devise „Verbesserung der Lebensqualität" können weder Staat noch Kommunen Verkehrspolitik und Verkehrsplanung betreiben, die auf eine Behinderung von Mobilitätschancen hinauslaufen. Vielmehr muß die Planung bestrebt sein, auch die Mobilität derer, die bislang von solchen Chancen ausgeschlossen waren, zu erhöhen. Die genannten Oberziele lassen erkennen, daß nicht nur die Umweltqualität als Lebensqualität anerkannt wird, sondern daß darunter auch die optimale Realisierung der dem einzelnen Menschen zugebilligten Aktivitäten verstanden werden muß. Wieviel Mobilität der Mensch dabei jedoch vertragen kann, ist letztlich auch eine Frage, die von Medizinern, Soziologen und Psychologen untersucht und beantwortet werden muß.

Wenn es mit diesem lobenswerten Seminar gelingen kann, diesen zahlreichen von mir angeschnittenen Fragen und Problemen durch interdisziplinäre Zusammenarbeit einen Schritt näher zu kommen, dann würde sicherlich auch der Verkehrsplanung daraus Gewinn und vermehrte Erkenntnis in Theorie und Praxis zuwachsen.

Literatur

Abress, H.: Verkehrspolitik als Mittel der Integration von Stadt und Region. In: *Schriftenreihe für Verkehr und Technik*, Heft 55 / 1974.

Böhringer, A., *Schaechterle*, K., *Steierwald*, G., *Willeke*, R.: Aspekte der Verkehrsentwicklung in der Bundesrepublik Deutschland. Denkschrift der Forschungsgesellschaft für das Straßenwesen. Köln, 1974.

Braun, J., *Wermuth*, M.: VPS 3 — Konzept und Programmsystem eines analytischen Gesamtverkehrsmodells. In: *Schriftenreihe des Instituts für Verkehrsplanung und Verkehrswesen der TU München*, Heft 6. 1973.

Feuchtinger, M.-E.: Die Straßenverkehrstechnik als Ingenieuraufgabe. Öffentliche Antrittsrede in der Technischen Hochschule Stuttgart am 1. Juni 1959.

Funck, R., *Retzko*, H. G., *Schaechterle*, K. et al.: Prioritäten für den Ausbau des Hamburger Schnellbahnnetzes. Hamburg, 1975.

Glück, K.: Methode zur Erstellung von Lärmkarten für städtische Teilbereiche. In: *Schriftenreihe des Instituts für Verkehrsplanung und Verkehrswesen der TUM*, Heft 11/1975.

Mäcke, P. A.: Neuere Prognoseverfahren der Verkehrsplanung. In: *Schriftenreihe Stadt, Region, Land des Instituts für Stadtbauwesen der RWTH Aachen*, Heft 28/1974.

Molt, W.: Psychologie der Verkehrsverursachung und der Wahl des Verkehrsmittels. In: *Schriftenreihe des Instituts für Straßenbau und Verkehrsplanung der Universität Innsbruck*, Innsbruck, 1975.

OECD: Working Party on Social Indicators: List of Social Concerns Common to Most. OECD Countries. Paris, 1973.

Peschel, K.: Zur Anwendbarkeit des Modells der reinen Entscheidungslogik auf Probleme der Verkehrsplanung. In: Karlsruher Beiträge zur Wirtschaftspolitik und Wirtschaftsforschung. Herausgegeben von Rolf Funck, TU Karlsruhe, Heft 3/1975.

Retzko, H. G.: Verkehr als restriktive Determinante der Stadtentwicklung — ein Beispiel. In: Straßenverkehrstechnik Heft 2/1974.

— Verkehrsplanung heute — Versuch einer Standortbestimmung. In: Straße und Autobahn, Heft 1/1977.

Schaechterle, K.: Aspekte der Verkehrsplanung und Strukturentwicklung. In: Straße und Autobahn, Heft 3/1974.

— Veränderungen in den Wertsystemen städtischer Verkehrsplanungen. Kolloquium Stadt und Verkehrsplanung 1974 in Hamburg. Veranstaltet von der Deutschen Akademie für Verkehrswissenschaft (Hamburg) und der Deutschen Verkehrswacht (Bonn) Manuskript, 1974.

— Verkehrssysteme als Elemente der Siedlungsstruktur. In: Zur Ordnung der Siedlungsstruktur, Forschungs- und Sitzungsberichte, Band 85 der Veröffentlichungen der Akademie für Raumforschung und Landesplanung. Hannover, 1974.

— Vorlesungsumdrucke 1972—1976.

Schaechterle, K., Braun, J., Kurzak, H., Wagner, H.-G., Wermuth, M.: Verkehrsuntersuchung Großraum München — Analyse I und Prognose 1974. Veröffentlicht als Arbeitsbericht des Instituts für Verkehrsplanung und Verkehrswesen der TUM, 1976.

Schaechterle, K., Braun, J., Wermuth, M.: Modelltechnik in der Verkehrsplanung und Bemerkungen zu ihrer Entwicklung. In: Straßenverkehrstechnik, Heft 6/1973.

Schaechterle, K., Holdschuer, G.: Generalverkehrsplan Raum Bielefeld, im Auftrag der Stadtverwaltung Bielefeld, Ulm/Donau (z. Zt. in Arbeit).

Schaechterle, K., Wermuth, M.: Wechselwirkung zwischen Verkehr und Flächennutzung in Stadtregionen und ihre Berücksichtigung in Verkehrsplanungsmodellen. Internationale Studienwoche für Verkehrstechnik und Verkehrssicherheit. Belgrad, 1974.

Spiegel, E.: Gesellschaftliche Determinanten städtischen Personenverkehrs. Kolloquium Stadt und Verkehrsplanung 1974 in Hamburg. Veranstaltet von der Deutschen Akademie für Verkehrswissenschaft (Hamburg) und der Deutschen Verkehrswacht (Bonn). Manuskript, 1974.

— Stadtstruktur und Gesellschaft. In: Zur Ordnung der Siedlungsstruktur, Forschungs- und Sitzungsberichte, Band 85 der Veröffentlichungen der Akademie für Raumforschung und Landesplanung. Hannover, 1974.

Voigt, F.: Die volkswirtschaftliche Bedeutung des Verkehrssystems. In: Schriftenreihe des Verkehrswissenschaftlichen Seminars der Universität Hamburg, Band 1, 1960.

Willeke, R.: Plädoyer für eine bedarfs- und nachfrageorientierte Verkehrswegeplanung. Vortrag Jahresversammlung der Forschungsgesellschaft für das Straßenwesen 1974. In: Straßenbautagung. Berlin, 1974.

HEINZ TIEFENTHALER

9. Die Notwendigkeit, Psychologie und Soziologie in die Verkehrsplanung miteinzubeziehen

Diskussionsprotokoll zum Referat von K. Schaechterle

In der anschließenden Diskussion wurden u. a. die Forderungen an die Verkehrsplaner gestellt, Planungsinstrumente zu entwickeln, die es auch dem Nichtfachmann — zu denen ja im allgemeinen auch der Entscheidungsträger (Gemeinderat, Verkehrsausschuß etc.) zählt — erlaubt, rasche und begründete Entschlüsse zu fällen.

Auf Grund wissenschaftlich sehr anspruchsvoller Modelle wird die sicherlich vorhandene Aufnahmebereitschaft der Politiker zum Teil überfordert, was in Einzelfällen zu Fehlinterpretationen und letztlich zu Fehlurteilen führen kann.

Ausgehend von den vom Referenten geschilderten historischen Entwicklungsstufen in der städtischen Verkehrsplanung über kurzfristige Bedarfsdeckung, vorausschauende Bedarfsdeckung zur entwicklungsorientierten Bedarfsdeckung wurde die Forderung erhoben, mehr als dies bereits heute geschieht, die Verkehrsplanung als Steuerungsinstrument der Stadtentwicklung und der Regional- und Landesplanung einzusetzen.

Möglichkeiten der positiven Umweltgestaltung werden verabsäumt. Hallenbäder z. B. entstehen an Stadträndern und setzen die Anfahrt mit dem PKW voraus, Erschließungsnetze von neuen Stadtteilen orientieren sich zu sehr an den Bedürfnissen des Autofahrers und nehmen zu wenig Rücksicht auf den Fußgänger, Radfahrer und öffentlichen Busverkehr.

Hier werden neue, unechte Bedürfnisse erzeugt oder die einseitige Art der Bedürfnisbefriedigung weitgehend präjudiziert.

Hier stellt sich die zentrale Frage, wieviel Mobilität dem einzelnen Bürger zusteht und welche „echten" Bedürfnisse von der Verkehrsplanung mit welchen Mitteln abzudecken sind. Zu beachten ist, daß die Bedürfnisse sehr unterschiedlicher Art sind, wie z. B. bei Familien mit oder ohne Kinder, jungen oder alten Menschen, und sich deren Bedürfnisse ständig ändern. Um all die echten Bedürfnisse zu befriedigen, bedarf es einer Aussage, welcher „level" der Bedürfnisbefriedigung angestrebt werden soll.

Ist z. B. der Freizeitverkehr Bedarf oder Bedürfnis? Hier stellen sich aus der Sicht der Verkehrsplaner die Forderungen, u. a. an Soziologen und Psychologen, bei den ungeklärten Fragen der Einstufung eines Fahrtzweckes als Bedarf oder Bedürfnis Entscheidungshilfen zu liefern.

Ein weiterer Fragenkomplex, der nicht von den Verkehrsplanern allein gelöst werden kann, sondern der Mitarbeit von Psychologen bedarf, ist die Ermittlung der Validität der Indikatoren, die häufig Modellen der Verkehrsplanung zugrunde liegen. Beispielsweise wird der Einzugsbereich von Haltestellen des ÖPNV durch zumutbare Fußweglängen abgegrenzt. Die offene Frage ist hier: Schätzt der Proband die zu bewältigende Entfernung richtig ein? Stimmt seine subjektive Entfernungseinschätzung mit der tatsächlichen Distanz überein? Ist diese Einschätzung evtl. vom Reisezweck, von sozio-demographischen Daten u. a. abhängig?

Weitere offene Fragen sind: Wie hoch schätzt der Benutzer eines PKW's seine Kosten zur Erreichung seines Zieles im Vergleich zu den Kosten bei Benutzung des öffentl. Personennahverkehrsmittels ein? Was beeinflußt die Attraktivität des Busses, der Bahn oder S-Bahn? Sind es wirklich hauptsächlich die Reisezeitverhältnisse und Reisekostenverhältnisse?

So müssen viele Modellansätze in der Verkehrsplanung mehr als es heute geschieht u. a. soziologische und psychologische Erkenntnisse mit einbeziehen.

Der Kritik, daß es sich bei der Verkehrsplanung auf weite Strecken nur um reine Fachplanung handelt, muß durch die notwendige Integration angrenzender Fachbereiche im Rahmen einer umfassenden Problemlösung entgegengetreten werden, auch wenn Zeit- und Kostenzwänge dies in Einzelfällen schwierig gestalten.

WALTER MOLT

10. Kritik des Zielfindungsprozesses politischer Planungspraxis im Verkehrsbereich aus der Perspektive der Ökonomischen Psychologie

10.1. Vorbemerkung: Ökonomische Psychologie — Definition und Struktur des Planungsprozesses

10.1.1. Ökonomische Psychologie

Jeder Bereich menschlichen Handelns ist grundsätzlich ein denkbares Feld psychologischer Forschung. So auch wirtschaftliches Verhalten, d. h. all jene Bereiche, in denen Menschen mit knappen Gütern umgehen, um ihre Bedürfnisse zu erfüllen. Sowohl jene Tätigkeiten, welche zur Nachfrage führen (Konsumverhalten) als auch jene, welche auf die Deckung dieser Bedürfnisse abzielen und dabei insbesondere auch jene, welche den Entwurf von Systemen der Bedarfsdeckung zum Ziel haben, enthalten neben sachspezifischen, ökonomischen und technischen Aspekten ihre psychologischen und soziologischen Seiten. Damit nun befaßt sich die Ökonomische Psychologie, die erstmals *Katona* in den USA entwickelt hat, von *Schmölders* in Deutschland bedeutende Anregungen erhielt, und seit jetzt sechs Jahren in Augsburg systematisch entwickelt wird.

10.1.2. Definition von Planen

Planen ist für den Psychologen jedes zielgerichtete Denken, jede Aufstellung von Plänen, welche geeignet sind, das Verhalten der Menschen über die Zeit hinweg zu steuern. Im Rahmen dieses Referats sei aber der Begriff des Planens eingeschränkt auf das, was *Habermas* (1968) als „zweckrationales Handeln zweiter Stufe" betrachtet. „Sie (Planung, der Verf.) zielt auf die Einrichtung, Verbesserung oder Erweiterung des Systems zweckrationalen Handelns selber." Ist die Erreichung irgendeines Ziels, z. B. des Arbeitsplatzes mit einem Verkehrsmittel zweckrationales Handeln 1. Ordnung, so ist die gesellschaftliche Bereitstellung der dafür geeigneten Mittel Straßenbahn oder Bus, Schienen oder Straße, ein solches 2. Ordnung.

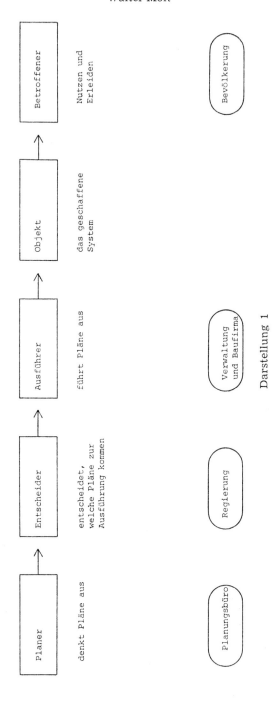

Darstellung 1

Darum also geht es; um die Bestimmung derartiger Systeme, die erst durch Entscheidungen und Handlungen geschaffen werden, natürlich auch schon vorhanden sind, aber weiterentwickelt und umgestaltet werden, und den nahezu unentrinnbaren Rahmen für das eigentliche Handeln der Menschen — die Möglichkeiten einer Ortsveränderung — darstellen. Dies setzt strukturell ein System von Kompetenzen der Systembestimmung voraus, das nicht nur den Rahmen der Aktionen der Mitglieder der Gesellschaft, sondern auch der „Passionen" umfaßt. D. h. es bestimmt auch, welche Handlungswirkungen als Folge des durch Planung geschaffenen Systems von den Mitgliedern der Gesellschaft geduldet werden müssen.

10.1.3. Phasen und Funktionen der Planung

Planen ist selbst eine Handlung. Sie hat Motive, einen spezifischen Ablauf und Wirkungen für die Systembenutzer und die Träger des Planungsvorgangs. Es lassen sich nun verschiedene Akteure dieses Prozesses unterscheiden, ohne daß es allerdings unbedingt erforderlich wäre, daß es sich dabei um jeweils verschiedene Personen handelt, weshalb man wohl besser von Funktionen sprechen sollte (siehe Darst. 1).

Bei feiner Analyse hat allerdings der Planungsprozeß mehr Phasen als in Darst. 1 angedeutet und die Personen, die daran beteiligt sind, sind oft an mehreren Phasen beteiligt. In Darst. 2 ist dies in Matrix-Form dargestellt.

10.1.4. Probleme der Planung

Aus der Aufteilung in Planung — Entscheidung — und Ausführung von Plänen, welche den Spielraum der Handlungsträger und die dem Bürger auferlegten Erduldungen bestimmen, ergeben sich Probleme vielfältiger Art. Jeder Planer und Entscheider ist zugleich auch Nutzer und Mitglied von Gruppen von Nutzern. Es besteht also die Möglichkeit, daß sich Partikularinteressen in die Planung einschleichen, auch dann, wenn solche Partikularinteressen nicht bewußt verfolgt werden. Es ergeben sich Informationsprobleme; wie wird der Planer oder Entscheider über die Wirkungen des Plans auf die Nutzer und deren Reaktionen informiert? Das strukturelle Hauptproblem ist jedoch die Verträglichkeit der Planungskompetenz mit der Freiheit der Bürger. Dies läßt sich — wie aus 10.1.2 folgt — nicht auf die Freiheit der Nutzung oder Nichtnutzung reduzieren. Man kann versuchen, dieses Problem durch die Organisation des Entscheidungsprozesses zu lösen, indem die Entscheidung von der Bevölkerung selbst oder ihren gewählten Repräsentanten getroffen wird. Aber der politische Prozeß erweist sich als zu eindimensional.

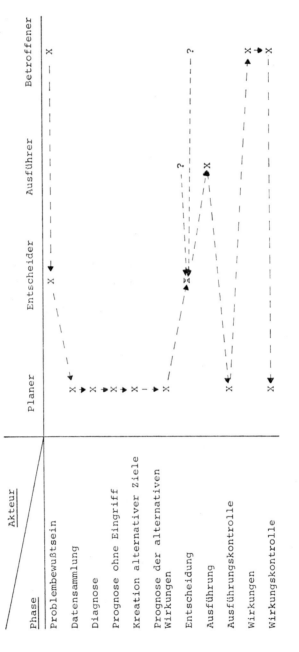

Darstellung 2

Bürgerinitiativen und Verbandsproteste signalisieren die Unzulänglichkeit des den Entscheidungen zugrundeliegenden Kommunikationssystems. Der Vorschlag der Bürgerpartizipation bei Planungen ist hierbei ein Lösungsvorschlag. Dabei erweist sich dann, daß politisches System (als Sammelbegriff für Consensus-Bildung und politische Entscheidung), Rechtssystem und die Erfordernisse des technisch-ökonomischen Systems in ihrer zeitlichen und sachlichen Verzahnung nicht geklärt sind. Nur dann, wenn Planungsprobleme schon in den Phasen der Artikulation von Problemen der Diagnose, Prognose und dem Entwurf alternativer Pläne bereits Wohl und Willen der Bürger als Leitgesichtspunkte miteinbeziehen, ist die strukturelle Unverträglichkeit von Planung und Freiheit der Bürger minimierbar. Dies läßt sich auf die Kurzformel bringen „Planung muß in allen Phasen dem Wohl der Bürger dienen".

10.1.5. Rationale Planung

Rational heißt eine Handlung dann, wenn sie aus verschiedenen Handlungsalternativen jene auswählt, bei welcher der Nutzen am größten wird. Rationalität von Planung und Entscheidung bezieht sich also auf den größtmöglichen Nutzen der Bürger.

Im folgenden soll nun untersucht werden:

a) Möglichkeiten und Grenzen der rationalen Planung (2. Abschn.)

b) Ursache rationalitätswidrigen Planens im Planungshandeln (3. Abschn.) und beim Planer selbst (4. Abschn.) und schließlich sollen

c) im 5. Abschnitt Vorschläge entwickelt werden, wie sich die Rationalität des Planens steigern läßt.

10.2. Grenzen und Möglichkeiten rationaler Planung — Kritik der planenden Vernunft

a) Welches sind nun die Voraussetzungen rationaler Planung und Entscheidung und

b) inwieweit sind sie erfüllbar?

In der präskriptiven Entscheidungstheorie lassen sich zwei Hauptströmungen unterscheiden:

a) die auf dem Modell des homo oeconomicus aufbauenden Theorien, die erstmals bei *v.Neumann* und *Morgenstern* (1944) systematisch Nutzen und Wahrscheinlichkeit kombinieren; sie sei als objektive Entscheidungstheorie bezeichnet.

b) die von *Savage* (1954) begründete SEU-Regel (SEU = subjective expected utility), in welcher der subjektive Nutzen und die subjektiv erwartete Wahrscheinlichkeit die Parameter für die Entscheidung ergeben. Diese heute als bedeutendste Theorie (vgl. *Jungermann*, 1976) angesehene subjektive Entscheidungstheorie enthält als Prämissen u. a.:

1. Entscheidbarkeit

    Damit alternative Handlungsmöglichkeiten entscheidbar werden, müssen Konsequenzen der Handlung vergleichbar sein, d. h. sie müssen auf der gleichen Nutzen-(Präferenz)dimension liegen.

2. Transitivität

    Wenn die Konsequenzen O_1 gegen O_2 und O_2 gegen O_3 vorgezogen werden, muß O_1 auch gegen O_3 vorgezogen werden.

3. Unabhängigkeit von Nutzen und subjektiver Wahrscheinlichkeit.

4. Maximierung des Produkts: „Nutzen x Wahrscheinlichkeit".

Es wird nun eingewandt, daß in den meisten Fällen praktischer Entscheidungen diese Bedingungen nicht erfüllbar sind. Einige Beispiele mögen dies belegen:

Zu 1. Entscheidbarkeit:

Tiefenthaler entwickelte im Anschluß an den *Buchananreport* ein Modell der Umweltkonsequenzen durch den Straßenbau und Straßenverkehr (hierbei handelt es sich um die systembedingten, dem Bürger auferlegten Erduldungen). Die Konsequenzen Lärm, Ästhetik, Trennwirkung usw. und dagegen die Qualitäten der Erschließung eines Gebiets durch Straßen liegen offenbar auf verschiedenen Dimensionen. Das oft belachte Beispiel des Mannes, der die Autobahn bis zur Haustüre haben will, wenn er morgens zur Arbeit fährt und abends nachhause kommt, sie aber 25 km weg haben will, wenn er schläft, karikiert das Dilemma der Unentscheidbarkeit bei multidimensionalen Bewertungen. — In einem gemeinsamen Forschungsvorhaben mit der Universität Innsbruck versuchen wir, dieses Dilemma durch Rekurs auf subjektive Präferenzordnungen zu reduzieren; zu beseitigen ist es dadurch nicht *(Buchananreport; Tiefenthaler*, 1975).

Zu 2. Transitivität:

Wenn die Nutzensbewertungen auf verschiedenen Dimensionen liegen, kann es leicht zu intransitiven Entscheidungen kommen. Trasse A wird der Trasse B vorgezogen, B wird C vorgezogen, C aber A vorgezogen, weil im jeweiligen Vergleich andere Bewertungen dominant werden.

Zu 3. Unabhängigkeit von Nutzen und subjektiver Wahrscheinlichkeit (vgl. hierzu *Neuberger,* 1969 und *Feather,* 1959)

Feather führt hierzu den Fall an, daß Situationen um so attraktiver erscheinen, je unwahrscheinlicher sie sind, wenn die Eintrittswahrscheinlichkeit durch eigenes Geschick und eigenen Ehrgeiz beeinflußt werden können.

Zu 4. Maximierung des Nutzens

Simon (1957) führt an, daß die Suche nach der maximalen Lösung oft abgebrochen werde, wenn hohe Suchkosten, Neid der Konkurrenz oder andere psychische oder soziale Kosten dies nahelegen. Er vertritt die Auffassung, daß der Entscheidungsprozeß abgebrochen wird, wenn eine befriedigende Lösung gefunden ist.

Jungermann (1976) kritisiert nun insgesamt an der subjektiven Entscheidungstheorie, daß durch die Subjektivierung des Nutzens und der Wahrscheinlichkeit die Theorie ihren Realitätsbezug verloren habe. Es ergeben sich zwei Probleme verschiedener Struktur:

1. Welches Verhältnis besteht zwischen subjektiv erwarteter Eintretenswahrscheinlichkeit und objektiver Eintretenswahrscheinlichkeit?

Wenn z. B. in Diskussionen vom Fachmann die Meinung vertreten wird, ein vorgeschlagenes Verkehrssystem werde nicht angenommen, so ist das eine nur subjektiv begründbare Aussage über Verhaltenswahrscheinlichkeiten, über deren objektiven Gehalt kein Urteil möglich ist.

2. Welches Verhältnis besteht zwischen subjektiver Nutzensbewertung und objektivem Wert?

Dieser Einwand führt in einen wissenschaftstheoretisch heiklen Bereich. „Wertvorstellungen liegen in ihrer Faktizität, nicht aber in ihrer Richtigkeit der wissenschaftlichen Erforschung offen" (*Luhmann,* 1973). Dagegen betont *Jungermann:* „es muß auch Gegenstand psychologischer Forschung sein, die Determinanten subjektiver Werte und Ziele . . ., d. h. den Prozeß der Widerspiegelung von Realität zu untersuchen und das reale Objekt mit seinem Abbild zu vergleichen". Dies sei die Voraussetzung für einen psychologischen Begriff objektiver Rationalität.

Übersetzt in die Praxis der Planung: man kann den Prozeß der Bemühungen um rationale Planung abbrechen, sobald man feststellt, daß ein Stadtrat und die Bevölkerung einer Stadt partout eine Stadtautobahn wollen, weil sie dies als Symbol der Größe ihrer Stadt erleben; man kann aber auch fragen, welchen Nutzen sie daraus ziehen, wenn die Stadtautobahn gebaut wird, und wie sich die daraus abzuleitenden Kosten- und Nutzenserwägungen aktuell abbilden.

Aufgrund der Funktionsdifferenzierung von Planer, Entscheider und Nutzer läßt sich außerdem noch fragen, wessen Werte in die Planung unhinterfragbar eingehen, und wessen Zufriedenheit für den Abschluß der Entscheidungen maßgeblich ist. Gerade in der heutigen Situation, in der Planungen oftmals zum heftigen Bürgerprotest führen, läßt sich vermuten, daß die Wertvorstellungen der Planer nicht mit jenen der Betroffenen identisch sind. Daraus entstehen notwendigerweise Wert- und Legitimationsdiskussionen. Diese wären reduzierbar, wenn man die Determinanten der Wertvorstellungen der Betroffenen kennen würde und als Entscheidungsparameter in die Planung aufnehmen würde.

Als Ergebnis dieser Überlegungen läßt sich feststellen, daß es derzeit kaum möglich ist, die Bedingungen rationaler Entscheidungen und Planungen bei hochkomplexen Systemen — wie es Verkehrssysteme sind — herzustellen. Es erscheint nahezu unmöglich, ein präskriptives Modell rationaler Planung des Verkehrswesens zu entwickeln. Damit allerdings sollte man sich nicht zufrieden geben. Die Probleme der Multidimensionalität sind reduzierbar und damit ist eine psychologisch begründbare Transitivität herstellbar. Einwände gegen die 3) und 4) Voraussetzung der subjektiven Entscheidungstheorie sind in der Psyche der Planer und Entscheider begründet. Wenn diese Einschränkungen der Rationalität erkannt sind, können sie in ihrer Wirksamkeit reduziert werden.

Der Grundeinwand gegen das SEU-Modell von *Jungermann* schließlich führt zum Problem der Validität der in die Entscheidung eingehenden Parameter. Auch wenn man dieses Problem als schwer lösbar betrachten mag, so zeigt doch gerade die Psychologie auf, wie die Validität der in das Urteil eingehenden Parameter verbessert werden kann. Darauf komme ich noch zurück.

10.3. Die Ursachen rationalitätswidrigen Planens — Kritik der planenden Unvernunft

Kritisiert werden soll in diesem Abschnitt nicht die Planungstheorie, sondern die Planungspraxis (kommunale Ebene).

10.3.1. Mangelnde Konsistenz von Planungskonzepten

Wenn wir die Genese von Planungen im Verkehrsbereich betrachten, so lassen sich vor allem zwei Quellen ausmachen:

a) Die Wahrnehmungen von Unzulänglichkeiten des bestehenden Systems.

b) Die Prognose von Unzulänglichkeiten des gegebenen Systems bei bestimmten erwarteten Zukunftssituationen.

Zielvorstellung ist dann die Behebung dieser Unzulänglichkeit oder vorbeugende Maßnahmen gegen erwartete Mängel. Diese Zielvorstellungen, die konkrete Utopien sind, lassen sich beschreiben als Vollmotorisierung, stauungsfreier Verkehr, gleichzeitige Erhaltung urbaner Stadtzentren und intakter Erholungsräume.

Daneben soll aber auch ein leistungsfähiges, schnelles, attraktives und kostendeckendes öffentliches Verkehrssystem bestehen.

Das Schlimme an derartigen impliziten Utopien ist, daß sie nicht auf ihre interne und gegenseitige Verträglichkeit und ihre Verträglichkeit mit anderen gesellschaftlichen Zielen überprüft werden. Die gegenwärtigen Konflikte um zahlreiche Projekte lassen sich auf Inkonsistenzen der Utopien zurückführen (Die Debatte um die Pläne der Bundesbahn zur Streckenstillegung mögen als Beispiel dienen). Im Konzept der Entwicklungsachsen, wie sie in der Bundesraumordnung vorgesehen wurden, ist ein solcher Widerspruch festgeschrieben. Man muß, um ihn zu widerlegen, beweisen, woher das Verkehrsaufkommen für die parallel geführten Verkehrsträger Bahn-Straße-Pipelines und möglicherweise noch Kanäle kommen soll, und dies nicht nur entlang der Hauptachsen, sondern gleichermaßen — wie es ja konzipiert ist — entlang der Nebenachsen.

Die Entscheidungsfrage Schiene oder Straße wird nicht gestellt, sondern additiv das eine und das andere bejaht. Die Unmöglichkeit, dies in Einklang mit den ökonomischen Regeln zu bringen, erleben wir an den steigenden Defiziten der Bundesbahn. Daß sich auch Unverträglichkeiten hinsichtlich des Raumbedarfs ergeben, wenn man gleichzeitig das Ziel intakter Erholungsräume in unmittelbarer Nähe von dichtbesiedelten Gebieten aufstellt, sei nur am Rande vermerkt.

Indem nun die Unverträglichkeiten dieser Konzepte nicht explizit gemacht wird, ist die Entscheidbarkeit aufgehoben. Man zeigt nur den Nutzen, klammert die Kosten bzw. negativen Nebenwirkungen aus und überläßt es nachfolgenden Zeiten, mit den dadurch geschaffenen Problemen fertigzuwerden. Damit ist die Rationalität ausgeklammert.

10.3.2. Mängel auf Grund von verhaltenswissenschaftlichem Theoriedefizit von Planungen

Die Beseitigung von bzw. die Vorbeugung gegen Unzulänglichkeiten setzt eine Ursachenkenntnis voraus. Unfallhäufigkeit und Stauungen haben ihre Ursachen in der Interaktion von menschlichem Verhalten und Technik. Häufig wird deren Behebung in Veränderungen des leicht beeinflußbaren technischen Systems gesehen, also breitere Straßen, leistungsfähigere Knoten zu schaffen.

Die Rückwirkungen auf das Verhaltenssystem werden übersehen (vgl. *Klebelsberg*, 1965). Die Verbesserung des technischen Systems kann zu schnellerem, unkonzentrierterem Fahren verleiten und so die Unfallhäufigkeit steigern.

Diese Überlegungen verweisen auf ein verhaltenswissenschaftliches Theoriedefizit der Planungspraxis, die einseitig technisch ausgerichtet ist.

Betrachtet man die Siedlungsentwicklung der letzten drei Jahrzehnte, so fällt immer wieder die Ausbreitung in die Fläche auf, die verkehrlich nur durch den PKW zu bedienen ist. Da aber nicht alle Gruppen der Bevölkerung über eigene PKWs verfügen (insbesondere Kinder und Alte, aber auch ein großer Teil der Hausfrauen), ergibt sich dann doch wiederum die Notwendigkeit eines flächendeckenden öffentlichen Verkehrs, der dadurch jedoch vorwiegend zu einer sozialpolitischen Aufgabe wird und als gleichwertiger Verkehrsträger ausscheidet.

An die Stelle von fundierten Theorien, die kritisch überprüfbar sind, treten in der Planungspraxis Richtlinien. Durch den Herrschaftsanspruch der staatlichen Kompetenz wird die wissenschaftliche Kritik ersetzt.

10.3.3. Mängel auf Grund von Fehlprognosen

Jede Planung ist auf Prognose angewiesen. Die Einstellung: Was die Zukunft bringt, ist unvorhersehbar; ob wir etwas tun oder unterlassen, es hat keinen Einfluß auf die Zukunft, ist nicht haltbar. Wer sich mit öffentlichen Angelegenheiten befaßt, darf sie wohl auch nicht einnehmen. Die oft vorfindbare Prognosefeindlichkeit enthält einen antirationalen Beschluß. Sie stellt Glaubensüberzeugungen an die Stelle der kritischen Zukunftsanalyse. Solche antirationale Haltung ist vor allem in zwei Standpunkten vorfindbar:

a) es bleibt alles wie es ist;

b) alles läuft so weiter wie bisher.

Diese Variante ist gewissermaßen der Zwilling der ersten und führt zu Aussagen, wie: Wachstum wird sich mit gleichbleibenden Raten fortsetzen, die Motorisierung steigt immer weiter an, der Energieverbrauch steigt jährlich um 6 % etc.

Ein Wandel ist in letzter Zeit derart festzustellen, daß man bis vor kurzem noch das Wachstum für ein „Quasi-Naturgesetz" hielt, während es heute als ein Postulat für die gesellschaftliche Stabilität bezeichnet wird. Wirtschaftswachstum wird als Voraussetzung der Vollbeschäftigung und des sozialen Friedens angesehen, Geburtenwachstum als Sicherung der Renten.

Komme was mag, die Technik wird einen Weg finden, die Probleme, die sich aus der Entwicklung ergeben, zu meistern.

Gegen derart antirationale Behauptungen stellt die Wissenschaftstheorie des kritischen Rationalismus die These, daß offene Systeme, und darum handelt es sich bei gesellschaftlichen Systemen, nicht prognostizierbar sind in dem Sinn, daß weder deterministische noch stochastische Gesetze aufstellbar sind (vgl. *Urban, 1972*). Diese Position ist konsistent mit der Position des kritischen Rationalismus, daß eine wissenschaftlich fundierte Planung grundsätzlich unmöglich ist. Gegen diese Position läßt sich nun allerdings einwenden, daß zwar aus der Vielzahl möglicher künftiger Systemzustände mit wissenschaftlicher Sicherheit nicht einer ausgewählt werden kann, aber ein weites Spektrum als unwahrscheinlich oder unmöglich ausgegliedert werden kann. So läßt sich die Überzeugung, wirtschaftliches Wachstum könne unbeschränkt über jeden Zeitraum hinweg fortgeführt werden, leicht als unhaltbar darlegen, was in dem Satz „Im Endlichen ist kein unendliches Wachstum möglich" prägnant ausgedrückt wird.

Aus pragmatischen Gründen — Handeln ist unumgänglich — ist die Prognose explizit oder implizit unvermeidlich. Sie ist nicht wissenschaftlich fundierbar, aber sie ist kritisierbar im Hinblick auf ihre innere und äußere Konsistenz.

Am Beispiel der *DIW-Prognose über den Kfz-Bestand der Bundesrepublik* möchte ich nun diesen Gedanken verdeutlichen. Zunächst kritisiert das *DIW* die bisher üblichen Parameter „Pkw je 1000 Einwohner" und ersetzt ihn durch den Parameter „Pkw je 1000 fahrfähige Einwohner (18- bis 70jährige)", wodurch die berechenbaren Veränderungen der Altersstruktur der Bevölkerung in die Prognose eingehen.

Für die Prognose, die auf den empirischen Daten der Vergangenheit aufbaut, wird eine Gombertzfunktion verwendet. Die Wahl eines Funktionstyps ist (vgl. *Martino, 1972*) eine intuitive, durch den Wissenschaftler oder die Konvention von Wissenschaftlern festgelegte Wahl.

Die Gompertzkurve besitzt gegenüber der sonst häufig verwendeten
Exponentialfunktion die analytisch befriedigendere Lösung, daß sie
einen Sättigungswert enthält. Damit ist jedoch die Funktionsgleichung
nur lösbar durch Bestimmen des Sättigungswerts und des Zeitpunkts
an dem die Sättigung erreicht wird. Nachdem kurz in der Studie erläutert wird, daß Variable wie Einkommensentwicklung oder Entwicklung der Haltungskosten des Pkw einen Einfluß auf den Sättigungswert haben könnten, wird ein bemerkenswertes Argument gegen die
Berücksichtigung dieser Variablen verwendet: „Auch die Verkehrsplanung der DDR geht trotz hoher Anschaffungskosten für den Pkw von
einem Sättigungsniveau von einem Pkw je Haushalt aus." Das Argument ist deshalb so bemerkenswert, weil in den Prognoserechnungen
der DDR nicht Marktentwicklungen, sondern politische Zielsetzungen,
also z. B. die Erreichung des westlichen Lebensstandards, Einfluß auf
die Prognose-Zielwerte haben. Die Beweiskraft eines derartigen Sat-
zes für ein Marktsystem ist damit gleich Null. Der Zeitpunkt für die
Erreichung des Sättigungswerts wird für 1990 angenommen, es wird
nicht begründet, warum er nicht früher liegen kann, 1980, 1985, oder
auch später — die Entwicklungsdaten des Jahres 1976 sprechen eher
für eine Verfrühung.

Das Sättigungsniveau wird mit 580 Pkw je 1000 fahrfähigen Personen geschätzt, was 977 Pkw je 1000 Haushalten entspricht. Außer
Analogiehinweisen zu den USA und der DDR fehlt die Diskussion, ob
der Sättigungswert nicht höher oder niedriger liegen könnte.

Die weitere Prognosearbeit ist eine zeitliche und räumliche Disaggre-
gierung dieser Daten, die als richtig gerechnet angenommen werden
dürfen. Bemerkenswert ist dann jedoch wieder die zirkuläre Schlußfolgerung: „Insgesamt ergibt die Prognose, daß der Pkw-Bestand von
1975 bis 1990 um rund 5 Millionen Einheiten steigen wird." Genau
diese Schlußfolgerung ist aber kein Ergebnis, sondern die Umformun-
gen der Schätzungen, die willkürlich als Annahme den Berechnungen
zugrundegelegt wurden, wenn man einmal von den darin enthaltenen
Bevölkerungsprojektionen absieht.

Primitiver geht es nicht, und ebenso primitiv wird diese Prognose
von der Verkehrsplanung übernommen. Kurz erwähnt wird, was allerdings für die Verkehrsplanung nun wiederum von höchster Bedeutung
wäre, daß gleichzeitig mit der Zunahme des Bestands eine geringere
Nutzung je Fahrzeug eintreten dürfte. Für die Belastung der Verkehrswege ist entscheidend die Menge der gefahrenen km je Fahrzeug und
für den Pkw-Absatz die zu erwartende Nutzungsdauer, die sich bei
gleichbleibender Qualität ebenfalls als nutzungsabhängig erweist. Dieses Beispiel einer schlechten Prognose wurde deshalb gewählt, weil es

in der Verkehrspolitik eine so außerordentlich starke Anwendung findet.

Daß man nun bei der Kritik keineswegs stehenzubleiben braucht, sondern weiter vorstoßen kann, sollen einige beispielhafte Überlegungen aufzeigen. Der einzig befriedigende Sättigungswert ist ein Pkw je fahrfähiger Einwohner. Gebe es mehr zugelassene Pkw, was durch Mehrfachbesitz möglich ist, so bleibt dies irrelevant, weil jeder nur mit einem Pkw fahren kann.

Gegen diese Hypothese läßt sich nun einwenden, daß es physische Fahrunfähigkeit gibt, insbesondere bei über 60jährigen und als Folge von Krankheit und Unfällen. Der Umfang dieser Personengruppe läßt sich näherungsweise empirisch ermitteln.

Sodann läßt sich fragen, welche Einkommensverhältnisse gegeben sein müßten, damit jede fahrfähige Person auch einen Pkw halten kann. Es läßt sich abschätzen, daß dies bei Haushalten mit geringerem und mittlerem Einkommen nur dann denkbar ist, wenn beide Mitglieder erwerbstätig sind. Die Entwicklung des Arbeitsmarkts dürfte damit eine entscheidende Determinante des Sättigungswerts sein.

Hinsichtlich der Fahrleistung läßt sich empirisch ermitteln, daß für Berufs- und Einkaufsfahrten jährlich 5000 km anfallen. Die sonstigen Fahrleistungen entfallen entweder auf Ferien- und Wochenendverkehr oder geschäftlichen Verkehr, insoweit dies berufsspezifisch der Fall ist. Wenn man nun die Annahme formuliert, jeder besitzt einen Pkw und fährt damit auch in den Urlaub (um eine Fahrleistung von mehr als 5000 km zu rechtfertigen), so ergibt sich die Folgerung, daß Familien getrennt fahren und niemand mit dem Flugzeug und der Bahn fährt. Diese Überlegungen führen unmittelbar zu der Schlußfolgerung, daß die theoretisch mögliche Zunahme der Fahrleistung nicht eintreten wird. Welche aber dann?

Das wird die Aufgabe einer Prognose sein, die erst noch zu erstellen ist. Die Prognose der Verkehrsbelastung kann also nicht unabhängig von der Prognose der Entwicklung der Flug-, Bahn- und Schiffstouristik gestellt werden. Angesichts der Dynamik der Entwicklung des Flugtourismus kann die nach der *DIW-Studie* erwartete Zunahme um 30 % bis 1990 durchaus in Frage gestellt werden und vermutet werden, daß sie durchaus niedriger liegen könnte.

Die Prognose des *DIW* verfehlt weiterhin einen entscheidenden Zweck rationaler Planung, die möglichen alternativen Entwicklungen als Konsequenz der Verkehrspolitik aufzuzeigen.

Indem der Verkehrsplaner der durch eine derartige Pseudoprognose vorgegebenen Entwicklung durch vorbeugende Planung des Verkehrssystems zu folgen versucht, bewegt er sich in der falschen Richtung. Wo er mögliche Entwicklungen steuern sollte und derartige Steuerungen durch prognostische Annahmen über ihre Konsequenzen zu stützen sind, überläßt er sich dem wissenschaftlich unfundierten Zahlenwerk, das die Funktion der eigentlichen Zielproblematisierung übernommen hat.

10.3.4. Mängel im Bedürfniskonzept

Planung zielt, so hatte ich eingangs *Habermas* zitiert, auf die Einrichtung, Verbesserung oder Erweiterung des Systems zweckrationalen Handelns selber. Im zweckrationalen System erster Ordnung geht es um den Nutzen oder die Bedürfnisbefriedigung. Letztlich läßt sich als Bezugspunkt jeglichen Planens oder wirtschaftlichen Handelns die Bedürfniswelt der Individuen festlegen. So finden wir in der Planungspraxis zahlreiche Hinweise, daß hinter dem „Bedarf", z. B. den feststellbaren Verkehrsbewegungen und dem „modal split", Entscheidungen von Individuen stehen, die deren erlebten Bedürfnissen entsprechen. In dem Beitrag von *Martin Held* werden wir der psychologischen Interpretation des Bedarfsbegriffs noch näher nachgehen. Es soll jedoch schon an dieser Stelle einiges hierzu gesagt werden. In der Verkehrswissenschaft ist Ziel soviel wie Fahrtziel, ein räumlich festlegbarer Punkt. Mittel ist die Art und Weise der Bewegung (Pkw, Fahrrad, Straßenbahn etc., aber auch die Straße bzw. die Schiene). Für die Mittelfeststellung ist planerisch auch der Zeitpunkt, zu dem die Verbindung verfügbar gemacht wird, bedeutsam. Und wir haben schließlich noch den Fahrtzweck, welcher der Zielerreichung erst seinen Nutzen verleiht.

Psychologisch stellt sich jedoch die Ziel-Mittel-Definition etwas anders. Ziel ist dabei, grob gesprochen, die Bedürfnisbefriedigung. Derartige Ziele können sein: Einkaufen, Arbeiten, Film anschauen. Diese Ziele sind nun in aller Regel nur in raumzeitlichen, durch die Gesellschaft festgelegten „behavior-settings" (*Barker*, 1968) möglich. Der Einkauf ist z. B. werktags von 8.00 Uhr bis 18.00 Uhr in verschiedenen Geschäften denkbar.

Das Ziel der Verkehrsbewegung ist ein derartiges, raumzeitlich bestimmtes behavior-setting, das der Möglichkeit nach Mittel der Bedürfnisbefriedigung ist. Des weiteren erweisen sich sogenannte Verhaltensziele, wie Einkauf, auch wiederum als Mittel zu eigentlicher Bedürfnisbefriedigung, z. B. Essen. Diese Zurückführung von Zielen auf Ziele elementarer Art ist umkehrbar; was Mittel der Zielerreichung ist, kann auch zum autonomen Ziel werden. Geld als vielfältiges Mittel der Bedürfnisbefriedigung wird zum autonomen Bedürfnis oder der Pkw-Besitz, die Verfügbarkeit einer Straße wird zum autonomen

Bedürfnis. Man muß solche „Quasi-Ziele" bzw. die auf sie gerichteten „Quasi-Bedürfnisse" im Hinblick auf ihre Substituierbarkeit und Verzweigtheit bewerten. Substituierbar ist ein zum Ziel gewordenes Mittel dann, wenn es alternative Mittel gibt. Verzweigt ist es, wenn es für eine Vielfalt von Zielen als Mittel geeignet ist und in den Verhaltensformen des Individuums vielfältig verankert ist. Es ist für einzelne Fahrtzwecke, aber möglicherweise nicht für alle, substituierbar bzw. es müßte dann durch eine Vielzahl anderer Mittel substituiert werden.

Der Bedürfnisbegriff hat, wie kaum ein anderer, einen wilden und oft unsinnigen Gebrauch in der Planungspraxis gefunden. So wird auch mit schöner Regelmäßigkeit Bedarf und Bedürfnis verwechselt. Dies führt dann zu der Schlaraffenlandideologie, daß mit der Bedarfsdeckung auch die Bedürfnisse befriedigt sein müßten. Je mehr Bedarfe geweckt und gedeckt werden, um so zufriedener und glücklicher müßten die Menschen werden. Leider ist auch die Planungstheorie, insoweit sie Bedürfniskonzepte verwendet, nicht immer frei von solchen Illusionen.

Wenn man als Grundbedürfnisse die von *Maslow* (1954) aufgestellten Kategorien akzeptiert, so ergibt sich im Hinblick auf die eingangs dargelegte Unterscheidung von Handlungs- und Erleidensaspekt und auf die technischen Möglichkeiten unserer Gesellschaft doch noch eine notwendige Ergänzung:

a) Es gibt Umweltqualitäten, welche normalerweise gegeben sind, deren Entzug erst zu entsprechenden Bedürfnissen führt im Sinne von Mangelerlebnissen (als Beispiel diene der Verkehrslärm).

Das Bedürfnis nach einer ruhigen Wohnlage wird erst unter der Bedingung des modernen Lebens sichtbar; daß ein solches Bedürfnis vorher nicht auftauchte, liegt daran, daß es erst durch Entzug der an sich gegebenen Umweltbedingungen in das Handlungs- bzw. Erleidenssystem gerät.

b) Gerade durch die Verkehrstechnik, aber nicht nur durch diese, treten Umstände auf, welche die Umweltanpassung des Individuums überfordern. Als Beispiel sei hier auf die Fehlorientierung von Piloten verwiesen, die nur durch die Beachtung von Instrumenten ausgeglichen werden kann. Die über den Gleichgewichtssinn mitgeteilten Informationen, die Bewegung im Raum gestatten und die normalerweise nicht einmal zu bewußten Bedürfnissen führen, sondern reflektorisch in Handlung und Gleichgewichtserhaltung transformiert werden, führen für den Piloten zu tödlichen Fehlreaktionen. Gerade im Mensch-Maschine-System ist dann aber zweckmäßig, den Bedürfnisbegriff durch den Begriff der Systemerfordernis zu ersetzen. Die Erfordernis ist eine aus der Systembedingung

zwingend ableitbare Verhaltensweise, die nötigenfalls durch exoso-
matische Organe, also auch Instrumente, vermittelt werden muß.

Der Begriff der Systemerfordernis gestattet nun auch, die Grundbedürfnisse als soche aufzufassen und damit eine Verankerung in
nicht-psychologischem, also physikalischem oder physiologischem
Bereich zu finden. Andererseits dürfte es schwerfallen, das Bedürfnis nach Selbstverwirklichung derart zu verankern. Hierbei liegt
es dann nahe, eine anthropologische Begründung zu suchen.

Die meisten Bedürfnisse, um die es in der Ökonomie oder im Verkehr geht, erweisen sich als instrumental. Für derartige Bedürfnisse gilt nun, daß ihre Stärke sich aus der Formel „Motivstärke =
Grundbedürfnis x expectancy" bestimmt. Expectancy bezieht sich
auf die subjektive Wahrscheinlichkeit, durch das betreffende Mittel
eine Bedürfnisbefriedigung zu erzielen. Die Wahrscheinlichkeit
hängt, wenn sie objektiv bestimmt werden soll, von den gesellschaftlichen Bedingungen ab.

Damit aber führt die Bereitstellung von Mitteln zu einer Veränderung der Wahrscheinlichkeit der primären Bedürfnisbefriedigung durch bestimmte Mittel. Ansprüche auf Verkehrsleistungen
sind dann nicht nutzens-, sondern wahrscheinlichkeitsorientiert.
Angestrebte Bedarfsdeckung durch Planungen erweisen sich als zir-
kulär, indem die Wahrscheinlichkeiten in Aussicht gestellt werden,

Auf einer mittleren Abstraktionsebene ergeben sich als Verkehrsbedürfnisse für die Nutzensbestimmung Fahrzwecke wie Erfüllung be-
ruflicher Anforderungen oder Schulbesuch, Besorgungen, Einkauf, Interesse an räumlich entferntem Abwechslungsbedürfnis, Wegkommen
von zu Hause, Erholung, Bewegungsbedürfnis, der Herausforderung
des Verkehrs sich gewachsen zeigen. Und unter „expectancy" das Angebot alternativer Verkehrssysteme (Substituierbarkeit), die Verzweigtheit, die Erfahrung im Umgang mit Verkehrsmitteln und die Verfügung über das Verkehrsmittel (z. B. eigener Pkw). Für den Pkw entstehen dabei unterschiedliche, aber interdependente Entscheidungssituationen bei der Erwerbsentscheidung und bei der Nutzungsentschei-
dung.

10.4. Die Kritik am Planer

Der ehemalige Bundesminister *Ehmke* ist unter der Überschrift
„Politische Planung" der Frage nachgegangen, woher die Vorschläge
und Vorgänge auf seinem Schreibtisch kommen; er hat festgestellt, daß
nur ein kleiner Teil aus der Bevölkerung und dem Parlament stammen, das meiste jedoch jungfräuliche Zeugung der Referate der Bundesregierung selbst ist. Können wir daraus schließen, daß die Pro-

bleme, welche zu Planungen führen von den Planern selbst stammen und gleichsam den Satz der Biologie „die Funktion schafft das Organ" umkehren in den Satz, „das Organ schafft die Funktion"?

10.4.1. Die Rollentheorie

Die gegenseitige Bedingheit von Funktion und Institution läßt sich auf eine Rollentheorie der Verwaltung ausdehnen. So wird ein Referat für Straßenplanung Straßen planen und dies auch tun, wenn, unterstellt den Fall, er trete ein, es keinen Bedarf mehr dafür gäbe. Dies gilt so lange, bis das Problem auf politischer Ebene entdeckt ist.

Wir müssen von einer doppelten Ebene kollektiver Bedürfnisartikulation ausgehen; einerseits von den Bedürfnissen, welche bei der Bevölkerung antreffbar sind, und andererseits von den Bedürfnissen, die sich aus der Rolle der Verwaltung (und auch von Verbänden der Industrie, etc.) ergeben, welche den Bedarf der Bevölkerung postulieren zur Rechtfertigung ihres Tuns.

An dieser Stelle ist es notwendig, auf eine für die Psychologie außerordentlich wichtige Unterscheidung zwischen Wirklichkeit im physischen und psychischen Sinn hinzuweisen (vgl. *Metzger*, 1954). Die Welt, die wir erleben und die wir uns denkend vergegenwärtigen und planend vorstellen, ist verschieden von der physikalischen. Unsere Wahrnehmungen, Gedanken, Theorien sind immer nur Abbilder. Das Bestreben der Naurwissenschaft ist nun, diese Abbilder möglichst wirklichkeitsgetreu zu machen. Das Interesse der Psychophysik richtete sich dagegen auf die Frage, wie physische Reize, z. B. physikalisch gemessene Tonstärken, wahrgenommen werden. Das Weber-Fechnersche Gesetz ist so zum Inbegriff der Gesetzmäßigkeit der Transformation von physikalischer Wirklichkeit in psychische Wirklichkeit geworden.

Die Psychologie geht aber einen Schritt weiter. In *Lewins* (1963) Worten: „Wirklichkeit ist, was wirkt." Zwar wirkt z. B. beim Regen die physikalische Wirklichkeit; wir werden naß, ob wir es wahrnehmen oder nicht. Aber die Wahrnehmung wirkt auch dann, wenn sie Fehlwahrnehmung oder Fehlinterpretation ist. Scheinbewegungen führen zu Reaktionen. Für die soziale Welt gelten nun diese Überlegungen im verstärkten Maß.

Was die Menschen wirklich wollen, bildet sich nur unvollkommen, verzerrt in der politischen Willensbildung, den Ergebnissen der Demoskopie oder den Signalen der Marktnachfrage ab. Vor diesem Problem steht auch die Indikatorenbewegung, die zwar vergleichend die Ausstattung mit bestimmten Infrastrukturen feststellen kann, aber kaum auch die unterschiedliche Strukturierung der Lebensgewohnheiten und

Wünsche der Bevölkerung dabei abbilden kann. Als ein Beispiel hierfür möge eine andere *DIW-Studie* dienen (*Bartholmai, 1973*). Ausgehend von den Zielen der Fernstraßenplanung von 1970 heißt es, diese tendiere zu einer gleichmäßigen flächenbezogenen Erschließung des Bundesgebiets. Es werden dann Indikatoren derart gebildet, daß die Streckenlängen der Verkehrswege, gegliedert nach Schiene, Straße etc., umgerechnet werden auf die Bevölkerung, die qkm oder den Beitrag zum Bruttoinlandsprodukt. Auf die Vernetzung wird dabei nicht eingegangen. Es kommt dann zu so schwerlich überraschenden Feststellungen, daß die Stadtstaaten Berlin, Hamburg, Bremen eine besonders hohe Dichte der Verkehrsinfrastruktur aufweisen, während Randlagen und insbesondere gebirgige Gegenden, wie der Oberpfälzer Wald, der Bayerische Wald etc. sich als verkehrlich unterentwickelt erweisen. Ob daraus jedoch die Notwendigkeit abzuleiten ist, dort mehr Verkehrsinfrastruktur zu schaffen, wird gar nicht in Zweifel gezogen, weil die gleichmäßige Ausstattung als Zielparameter unreflektiert hereingenommen wird.

Von Rosenstiel hat dieses Problem der Angemessenheit von Parametern zutreffend als „Validitätsproblem der in die Planung eingehenden Informationen" gekennzeichnet. Die wissenschaftlich-psychologische Forschung muß sich hier um eine Verbesserung der Validität bemühen.

Konflikte zwischen Planern und Bürgern lassen sich als Konflikte zwischen Scheinwelten auffassen, in denen Ängste und Hoffnungen beider Seiten eingehen. Die psychische Realität solcher Scheinwelten muß akzeptiert werden. Verbesserung der Information und Kommunikation sind geeignet, die Konflikte zu reduzieren aber nicht notwendigerweise zu beseitigen.

Man wird sich aber darauf besinnen müssen, daß die Hektik, mit der die Veränderungen unserer Welt betrieben werden, sich nicht mit den Erfordernissen der wesentlich langsameren Kommunikation und Konsenserzielung vertragen.

10.4.2. Fantasmen der Planer und Entscheider

Bösch (1976) führt den Begriff der Fantasmen ein. Er erläuterte ihn an folgendem Beispiel: Ein Junge, der auf einen Baum steigt und behauptet, dies sei die Brücke eines Schiffes, kann in seinem Spiel die Wirklichkeit, die er sieht, diesem Fantasmus unterordnen. Mitspieler stärken den Fantasmus, andere Bäume werden zu freundlichen oder verfeindeten Schiffen, eindringende Erwachsene zu Unterseebooten, die bekämpft werden müssen.

Derartige Spiele können eine lange Dauer erhalten und spielend die Beziehungen von Kindern über Tage und Wochen bestimmen. Im Fantasmus stellt das spielende Kind eine Ordnung zwischen sich und der Wirklichkeit auf; eine Ordnung, die ihm gestattet sein Verhältnis zur physischen und sozialen Umwelt zu interpretieren.

Bösch unterscheidet zwei Arten von Handlungsschemata: die sachlich instrumentalen und die subjektiv funktionalen (Fantasmen). Am Beispiel des Autofahrers läßt sich dies verdeutlichen. Sachlich instrumental ist Autofahren als Mittel zur Erreichung eines Fahrtziels. Subjektiv funktional ist es, wenn der Autofahrer seine eigene Potentialität, Geschwindigkeit, schnelle Reaktion in gefährlichen Situationen etc. erlebt, und daraus, nicht oder nicht mehr aus der Zielrichtung, seine Befriedigung zieht. Fantasmen brauchen nicht wirklichkeitsfremd oder anpassungsfeindlich sein; sie konstituieren jedoch eine andere Ebene der Realität, in der aus der Ich-Beteiligung eine Hinzufügung zur Realität erster Art entsteht.

Ideologien, ebenso wie Rollenverständnis bieten sich zur Fantasmenbildung, die jedoch immer personengebunden bleiben, an. So kann der Planer ebenso wie der Politiker seine Aufgabe sachlich instrumental erfüllen; lediglich in der Intoleranz gegen Infragestellungen der Inkompetenz der Betroffenen scheint dann der Fantasmus bzw. die Fantasmuskomponente hindurch.

McClelland (1967) hat in einer Studie über den schöpferischen Naturwissenschaftler zu zeigen versucht, daß der Rückzug von anderen Menschen als Verteidigungsmechanismus gegen Konflikte aufgefaßt werden könnte: „Naturwissenschaftler arbeiten zu viel und lieben ihre Arbeit zu sehr, um den Aggressionstrieb zu stillen"... „Der irrationale Glaube, die Natur beherrschen zu können, erscheint als eine andere Form der Aggressivität."

Man könnte *McClellands* Prognose für den Planer vielleicht in dieser Form stellen:

Der Planer arbeitet soviel und liebt seine Arbeit so sehr, um seinen Machttrieb zu stillen. Der irrationale Glaube, durch Pläne Menschen beherrschen zu können erscheint als eine andere Form des Machttriebs und damit der Selbstverwirklichung von Menschen, deren eigentliche politische Motivation verschoben ist.

Es ist nun zu fragen, welches die Fantasmen subjektiv funktionaler Handlungsschemata von Planern und planenden Politikern sind. Bei Verkehrssystemen fällt auf, daß sie historisch immer auch als Mittel der Beherrschung dienten. Sei es nun direkt militärstrategisch, wie die Straßen der Römer und Napoleons, sei es mehr symbolisch, wie die

Zentrierung der Verkehrswege auf die Hauptstadt. Auch in der Gegenwart läßt sich dies noch zeigen, obwohl es unter ökonomisch-instrumentalen Zwecksetzungen verborgen wird. Dies erscheint vor allem dort der Fall zu sein, wo die Begründung von Verkehrsbaumaßnahmen mit der Erschließung, sprich Beherrschung, erfolgt. Welche Fantasmen die Protagonisten von so gewaltigen Bauwerken wie einem Rhein-Main-Donau-Kanal bewegen, kann ich nur vermuten.

10.5. Schlußfolgerungen

Notwendigkeit der Planungskritik:

Ich habe erstens darzulegen versucht, daß Planung nur dann mit dem Postulat der Freiheit verträglich ist, wenn sie als Maxime ihrer Entscheidungen das Bürgerwohl verfolgt. Im Nachweis der Grenzen der Rationalität wurde die Unerfüllbarkeit dieser Forderung gezeigt. Zweitens habe ich dargelegt, wie aus der Rolle und Persönlichkeit des Planers und den inhärenten Problemen des Planungsprozesses Lösungen erwachsen, welche mit den aufgestellten Prinzipien nicht nur inkompatibel sind, sondern dieser geradezu entgegenwirken. Daraus soll nun aber nicht die Folgerung gezogen werden, dann sei es das Beste, man verzichte auf Planung überhaupt. Dies wäre in der Komplexität unserer Gesellschaft unmöglich. Auch kann man sich nicht dadurch aus dem Dilemma herausstehlen, daß man die Gestaltung der Systeme des Handelns dem freien Spiel der Kräfte überläßt.

Die Lösung scheint vielmehr in einer Offenheit für Planungskritik zu liegen. Dies ist keineswegs selbstverständlich, obwohl jeder das Recht auf freie Meinungsäußerung hat. Jeder darf meckern, aber die Pläne werden Kraft Herrschaft doch durchgesetzt. Ich meine mit Offenheit für Kritik, daß die Planer und die Entscheider die Möglichkeit der Revision als Element der Planung einbeziehen müssen. Dies heißt dann:

1. weitgehende Offenlegung der Motivation der Planer, Entscheider und Nutzer. Wie sich in der Diskussion über die Bedürfnisse zeigte, sind die Parameter der Planung wesentlich größer, als gemeinhin angenommen. Die Fundamentaldiskussion über die Zukunft der Gesellschaft und die zu realisierenden Werte darf nicht ausgeklammert werden.

2. Planungen, die sich ihres Theoriedefizits bewußt sind, dürfen nicht theoriefeindlich werden, sondern im Gegenteil, indem sie ihre impliziten Theorien explizieren, wird erst ermöglicht, daß aus der Kritik der Stellung gegenüber Falsifikationsversuchen wissenschaftliche Erkenntnisse relevant werden können.

3. Obwohl Planung auf die Ausführung der Pläne ausgerichtet ist, soll sie den Gesichtspunkt der Revidierbarkeit aufgrund von Bedürfnisverschiebungen oder von neuen Theorien miteinbeziehen.

Gerade diese 3. Forderung hat enorme Implikationen. Je langfristiger Prognosen sind, umso unsicherer sind sie. Je komplizierter technologische Systeme sind, umso langfristiger müssen sie geplant werden. So entsteht ein fast unauflösbarer Widerspruch zwischen durch Planungsentscheidungen hervorgerufenen Sachzwängen und den sich ergebenen Widersprüchen bei deren Verwirklichung. Neue Verkehrssysteme erfordern 30 Jahre zu ihrem Aufbau. Das Energieprogramm erfordert mindestens eine Vorausschau von 15 bis 20 Jahren allein zur Realisierung der Investitionen und damit von ca. 50 Jahren zur Amortisierung dieser Investitionen. Den Trend der vergangenen 20 Jahre für derartige Planung zugrundezulegen, wäre irrational. Gerade weil wir wissen, daß von 20 Jahren, also 1956, niemand den heutigen Zustand unseres Verkehrssystems vorhersagen konnte, ja noch nicht einmal vorhergeahnt hat.

Mir scheint, daß die heute konzipierten, größtenteils irreversiblen technischen Großsysteme dabei eine verhängnisvolle Tendenz enthalten und das Planungsdenken versuchen müßte, revidierbare, kurzfristigere Lösungen zu finden.

Literatur

Barker, R. G.: Ecological Psychology: Concepts and Methods for Studying the Environment of Human Behaviour. Stanford, 1968.

Bartholomei, B.: Regionale Verkehrsinfrastruktur in der BRD. Investitionen und Anlagevermögen. In: *DIW* (Hrsg.): Beiträge zur Strukturforschung. Heft 26, Berlin, 1973.

Bösch, E. E.: Psychopathologie des Alltags. Zur Ökopsychologie des Handelns und seiner Störungen. Bern, 1976.

Buchanan, C.: Verkehr in Städten. Essen, 1964.

Deutsches Institut für Wirtschaftsforschung (DIW): Die voraussichtliche Entwicklung des PKW-Bestandes in der Bundesrepublik Deutschland und ihren Teilregionen bis 1990. In: DIW-Wochenbericht 44/75. Berlin, 1975.

Ehmke, H.: Planung im Regierungsbereich — Aufgaben und Widerstände. In: *Presse- und Informationsamt der Bundesregierung (Hrsg.)*: Bulletin, Nr. 187, 1971, S. 2026—2035.

Feather, N. T.: Subjective probability and decision under uncertainty. In: Psychological Review 66, 150—164, 1959.

Habermas, J.: Technik und Wissenschaft als Ideologie. Frankfurt, 1968.

Jungermann, H.: Rationale Entscheidungen. Bern, 1976.

Katona, G.: Das Verhalten der Verbraucher und Unternehmer. Tübingen, 1960.

— Der Massenkonsum. Wien/Düsseldorf, 1965.

Klebelsberg, D. v.: Analyse des Verkehrsverhaltens. In: *Hoyos, Graf C.*: Psychologie des Straßenverkehrs. Bern, 1965.

Lewin, K.: Die Feldtheorie in den Sozialwissenschaften. Bern/Stuttgart, 1963.

Luhmann, N.: Zweckbegriff und Systemrationalität. Frankfurt, 1973.

Martino, J. P.: Technological Forecasting for Decisionmaking. New York, 1972.

Maslow, A. H.: Motivation and Personality. New York, 1954.

McClelland, D. C.: Motivation und Kultur. Bern, 1967.

Metzger, W.: Psychologie. Darmstadt, 2. Aufl., 1954.

Neuberger, O.: Über den Zusammenhang zwischen Wahrscheinlichkeit und Nutzen. Problem und Entscheidung. München, 1969.

Neumann, J. v. und *Morgenstern, O.*: Theory of Games and Economic Behaviour, 3rd ed. Princeton, 1972.

Savage, I. L.: The Foundation of Statistics. New York, 1954.

Schmölders, G.: Psychologie des Geldes. Reinbek b. Hamburg, 1966.

Simon, H. A.: Models of Man. New York, 1957.

Tiefenthaler, H.: Bewertung und Auswahl von Hochleistungsstraßen in Ballungsräumen unter dem Gesichtspunkt der Umweltqualität. Schriftenreihe der Universität Innsbruck, Heft 6. Innsbruck, 1975.

Urban, P.: Zur wissenschaftstheoretischen Problematik zeitraumüberwindender Prognosen. Köln, 1973.

MARTIN HELD

11. Fantasmen, Prognosen, Bedürfnisse —
Woran orientiert sich der Planer?

Diskussionsprotokoll zum Referat von Walter Molt

11.1 Problembereiche

Aus der Vielzahl der angeschnittenen Probleme standen bei der Diskussion des Vortrages von *Molt* drei Themen im Vordergrund:

— die Beurteilung seiner Kritik am Planer,

— die angeschnittene Problematik der Prognosen und

— die Fragen der ursächlichen Bedürfnisse und der Steuerbarkeit des Verkehrsverhaltens.

11.2 Rolle des Planers im Planungsprozeß: Kritik am Planer

In der Grundtendenz der Beiträge zur Rolle des Planers wurden einerseits die Berechtigung kritischer Einwände und die Notwendigkeit der Verbesserung von Planung und Prognosen anerkannt, andererseits aber auch zugestanden, daß die derzeitige Planertätigkeit ihre Rechtfertigung aus einem unvermeidlichen Zwang zum Planen und Handeln erhält. Problematisiert wurde die Darstellung der Funktion der Planer in der Verwaltung als ausschließlich vorbereitend. Hier wurde ihr Einfluß auf die Entscheidungen der Politiker herausgestellt. So müsse nachgefragt werden, wo beispielsweise das Gesamtvolumen des Verkehrshaushaltes des Bundes von 1976 bis 1985 von 230 Milliarden DM, das im Referat von *Huber und Meyer* als dem Planer „vorgegeben" dargestellt wurde (siehe 4.2.2), hinsichtlich Umfang und Zusammensetzung seinen tatsächlichen Ursprung habe.

Schwerpunkt der Diskussion zur Rolle des Planers bildete das von *Molt* eingeführte Konzept der Planungsfantasmen. Dabei wurde zunächst betont, daß die Existenz von Fantasmen kein spezifisches Planungsproblem sei, da bei allen Menschen in ihren verschiedenen Rollen Fantasmen in das Verhalten eingingen. Dennoch wurde die Einführung des Fantasmenkonzepts gerade auch von den Verkehrsplanern als anregend empfunden und seine Berechtigung durch ein Beispiel aus der Straßenplanung illustriert: Während in den fünfziger Jahren in Eröffnungsreden und Rechenschaftsberichten die verbaute Stahlbetonmenge als Erfolgsindikator herausgestellt wurde, stehen heute Überlegungen im Vordergrund, wie die potentiellen Nutzer auf die Planungsmaßnahme reagieren, eine neue Straße annehmen werden etc.

Auch objektiv nicht bestreitbare Tatsachen wie der Stahlbetonverbrauch können also unterschiedlich gesehen werden, wie diese Veränderung eines Fantasmus zeigt. Vom Referenten wurden hierzu ergänzt, daß bezüglich der wichtigsten Lebensbereiche einer Nation ein gewisser Konsens der Fantasmen notwendig sei. Im Fall der Planer sollte man erreichen, daß deren Fantasmen besser an der Realität überprüft werden könnten.

11.3 Probleme der Prognose

Breiten Raum widmete man in der Diskussion den Problemen der Prognosen, die ja wohl auch einen Kernpunkt der Planungsproblematik überhaupt darstellen. Dabei wurde einerseits der Kritik des Referenten an jener Art von Prognosen, bei denen im wesentlichen die vorgefundenen Daten in die Zukunft verlängert werden, zugestimmt. Dies sei bedauerlicherweise noch häufig das tatsächliche Vorgehen, doch seien die dadurch gewonnenen Aussagen wie beispielsweise zur zukünftigen PKW-Entwicklung für die Mehrzahl der Planungsprobleme von abnehmendem Interesse. Andererseits wurde jedoch Widerspruch eingelegt zur These, man sei nicht in der Lage, die relevanten Daten der Zukunft genügend präzise vorherzusagen. Dazu wurde als Beispiel auf die U-Bahn-Planung in München verwiesen, die derzeit nahezu unverändert so realisiert werde wie sie vor rund zwanzig Jahren konzipiert wurde. Hier wurde jedoch erwidert, es sei ja nicht ausgeschlossen, daß prognostizierte Ergebnisse eintreten, obwohl die Ausgangsdaten und die angewandten Methoden mangelhaft waren.

11.4 Einfluß von Bedürfnissen auf das Verkehrsverhalten und Möglichkeit der Steuerung

Was dem Zusammenhang von Bedürfnissen und Verkehrsverhalten angeht, so wurde auch von den Verkehrsplanern die Bedeutung der Bedürfnisse und der Motivstärken für das Verkehrsverhalten anerkannt. Allerdings machten sie im Hinblick auf die Einbeziehung dieser Variable in die praktische Verkehrsplanung auf die mangelnde Quantifizierbarkeit aufmerksam.

Im übrigen sei zu unterscheiden zwischen einem Aktivitätsverhalten, dem „echte Bedürfnisse" zugrundeliegen, und „an sich unnötigen Vorgängen", die aufgrund von Sorglosigkeit etc. Verkehr erzeugen und denen „weniger echte Bedürfnisse" zugrundeliegen. Das Problem für den Verkehrsplaner sei es, wie dieses sorglose Verhalten gesteuert werden könne. Dabei sei zwar zunächst an objektive Regelungen wie beispielsweise die Staffelung der Ferienzeiten für die Steuerung des Sommerreiseverkehrs zu denken. Diese Steuergrößen sind jedoch dem Verkehrsplaner weitgehend von außen vorgegeben, also durch andere Institutionen (z. B. Kultusministerien) und andere Faktoren (z. B. Wirtschaftsstruktur, Touristikmarkt etc.) bestimmt. *Molt* leitete aus dem Problem der echten und unechten Bedürfnisse das grundsätzliche Erfordernis ab, daß die subjektive Rationalität auch die Systemerfordernisse adäquat abbilden müßte. Steuerung des Verkehrsverhaltens könnte dann z. B. darin bestehen, daß den Verkehrsteilnehmern die Kosten ihres Verhaltens bewußt gemacht werden.

11.5 Gesamtbetrachtung

Zweifellos ergab die Diskussion Anhaltspunkte für die Dialogfähigkeit von Verkehrsplanern und Sozialwissenschaftlern. Letztere erkannten trotz aller Kritik in Detailfragen die Planungsnotwendigkeit an. Die Verkehrsplaner ihrerseits zeigten sich grundsätzlich an der kritischen Analyse ihres Vorgehens interessiert, erhoben jedoch angesichts ihrer Aufgabenstellung die Forderung nach einer verbesserten Quantifizierbarkeit sozialwissenschaftlicher Ergebnisse.

GERHARD KAMINSKI

12. Interessenartikulation und politischer Planungsprozeß

12.1 Zielsetzung

Vorrangiges Ziel dieser Ausführungen soll sein, angesichts der Heterogenität der hier ins Gespräch gezogenen Disziplinen und Positionen eine gemeinsame Verständigungsbasis aufzubauen. Dabei muß stets der zentrale Leitgesichtspunkt: Anwendungsmöglichkeiten der Verhaltenstheorie, im Auge behalten werden. Die Thematik soll sogar vornehmlich von der allgemeinen Verhaltenstheorie aus angegangen werden, was sich nicht zuletzt aus den speziellen Neigungen des Autors ergibt, während er weder in Fragen der Verkehrsplanung noch in allgemeineren Fragen der Planung und der Partizipation nennenswerte Expertenschaft mitbringt. Die auf den ersten Blick als rein politikwissenschaftlich-soziologisch imponierende Themenstellung wird dabei mehr oder weniger ins Psychologische transformiert.

Allerdings soll hier keineswegs angestrebt werden, möglichst viele einzelne Anwendungen psychologisch-verhaltenstheoretischer Konzepte im weiten Bereich von Interessenartikulation und politischen Planungsprozessen aufzufinden. Das würde im Detail uferlos und es würde zudem von fundamentalen Problemen ablenken. Vielmehr soll das Hauptgewicht des Beitrages eben auf einige wenige prinzipielle Fragen gelegt werden, die der Bearbeitung vieler konkreter Detailprobleme vorgeordnet sind.

12.2 Naheliegende Anwendungsmöglichkeiten der Psychologie

Hinsichtlich der Möglichkeiten der Psychologie, in den genannten Themenfeldern Hilfe anzubieten und zu leisten, könnte man zunächst einmal eine konsequent optimistische Einstellung einzunehmen versuchen. Unter dieser Voraussetzung wäre ganz allgemein zu fragen, inwiefern psychologisch-verhaltenstheoretische Konzeptionen Neues, Besseres zu leisten vermöchten. Verglichen mit anderen Sozialwissenschaftlern, wird sich der Psychologe die Vorgänge in einzelnen Planern, Entscheidern, Problemlösern, Mitentscheidern detaillierter und genauer ansehen; und damit auch die Prozesse in Aktualgruppen, in denen beraten, geplant, entschieden wird. Dabei würde der Psychologe vielleicht auf mancherlei Unzulänglichkeiten stoßen, die sonst übersehen werden:

— daß manche Mitglieder eines Entscheidungsgremiums die Information, aufgrund derer sie mitentscheiden sollten, unzureichend aufgenommen und verarbeitet haben;

— daß in einem Entscheidungsgremium von einzelnen Mitgliedern keineswegs in dem Maße autonom abgestimmt wurde, wie es dem Sinn dieser Institution entspräche;

— daß bei einer Interessengruppe die nach außen hin von Funktionären artikulierten Interessen kein angemessen repräsentatives Bild von den „tatsächlichen" Interessen der gesamten Mitgliederschaft darstellen; usw.

Letztlich liefe es darauf hinaus, daß Psychologie hier dazu benutzt wird, bestimmte Prozesse und ihre intrapersonalen Vorbedingungen unter bestimmten Kriterien zu optimieren, und zwar:

— Prozesse der Meinungs-, Willens-, Konsensbildung bei der Planung und der kollektiven Interessenartikulation;

— Prozesse der Übermittlung und Umsetzung von Planungsergebnissen; u. ä. m.

In solcher Weise hat unlängst *Sader* (1976) bestimmte Bereiche der Sozialpsychologie zu durchmustern und nutzbar zu machen versucht. Auf die Gesichtspunkte und praktischen Verbesserungsvorschläge, die er aufgrund dessen zusammengestellt hat, soll hier nicht näher eingegangen werden.

Wodurch kann sich Psychologie, prinzipiell gesehen, in derartiger Weise nützlich machen (vgl. auch *Sader*, 1976)?

— Teils sind es psychologisch-theoretische Konzeptionen, die bestimmte Ausschnitte sozialer Wirklichkeit detaillierter aufschließen und zu differenzierterer Beschreibung und Analyse nötigen.

— Teils sind es spezielle Hypothesen oder Ergebnisse, die Veranlassung geben können, bestimmte Vorgänge anders zu betrachten als vorher; beispielsweise das sog. „Risikoschub"-Phänomen: die Behauptung also, daß Gruppen als Ganze — mindestens unter bestimmten Umständen — riskantere Entscheidungsalternativen wählen, als die einzelnen Mitglieder es (im Durchschnitt) täten (vgl. *Sader*, 1976).

— Oder es sind irgendwelche in der Psychologie entwickelte methodische Strategien, beispielsweise bestimmte multivariate Versuchspläne, die neuartige Fragestellungen aufzuwerfen und zu untersuchen gestatten.

— Oder spezielle psychologische Datenbeschaffungs- bzw. Meßverfahren: bestimmte Testverfahren, Interviewtechniken, Beobachtungsverfahren, die jetzt Daten verfügbar machen, deren man zuvor nicht habhaft werden konnte. Von ihnen kann auch eine gewisse Nötigung zur Operationalisierung von planungs- bzw. entscheidungsrelevanten Konzepten ausgehen, die zuvor relativ vage verwendet worden sein mögen: Motivation, Bedürfnis, Nutzen, subjektive Wahrscheinlichkeit u. ä. m.

Etwa in solcher Weise von der Psychologie aus angeschaut, erscheinen die primär nicht-psychologischen Begriffe „Interessenartikulation" und „politischer Planungsprozeß" bereits sehr vieldeutig. Anders ausgedrückt: die mit diesen Begriffen gemeinten Bereiche sozialer Wirklichkeit geben Anlaß zu sehr verschiedenen psychologischen Fragestellungen.

Nehmen wir als Beispiel den Begriff „Interessenartikulation": Dabei bleibe der begriffliche Bestandteil „Interesse" jetzt einmal unbefragt, als vorerst hinreichend eindeutig verstehbar, und nur der Bestandteil „Artikulation" sei psychologisch-verhaltenstheoretisch differenziert. Was alles könnte damit gemeint sein, bzw. was könnte alles an Fragestellungen dazugehören? (Man sollte sich dabei jeweils ein in den Bereich der Verkehrsplanung gehörendes „Interesse" vorstellen, ein konkretes Einzelproblem eines öffentlichen Nahverkehrssystems, beispielsweise die Streckenführung einer Buslinie in einer Siedlung o. ä.).

Wohlgemerkt: zu jeder dieser Fragestellungen müßten eigentlich jeweils mehr oder weniger einschlägige Begriffe, Untersuchungen, teils auch Ergebnisse aus der Allgemeinen oder der Sozialpsychologie aufgeführt werden:

a) Wie „artikuliert" sich ein konkretes „Interesse" im Individuum, d. h. durch welche Umstände wird das Interesse überhaupt erst zu einer kognitiv handhabbaren Einheit? (Diese Fragestellung spielt u. a. in der sowjetischen Handlungspsychologie eine nicht unerhebliche Rolle: vgl. *Wygotski*, 1964; *Leont'ev*, 1971; sie ist auch in Überlegungen *Tenbrucks*, 1971, enthalten.).

b) Wie „artikuliert", d. h. strukturiert sich diese Einheit in solcher Weise, daß sie speziell sprachlich faßbar, codierbar und somit sprachlich ausdrückbar wird? (Auch dieses Problem ist bei *Tenbruck*, 1971, mitgedacht.).

c) Wie kommt es dazu, daß ein derartig beim Individuum in Erscheinung getretenes „Interesse" ein erstes Mal gegenüber irgendeiner anderen Person zum Ausdruck gebracht, „artikuliert" wird (Man könnte hier von einer „Kommunikationsschwelle" sprechen.)?

d) Unter welchen aktuellen und dispositionellen Bedingungen kommt es bei einem Individuum (oder auch unter mehreren) zu einer Motivierung bzw. zu einer Art Zielsetzung, das Interesse zu vertreten, d. h. für seine Berücksichtigung durch andere bei zuständigen Stellen einzutreten?

e) Wie spielen sich Kommunikationsprozesse zwischen mehreren Individuen ab, in denen über ein gemeinschaftliches Interesse Informationen ausgetauscht werden, und wie formen („artikulieren") sich dadurch die einzelnen individuellen Interessen-Konzepte weiter?

f) Wie entwickelt sich allmählich kooperative Handlungsorganisation, Handlungsplanung innerhalb einer Gruppe, die sich unter dem Ziel der Interessenvertretung konstituiert?

g) In welchen Prozessen wird dieser Versuch der tatsächlichen Einflußnahme (z. B. bei einer Planungsinstanz) innerhalb der Gruppe im Einzelfall taktisch vorbereitet („artikuliert")?

h) Wie verlaufen die Prozesse der Einflußnahme auf irgendwelche übergreifenden Kontexte; an den Stellen also, wo ein „Interesse" tatsächlich zur Geltung gebracht werden soll? (Wie wird das „Interesse" dort „artikuliert"?).

i) Wie wirken die Erfahrungen aus solchen Versuchen der Einflußnahme bei planenden Instanzen auf die „Interessen"-Konzepte der einzelnen Gruppenmitglieder „artikulierend" zurück? Welche kognitiven Auswertungen, Attributionen usw. spielen dabei eine Rolle?

j) Oder wo wird als „Interessenartikulation" vielleicht auch ein Vorgang bezeichnet, bei dem jemand für einen anderen dessen „Interessen" zum Ausdruck zu bringen und zu verfechten versucht, ohne daß dieser Betroffene vielleicht selbst von seinen Interessen bzw. von dieser „Artikulation" weiß?

So könnte man noch um einiges fortfahren.

12.3 Psychologie und sozialwissenschaftliche Verhaltensmodelle

Soweit mag die Anwendung psychologisch-verhaltenstheoretischer Konzepte einigermaßen plausibel erschienen sein. Natürlich müßte das jeweils noch im einzelnen weiter verfolgt werden:

— Die Fragestellungen müßten präzisiert, im Detail auf psychologische Modelle bezogen werden;

— psychologische Untersuchungsmethodiken müßten angegeben werden;

— praktische Auswertungsmöglichkeiten eventueller Ergebnisse müßten dargelegt werden; usw.

Aber die Frage wäre, ob mit dieser Art von Anwendung psychologisch-verhaltenstheoretischer Konzepte viel gewonnen wäre. Die Ansatzmöglichkeiten für psychologische Gesichtspunkte und Untersuchungen wären unübersehbar zahlreich, und es erschiene fraglich, auf welche Weise dabei wichtige von weniger wichtigen Fragestellungen unterschieden werden könnten.

So wie diese Fragestellungen soeben beispielhaft formuliert waren, klingen sie doch insgesamt deutlich nach „Labor-Psychologie", d. h. die in ihnen zum Ausdruck kommenden psychologisch-verhaltenstheoretischen Konzeptionen lassen erkennen, daß sie in individuumzentrierter bzw. kleingruppenzentrierter Laborforschung ausgebildet wurden.

Derartige Frageweisen erscheinen mindestens zum Teil eher praktisch irrelevant, verglichen etwa mit denjenigen prozeß-analytischen und speziell prozeß-kritischen Fragen, die innerhalb anderer Sozialwissenschaften seit langem im Zusammenhang mit Interessenartikulation und Planungsprozessen aufgeworfen werden, in Soziologie, Politikwissenschaft, Theorie architektonischer Planung, Rechtswissenschaft. Einige wenige Zitate mögen dies verdeutlichen (vgl. *Scharpf*, 1973):

„Wir müssen unter den gegebenen Bedingungen realistischerweise davon ausgehen, daß die Summe aller Anforderungen an das politisch-administrative System die Aufmerksamkeits- und Informationsverarbeitungskapazität des demokratischen politischen Prozesses erheblich übersteigt und daß wir grundsätzlich darauf angewiesen sind, daß Verwaltungen Informationen sammeln, Probleme identifizieren, Handlungsalternativen entwickeln und Entscheidungen auch und gerade in jenen Bereichen initiieren werden, in denen manifeste politische Impulse nicht oder noch nicht vorliegen." (S. 17 f.)

„... offenbar erreicht die Bereitschaft zur aktiven Vertretung eigener Interessen erst im Ausführungsstadium von Entscheidungsprozessen ihr Maximum und wird umso geringer, je weiter in die Zukunft die Planverwirklichung projiziert wird. Im Vergleich zur kurzfristigen Politik wird die politische Artikulation von Interessen in der längerfristigen Planung in aller Regel weniger vollständig, weniger genau, weniger dicht und weniger intensiv sein." (S. 47)

„Man wird deshalb von der Voraussetzung ausgehen müssen, daß Verlust an unmittelbarer Interessenartikulation durch die Betroffenen in der Praxis der längerfristigen Planung nicht zuverlässig durch leistungsfähigere Verfahren der Informationsgewinnung und Informationsverarbeitung ausgeglichen werden kann." (S. 55)

Welche Konsequenzen sollte man aus der Unterschiedlichkeit dieser Frageweisen ziehen, insbesondere daraus, daß die typisch psychologischen Fragestellungen im Vergleich eher praxisirrelevant anmuten?

Meiner Ansicht nach die — vorläufig gesprochen —, daß die Psychologie ihre eigenen bisherigen verhaltenstheoretischen (oder handlungstheoretischen) Konzeptionen erst einmal konsequent mit denjenigen Beschreibungen sozialer Wirklichkeit in Verbindung bringen muß, die von den genannten Sozialwissenschaften bereits entwickelt wurden. Es soll gleich noch näher erläutert werden, was damit gemeint ist.

Von der Psychologie her gesehen stehen die genannten Sozialwissenschaften vor der Aufgabe, soziale, politische, wirtschaftliche Systeme von ungeheuerlicher Komplexität bis in viele Detailkomponenten hinein zu beschreiben und zu analysieren.

Nehmen wir als Beispiel wieder „Interessenartikulation". Alles was in einer Gesellschaft diesem Begriff subsumiert werden kann, muß dem Sozialwissenschaftler von vornherein in einem solchen Varietätenreichtum erscheinen, daß er in grober Überschau zunächst einmal gewisse differentielle, taxonomisch-deskriptive Gesichtspunkte entwickeln muß. Ein Beispiel dafür wäre etwa *von Beymes* Monographie über „Interessengruppen in der Demokratie" (1974) in der er sich unter anderem folgender Beschreibungsaspekte bedient:

— Faktoren des (verbandsinternen und/oder äußeren) Einflusses:

   Ideologie / Organisation / Finanzkraft / Qualität der Führung;

— Adressaten des Einflusses:

   Parlamente / Regierung / Bürokratie und Planung / Justiz / Parteien / öffentliche Meinung;

— Methoden des Einflusses:

   Bestechung / Überzeugung / freundschaftliche Kontakte / Drohung, Nötigung / gewaltloser Widerstand;

— Institutionalisierte Interessenrepräsentation u. a. m.

Ein solcher Raster von Unterscheidungsparametern stellt zugleich Gesichtspunkte zur Verfügung, unter denen soziale Prozesse und ihre strukturellen Grundlagen empirisch analysiert werden können; etwa auch das Funktionieren des Zusammenspiels von „Interessenartikulation" und „Planungsprozessen".

Auf diese Weise werden nicht nur sehr viele verschiedene Typen praktisch-politischer Prozesse erfaßbar, voneinander abhebbar, sondern es wird zugleich auch das komplizierte Verflochtensein vieler dieser Prozesse evident. Diese Verflechtungen werden teilweise durch die Einführung und Durchsetzung bestimmter Verfahrensnormen erzwungen. Beispielsweise ist Verkehrsdetailplanung auf kommunaler Ebene aufgrund rechtlicher Normen vielfältig eingebunden in hierarchische Systeme übergreifender Planungen. „Interessenartikulation" und Interessenvertretung sehen jeweils sehr unterschiedlich aus, je nachdem auf welchen Planungsebenen sie ansetzen.

Abgesehen von der Ebenenspezifität ist jedoch zu berücksichtigen, daß Planung und Interessenartikulation, auf welcher Ebene sie auch primär ansetzen mögen, jedenfalls in gewissem Ausmaß das Gesamtsystem dieser hierarchischen Abhängigkeiten im Blick behalten müssen.

Wenn sich die genannten Sozialwissenschaften mit derartiger sozialer Wirklichkeit — also beispielsweise auch Verkehrsplanung — beschäftigen, verwenden sie dabei auch quasi-verhaltenstheoretische Konzepte. Das ging aus den beispielhaft zitierten Aussagen deutlich hervor. Von quasi-verhaltenstheoretischen Konzepten wird gesprochen, weil für sie nicht die gleichen Ansprüche erhoben werden wie für die psychologisch-verhaltenstheoretischen Begriffe. Sie sind mit weniger komplizierten Implikationen ausgestattet als die konsequent auf das Funktionieren des Individuums zurückzuverfolgenden psychologischen Konzepte. So wird in einem — psychologisch gesehen — gröberen, unverbindlicheren Sinne auch in diesen Sozialwissenschaften oft von „Interesse", „Bedürfnis", „Bedarf", „Nachfrage", „Problemlösung", „Entscheidung", „Informationsverarbeitungskapazität" u. a. m. gesprochen, ohne daß dabei jeweils eine präzise psychologisch-verhaltenstheoretische Grundlage mitgedacht würde. Derartige quasi-verhaltenstheoretische Schemata werden vielmehr primär auf Aggregate bzw. überindividuelle Systeme angewandt und erst sekundär — wo es nötig erscheint — gleichsam in das Individuum hineinprojiziert.

Die Psychologie hingegen, auch die Sozialpsychologie, geht — wie gesagt — im wesentlichen vom konkreten Verhalten des Individuums aus und sucht an ihm, bzw. an der aktuellen Kleingruppe, allgemeine Regelhaftigkeiten des Funktionierens unter möglichst gut kontrollierten Bedingungen empirisch nachzuweisen. Die dabei entwickelten psychologisch-verhaltenstheoretischen Konzeptionen bieten zwar auch jeweils gewisse Möglichkeiten zu differentieller Deskription, d. h. Möglichkeiten, interindividuelle oder Inter-Gruppen-Unterschiede zu erfassen und ihre Auswirkungen zu untersuchen, aber diese Art von verhaltenstheoretisch-differentieller Deskription läßt sich offenbar noch nicht ohne weiteres in jene sozialwissenschaftlichen Taxonomisierungen praktisch-politischer Gruppenprozesse transformieren. Das ließe sich eindrucksvoll im Detail demonstrieren, wenn man die unlängst von *Witte* (1978) entwickelte Taxonomie von Gruppenprozessen, wie sie in sozialpsychologischen Laborexperimenten realisiert werden, mit sozialwissenschaftlichen Taxonomien systematisch vergliche. Auch bei *Sader* (1976) wird diese Diskrepanz immer wieder thematisiert.

12.4. Konsequenzen der Anwendung erweiterter psychologisch-verhaltenstheoretischer Konzeptionen

Die Möglichkeit der Psychologie, mit ihren derzeit verfügbaren verhaltenstheoretischen Konzeptionen Wesentliches zur kritischen Aufhellung und zur Verbesserung der gesellschaftlichen Realität politischer Planung beizutragen, wurde soeben wieder etwas in Frage gestellt. Ferner wurde empfohlen, psychologisch-verhaltenstheoretische Konzeptionen mit sozialwissenschaftlicher Deskription zu verknüpfen, irgendwie zu integrieren. Wie sollte das geschehen? Und zu welchen Konsequenzen sollte das führen?

12.4.1. Planer- und „Interessenten"-Modell

Versucht man sich vorzustellen, welches psychologisch-verhaltenstheoretische Rüstzeug eigentlich erforderlich wäre in der Realität politischer Planung, dann stellt die in gewissem Sinne höchsten Anforderungen an theoretische Interpretationen der Planer selbst. Greift man die *Luhmann*'sche Interpretation von Planung als bestimmte Art der Komplexitätsreduktion auf und projiziert man diesen Prozeß der Einfachheit halber erst einmal konsequent in einen Planer hinein, dann kann man sagen: Der Planer hat unter Umständen Komplexitätsreduktionsaufgaben enormen Ausmaßes zu leisten, sicherlich gerade auch in der Verkehrsplanung. Wäre die Psychologie heute in der Lage, die Tätigkeit eines Planers in einem gesamten Planungsprozeß verhaltenstheoretisch zu interpretieren?

Das Grundprinzip der Komplexitätsreduktion taucht in der psychologischen Problemlösungstheorie bereits 1957 bei *van de Geer* auf, freilich in einer sehr einfachen Form. Wollte man sich neuerer problemlösungstheoretischer Konzeptionen bedienen (*Dörner*, 1974; 1976; *Newell und Simon*, 1972), wird man feststellen, daß auch diese sich immer noch auf geradezu lächerlich primitiv wirkende Aufgabebearbeitungen stützen, verglichen mit den Problemstellungen, die zum Beispiel ein Verkehrsplaner zu bewältigen hat. Immerhin erscheint es durchaus möglich, daß moderne Problemlösungstheorie von ihrem Kernbestand aus in dem Sinne erweitert wird, daß auch das Bearbeiten sehr komplexer Probleme theoretisch beschreibbar wird (*Kaminski*, 1974). Bei *Dörner* (1975) sind derartige Ausweitungen nicht nur der Absicht nach ausgesprochen worden; er selbst hat in jüngster Zeit Schritte in diese Richtung unternommen, indem er relativ komplexe Planungsaufgaben in computerunterstützte Problemlösungsexperimente hineinholte.

Eine gewissermaßen realitätsgerecht anwendbare Problemlösungstheorie müßte also im Prinzip mit vielschichtigen hierarchischen Systemen von „Problemräumen" zu arbeiten erlauben, statt wie bisher nur mit jeweils einem Problemraum pro Aufgabe. Der Gesamtprozeß der Komplexitätsreduktion in einem Planer bei einer realitätsgerechten Planungsaufgabe müßte auf diese Weise abbildbar und analysierbar werden (vgl. *Kaminski*, 1975).

Irgendwelche „Interessen", die von einzelnen Interessenten oder Interessengruppen irgendwo und irgendwann im Rahmen eines Planungsproblems „artikuliert" werden, stellen für den Planer selbst nur partielle Aspekte des Gesamtproblems dar. Im Zusammenhang mit derartigen „Interessen" mag für den Planer durchaus zeitweilig noch vieles offen und variabel bleiben: immerhin wird er ihnen von sich aus doch schon bestimmte Positionen und Spielräume im Gesamtsystem des Planungsproblems zuerkennen.

An dem Planer kann man sich also klarmachen, daß es prinzipiell möglich sein müßte, so etwas wie „Interessen" (d. h. spezielle Ziele, Bedürfnisse, Wünsche, Forderungen) in den Rahmen einer kognitiven Gesamtauffassung des Planungsproblems hineinzustellen, wie sie der Planer irgendwie verfügbar haben muß bzw. sich erarbeiten muß. Daneben stattet die moderne Problemlösungstheorie den Planer mit bestimmten kognitiven Teilprozessen, „Prozeduren", aus: Möglichkeiten des Analysierens, Beurteilens, Bewertens, Kombinierens, Entscheidens, Überprüfens, Zurücknehmens usw.

Auf dem Hintergrund dieser gleichsam qualifiziertesten, anspruchsvollsten Anwendungen psychologisch-verhaltens-theoretischer Konzeptionen in der Realität politischer Planung kann man nun fragen: Wie sieht das beim „Interessenten" aus?

Es ist zu erwarten, daß Interessenartikulation und Interessenvertretung oftmals innerhalb eines wesentlich engeren kognitiven Horizonts geschieht (*Gäfgen*, 1974). Aber innerhalb welches Horizonts und warum so und mit welchen Konsequenzen?

Das psychologisch-verhaltenstheoretische Modell des Planers gäbe sozusagen einen deskriptiven Bezugsrahmen ab, innerhalb dessen sich ausdrücken ließe, um welche Komponenten die Problemsicht jeweils bestimmter „Interessenten" eingeschränkt, vereinfacht oder verzerrt ist und mit welchen kognitiven „Prozeduren" jeweils bestimmte Interessenten arbeiten bzw. welche Prozeduren ihnen nicht verfügbar sind oder nicht zugestanden werden.

In bezug auf die strukturellen Charakteristika von Problemräumen erinnert dieses Vergleichsverfahren im Prinzip etwas an das Konzept der „kognitiven Strukturiertheit" (*Schroder et al.*, 1967; *Seiler*, 1973). Dort werden auch Gradstufen kognitiver Artikulation irgendwelcher

Wissenssysteme unterschieden. Ferner denke man an *Piaget* (1947) mit seinen „Wissens-Stufen".

Der Begriff „Interessenartikulation", so wie er üblicherweise gebraucht wird, legt nun von vornherein die Auffassung nahe, daß irgendwelchen „Interessenten" gewissermaßen nur eine partielle Mitwirkung an einer Planungsgesamtaufgabe zugestanden wird.

Zum einen kann jetzt weiter gefragt werden, ob bzw. in welchem Maße sich der „Interessent" tatsächlich als nur eingeschränkt zuständig sieht, welches verhaltenstheoretische Modell er sozusagen zu seiner Selbstinterpretation als Interessent verwendet. Zum anderen wäre zu fragen, unter welchem verhaltenstheoretischen Modell der „Interessent" vom Planer (oder vor irgendwelchen anderen Instanzen) gesehen und behandelt wird. Wenn unter dem Begriff „Interesse" bestimmte Aspekte eines Planungsgesamtproblems von vornherein isoliert, eingegrenzt werden, dürften die Fragen an den Interessenten oder die ihm zugestandenen Aussagemöglichkeiten unter Umständen von vornherein stark eingeschränkt werden. Damit im Zusammenhang mögen dann auch die dem Interessenten zur Verfügung gestellten Informationen mehr oder weniger restringiert sein.

Das würde bedeuten, daß sich der Prozeß einer Interessenartikulation beim Interessenten unter Umständen gleichsam im Rahmen eines verhaltenstheoretischen Primitiv-Modells abspielt; dann nämlich, wenn von Seiten des Planers für den Interessenten im Prinzip nur ein sehr stark restringiertes Verhaltensmodell „angeboten" wird und der Interessent dies unkritisch und anspruchslos übernimmt. Ein Beispiel dafür wäre gegeben, wenn der Interessent einfachste kognitive Wahlentscheidungen zwischen wenigen angebotenen Alternativen über Verkehrsmittelbenutzung zu vollziehen hat, oder wenn er in einer Anhörung nur zu ganz bestimmten Aspekten eines kommunalen Verkehrsproblems Stellung zu nehmen hat.

Nun mag es für die Planer oftmals naheliegen zu meinen, es ginge gar nicht anders, da der Interessent zu wenig von den komplizierten Voraussetzungen der Planung versteht.

Derartige Fragen sind im Zusammenhang mit der Partizipationsproblematik schon viel diskutiert worden. Aber sie sind meines Wissens bisher noch nicht konsequent unter psychologisch-verhaltenstheoretischen Aspekten behandelt worden; allenfalls (mittels „Versuch-und-Irrtum-Methode") in politischer Praxis, mit anschließender provisorischer Plausibilitäts-Interpretation der dabei gemachten Erfahrungen. Im Grunde müßten derartige Fragen eben von einer erweiterten verhaltenstheoretischen Konzeption aus behandelt werden, wie sie gefordert wurde. In ihrem Rahmen erst könnte gefragt werden, wie ein komplexes Verkehrsplanungsproblem vom Planer selbst kognitiv strukturiert wird, bzw. wie man es für weniger Eingearbeitete in seinen wesentlichsten Grundzügen so vorstrukturieren und kommunizieren kann, daß ein Interessent seine „Interessen" kognitiv im gleichen Bezugsrahmen lokalisiert sieht wie der Planer, und daß er sie in diesem Rahmen beurteilen und vertreten kann. Daraus ergibt sich die Frage: Wie kann man es erreichen, daß der Interessent überschauen kann, auf welchen wesentlichsten Voraussetzungen der Planer aufbaut, wie gesichert und begründet diese sind, welchen Arten von Restriktionen der Planer selbst unterworfen ist usw.?

12.4.2. Der gespaltene Bürger: Bürger-Partialmodelle

Was in der vorangegangenen Argumentation von der Psychologie angewendet wurde, waren theoretische Konzeptionen, primär auf den Planer angesetzt („Planer" in sehr weitem Sinne verstanden). Im folgenden soll die aufgeworfene Problematik noch von einer anderen Stelle aus angegangen werden: vom „Interessenten", vom beteiligten bzw. betroffenen Bürger aus, wobei der Primärakzent auf psychologische Methoden gelegt werden soll.

Gesetzt den Fall, ein Psychologe wollte oder sollte sich selbst ein Bild von der „Interessenlage" derjenigen machen, die von einem größeren Verkehrsplanungsproblem tangiert werden, gleichgültig ob bzw. in welchem Maße und in welcher Weise sich diese „Interessen" bereits „artikuliert" haben. Er müßte psychologische Methoden einsetzen, um etwas über das „Interesse" in Erfahrung zu bringen.

Nun ist „Interesse" in dem hier gemeinten Sinn kein feststehender, hinreichend präziser psychologischer Begriff, dem von vornherein bestimmte Erkundungsmethoden zuzuordnen wären. Der Psychologe müßte sich selbst entscheiden, wie er hier „Interesse" operationalisieren will. Vor dieser Entscheidung der Methodenwahl stehend, muß ihm klarwerden, wie viele und wie verschiedenartige Möglichkeiten er hier im Prinzip hätte, zu Daten zu gelangen, die man jeweils als Indikatoren für „Interesse" auffassen könnte. Oder noch etwas anders gesehen: Dem Psychologen würde klarwerden, daß er von seinen Datenbeschaffungsmethoden aus sehr unterschiedliche „Interesse"-Konzepte konstituieren könnte, denen implizit, je nach der weiteren theoretischen Einbettung dieser Interessen-Konzepte, jeweils wieder noch sehr unterschiedliche „psychologische Menschenbilder" zugrundegelegt werden könnten.

Entschlösse sich der Psychologe beispielsweise für eine Befragung, dann mag er vielleicht zugleich einem kognitivistischen „Interesse"-

Konzept zuneigen. Legt er die Befragung so an, daß der Befragte zwischen mehreren Angeboten und Alternativen wählen kann, wird der Psychologe für diese Art der kognitiven Alternativen-Bearbeitung vermutlich eine gewisse Erlebens-Repräsentanz (*Holzkamp, 1964*) in Anspruch nehmen wollen, d. h. er wird annehmen, daß der Befragte auch in seinem natürlichen Lebensvollzug zwischen ihm bewußten Alternativen wählt, daß er also mindestens als kognitiv-entscheidungsfähiger Mensch angesehen werden kann.

Jetzt kommt es darauf an, welche formale Strukturierung von Entscheidungssituationen der Psychologe dem Befragten sozusagen „zutraut". Und: Nach welcher Art Entscheidungsprozeßmodell bearbeitet der Befragte (nach Meinung des Psychologen) solche Problemsituationen (wie der Psychologe sie ihm in der Befragung vorstellt) in seinem Lebensalltag üblicherweise oder bestenfalls? Traut der Psychologe dem Befragten nur ein sehr primitiv strukturiertes Wahl- oder Entscheidungsmodell zu, einen jeweils sehr beschränkten Entscheidungshorizont und innerhalb dessen nur sehr einfache Komplexitätsreduktionsregeln, dann wird er den Befragten konsequenterweise nur mit wenig vorgegebener Information ausstatten und ihm nur einfachste Wahlreaktionen abverlangen.

Hielte der Psychologe den Befragten dagegen eines sehr differenzierten, gewissermaßen weitausgreifenden Entscheidungsverhaltens nicht nur für fähig, sondern meinte er zugleich, daß der Befragte ein derartiges Sich-Entscheiden auch in solchen Situationen für sich beansprucht bzw. von sich selbst verlangt, dann müßte der Psychologe dem Befragten von vornherein die Konstituierung einer sehr differenzierten Entscheidungssituation ermöglichen. Er müßte ihm entsprechend viele Informationen vorgeben und müßte ihm zugestehen, seine Verfahrensweisen der Komplexitätsreduktion und ihre Ergebnisse auf sehr differenzierte Weise zum Ausdruck zu bringen. Der methodische Extremfall wäre, daß der Psychologe den Befragten gleichsam die Rolle eines Planers, unter Einbeziehung seiner eigenen Interessenlage, nachvollziehen ließe. Dabei würde dem Befragten dann das gleiche verhaltenstheoretische Komplexitätsreduktionsmodell wie dem Planer selbst zugestanden.

Indem sich der Psychologe bei einer Interesse-Erkundung in solcher Weise zwischen bestimmten Methoden und ihren theoretischen Implikationen zu entscheiden sucht, wird ihm klar, daß er prinzipiell das „Interesse"-Konzept auch von beobachtbarem Verhalten aus konstituieren könnte: z. B. von Kaufverhalten aus (Kauf von Autos, Fahrkarten, Fahrrädern, Kauf oder Anmietung von Wohnungen in bestimmten Gebieten), von Wegebenutzungsverhalten aus (Fahrgeschwindigkeit usw.), von Warteverhalten (Wartezeit an Bushaltestellen, Ampeln usw.). Auch dabei könnte er dem „Beobachteten" jeweils ein bestimmtes Verhaltens-Modell unterstellen und in dessen Rahmen diese Verhaltensweisen interpretieren. Möchte er in dieses Modell auch kognitive Komponenten aufnehmen (also z. B. kognitive Aspekte von Entscheidungssituationen, Komplexitätsreduktionsprozeduren usw.), wäre er so lange über deren Angemessenheit sehr unsicher, wie er lediglich von Verhaltensdaten ausgeht.

Ist der Psychologe so weit mit seinen Überlegungen gekommen, müßte ihm eigentlich auffallen, daß manches von dem, was Verkehrsplaner machen, als quasi-psychologische Interessenerkundung angesehen werden muß: Sie beschaffen sich Verhaltensdaten — freilich ohne daß die Beobachteten dessen so recht gewahr werden — und interpretieren sie; d. h. sie unterstellen den Beobachteten auch bestimmte quasi-psychologische Verhaltensmodelle.

Der Psychologe könnte sich nun aufgerufen sehen, einmal sorgfältig zu analysieren, welche Modellimplikationen dem Tun der Verkehrsplaner zugrunde liegen, welches psychologische Menschenbild vom Bürger hier konstituiert und verwendet wird. Ohne daß das hier im Detail expliziert werden könnte, wird an dieser Stelle deutlich, daß der Begriff „Interessenartikulation", so wie er in der Regel verwendet wird, recht befremdliche Implikationen hat:

Der Bürger „artikuliert" seine „Interessen" dem Staat, irgendwelchen planenden Instanzen gegenüber. Aber wie sieht er eigentlich sich selbst und den Planer oder den Staat dabei? Der Bürger scheint zu meinen, er müßte bestimmte Eigeninteressen einem Kontrahenten gegenüber „artikulieren" und durchsetzen. In Wirklichkeit hat dieser vermeintliche Kontrahent sich von ihm, dem Bürger, und bestimmten seiner „Interessen" längst ein eigenes Bild gemacht. Es sieht so aus, als arbeiteten beide Seiten mit Partial-Modellen. Der Verkehrsplaner meint, für bestimmte Interessen des Bürgers von sich aus sorgen zu müssen und sorgen zu können. Auf welchen Annahmen über den Bürger diese Vorsorge beruht, wird er diesem gegenüber ebensowenig explizieren wollen, wie eine Mutter ihrem Kind erklärt, warum sie auf genügend Eiweiß im Mittagessen achtet. Der Bürger wiederum, so wie er Staat und Planer zu sehen gelernt hat, billigt sich selbst als Komplement dazu auch nur ein Partial-Modell zu, in dem er sich nur für wenige Interessen-Aspekte in einer sehr einfachen Weise als zuständig und verantwortlich ansieht.

9 Bedarfsdeckung

12.5. Ist ein konsistentes Bürgermodell psychologisch denkbar?

Die zentrale Frage, auf die alle diese Argumentationen immer wieder hinführen, ist die: Was dürfen wir dem Bürger an Komplikationen der Komplexitätsreduktionsverfahren zumuten bzw. was können wir ihm zutrauen? Diese Frage erscheint aus leicht einsehbaren Gründen außerordentlich gewichtig. Gerade darum sollte man sie auch immer wieder einmal umgekehrt stellen: Was von diesen Komplikationen dürfen wir dem Bürger ersparen, was dürfen wir ihm vorenthalten?

Durch Ausprobieren in der politischen Praxis scheint längst alles klar zu sein. Gerade der recht komplikationsreiche Sektor der Verkehrsplanung scheint es schlagend zu beweisen. Und die Psychologie müßte das doch — so könnte man meinen — sehr einfach und sicher bestätigen können.

Ich bezweifle, daß wir sozusagen schon an einem unverrückbaren Endverhältnis zwischen Interessenartikulation und politischem Planungsprozeß angekommen sind.

Von der Psychologie her kann man zunächst einmal mittels verhaltenstheoretischer Konzeption deutlich machen, daß in verschiedenen Bereichen politischer Praxis mit unterschiedlichen, zum Teil inkompatiblen impliziten Bürger-Partialmodellen gearbeitet wird. Die Psychologie kann auf dem Hintergrund der Entwicklung ihrer eigenen verhaltenstheoretischen Konzepte heute diese impliziten Bürger-Modelle besser erkennbar machen (vgl. *Laucken*, 1974). Sie könnte auch auf die Gefahren dieser Praxis aufmerksam machen: Für verantwortungsbewußtes politisches Handeln müssen bestimmte minimale Modellvoraussetzungen gefordert werden, die in politischer Bildung und Erziehung angestrebt werden müssen. Je mehr Erfahrungen der Bürger in seinem Lebensvollzug macht, die mit diesen Minimalforderungen im Widerspruch stehen, um so schwieriger dürfte es werden, diese für den Bestand eines demokratischen Staates lebensnotwendigen Ziele politischer Bildung und Erziehung zu erreichen. Diese Probleme werden um so dringlicher, je mehr für die Zukunft eine weitere Zunahme der Komplexität der Lebensverhältnisse zu erwarten ist.

Die im Augenblick verfügbaren psychologisch-verhaltenstheoretischen Konzeptionen erlauben meiner Ansicht nach noch nicht, die Grenzen der Kommunizierbarkeit komplexerer Planungsprobleme an den Bürger zu bestimmen. Erst wenn wir das Funktionieren der Komplexitätsreduktionsprozesse bei „den Planern" hinreichend aufgeklärt haben, können wir beginnen zu verstehen, welcher Natur die Schwierigkeiten sind, die der für komplexe Planungsprobleme wenig vorbereitete Normalbürger (bzw. auch der Parlamentarier) bei ihrer Auffassung und kognitiven Verarbeitung hat. Erst dann wäre man genügend vorbereitet, Verfahren zur Problemdarstellung und -übermittlung gezielt auszuarbeiten, mit denen man den Schwierigkeiten des Bürgers bei der Problembearbeitung zu begegnen versuchen könnte.

Literatur

Dörner, D.: Die kognitive Organisation beim Problemlösen. Versuche zu einer kybernetischen Theorie der elementaren Informationsverarbeitungsprozesse beim Denken. Bern, 1974.

— Wie Menschen eine Welt verbessern wollten und sie dabei zerstörten. Bild der Wissenschaft 12 (2), 1975.

— Problemlösen als Informationsverarbeitung. Stuttgart, 1976.

Gäfgen, G.: Theorie der wirtschaftlichen Entscheidung. Untersuchungen zur Logik und Bedeutung des rationalen Handelns. Tübingen, 1974.

Kaminski, G.: Studieren als Handeln und als Trauern. Psychologische Beiträge 16, 1974.

— Entscheidungsprozesse in ökologisch-psychologischer Praxis. In: *Brandstätter*, H. & *Gahlen*, B. (Ed.) Bericht über ein interdisziplinäres Symposium, Ottobeuren 1974 (= Empirische Theorie der Unternehmung, Band 8). Tübingen, 1975.

Laucken, U.: Naive Verhaltenstheorie. Ein Ansatz zur Analyse des Konzeptrepertoires, mit dem im alltäglichen Lebensvollzug das Verhalten der Mitmenschen erklärt und vorhergesagt wird. Stuttgart, 1974.

Leont'ev, A. N.: Funktionelle Systeme. In: *Kussmann*, Th. (Ed.) Bewußtsein und Handlung. Probleme und Ergebnisse der sowjetischen Psychologie. Bern, 1971.

Luhmann, N.: Politische Planung. Aufsätze zur Soziologie von Politik und Verwaltung. Opladen, 1971.

Newell, A. & *Simon*, H. A.: Human problem solving. Englewood Cliffs, N. J., 1972.

Piaget, J.: Psychologie der Intelligenz. Zürich, 1947.

Sader, M.: Psychologie der Gruppe. München, 1976.

Scharpf, F. W.: Planung als politischer Prozeß. Aufsätze zur Theorie der planenden Demokratie. Frankfurt am Main, 1973.

Schroder, H. M., *Driver*, M. J. & *Streuffert*, S.: Human information processing. Individuals and groups functioning in complex social situations. New York, 1967.

Seiler, Th. B. (Ed.): Kognitive Strukturiertheit. Theorien, Analysen, Befunde. Stuttgart, 1973.

Tenbruck, F. H.: Zu einer Theorie der Planung. In: *Ronge*, V, & *Schmieg*, G. (Ed.): Politische Planung in Theorie und Praxis (= Piper Sozialwissenschaft, Band 9). München, 1971.

von Beyme, K.: Interessengruppen in der Demokratie (= Piper Sozialwissenschaft, Band 24). München, 1974.

van de Geer, J. P.: A psychological study of problem solving, Haarlem, 1957.

Witte, E. H.: Das Verhalten in Gruppensituationen. Ein theoretisches Konzept. Göttingen, 1978 (im Druck).

Wygotski, L. S.: Denken und Sprechen. Berlin, 1964.

HANS ALBRECHT HARTMANN

13. Über die Ungeduld der Planer und die Zurückhaltung der Verhaltenspsychologen

Diskussionsprotokoll zum Referat von Gerhard Kaminski

Erste Diskussionsbemerkungen richteten sich als Verständnisfragen an den Referenten, etwa nach seiner Bedürfnisdefinition. „Bedürfnis" sei — so der Referent — ganz allgemein und auch im gegebenen Zusammenhang ein sehr vager Begriff, den man jeweils in ein hierarchisches Handlungsmodell überführen müsse, das auf verschiedenen Ebenen Soll-Lagen angebe. Es sei notwendig, die Definition offen zu halten, weil sie sich erst in spezifischen Kontexten konkretisieren und differenzieren lasse. Es sei unangemessen, nach isolierten Bedürfnissen, Interessen, Einstellungen oder implizierten Modellen zu fragen, und seien sie noch so konkret. Eine zureichende Bedürfnisanalyse und -interpretation setze eine Berücksichtigung der Rahmenbedingungen voraus.

Wie man sich das praktisch vorzustellen habe, Bedürfnisse in einen größeren Kontext hineinzustellen? Offenbar lasse sich doch nur dann ein Ansatz für gezielte Bedürfnissteuerung finden?

Darauf seien die Verhaltenswissenschaften noch nicht vorbereitet. Es müßten zunächst Fallstudien an Planern durchgeführt, Beschreibungskonzepte entwickelt und Hierarchien von Problemsituationen analysiert werden, um die kognitiven Prozesse, die beim Planer selbst ablaufen, in den Griff zu bekommen. Bisher seien bei planungswissenschaftlichen Fragestellungen vorschnell mathematische Modelle zu naiv und vereinfachend eingesetzt worden. Dabei mangle es bereits an der Beschreibbarkeit von Problemreduktionsprozessen.

So bestehe denn auch ein Mißverhältnis zwischen den mathematischen Modellen zur Komplexitätsreduktion und den quasi intuitiv gehandhabten vorwissenschaftlichen Interpretations- und Integrationsmodellen. Erst wenn man Planungsprozesse, wie sie bei Experten ablaufen, durchschaue, könne man die gewonnenen Erkenntnisse auf die Analyse dessen übertragen, was bei den betroffenen „Bürgern" vor sich gehe. Diese Strategie setze natürlich auch eine Didaktik der Übermittlung von Planungsprozessen voraus. Man dürfe den „Bürger" nicht fragen: „Was wünscht Du Dir?" oder: „Wünscht Du Dir lieber dieses oder jenes?", sonder man müsse erst die Gesamtsituation in aller Komplexität transparent machen, um die Komplexitätsreduktion dann von den Betroffenen selbst leisten zu lassen. Solche Reduktionen und auch Prognosen über die erwartete Entwicklung müßten auf differenzierter Basis mit verschiedenen Gruppen von Betroffenen regelrecht trainiert werden.

Die Psychologie biete also derzeit noch nichts Praktikables an, auf das Planer und Planungswissenschaftler bei ihrer Arbeit zurückgreifen könnten?

Dem sei partiell zwar zuzustimmen, aber zugleich entgegenzuhalten, daß es darauf ankomme, theoretische Gesamtkonzeptionen und Rahmenbedingungen zu verdeutlichen statt komplexe Probleme vorschnell praktizistisch zu verkürzen. Man müsse zwar versuchen, auch begrenzte praktische Fragen zu stellen und zu lösen, aber man müsse zugleich die Antworten ständig relativieren und neue Probleme aufzeigen.

Werde denn das bewußte Offenhalten von Ziel- und Handlungshierarchie außer durch ein bestimmtes wissenschaftliches Verständnis auch durch demokratisch-moralische Wertvorstellungen geleitet? Spiele hier der politische Begriff des „mündigen Bürgers" eine Rolle? Und falls dies so sei: Könne denn der Planer — oder sei er gar dazu verpflichtet — stets nur das tun, was sich als Wunschvorstellung des Bürgers abzeichne? Müsse dann angesichts von Protestaktionen gegen den Bau von Atomkraftwerken oder Flughäfen jede Planung zurückgestellt werden?

Sicher könnten sich Planung und Administration nicht nur auf Bürgerwünsche einstellen, aber den Bürger wenigstens an den eigenen Perspektiven teilhaben lassen und die Karten aufdecken.

Diese Vorstellung sei zwar aller Ehren wert, jedoch angesichts der zunehmenden Radikalisierung und Parteilichkeit von Bürgerprotesten und -aktionen zu idealistisch.

Ein weiterer Fragenkomplex knüpfte an die Auffassung des Referenten an, im Planer sei nur ein Partialmodell der Problemsituation repräsentiert und dies sei vielleicht noch „falsch". Wenn man aus diesem Mangelzustand die Forderung nach wechselseitiger adäquater Modellrepräsentation, nach Verständigung zwischen Planer und „Bürger" ableite: was sei dann deren Zielsetzung? Die Optimierung der Kommunikation, die Optimierung der „Verkaufbarkeit" von Planungskonzeptionen durch differenziertere Kenntnis der Gegenvorstellungen oder gar die Optimierung der (manipulativen) Steuerung von Bedürfnissen?

Sein Ansatz, so der Referent, impliziere keine dieser Zielsetzungen. Er orientiere sich an einem politisch-ethischen Ziel: Was kann der Planer dem „Bürger" abnehmen, was muß er ihm zumuten? Daß sich diese Frage nicht allein auf wissenschaftlicher Basis, sondern erst auf der Grundlage einer Wertenscheidung beantworten läßt, ist evident (Anm. d. Verf.).

Wenn man von wechselseitiger „kognitiver Repräsentation" spreche, so müsse man nicht nur nach deren Ziel, sondern auch nach deren Gegenstand fragen. Worum gehe es eigentlich? Wie sieht der Planer den „Bürger" und umgekehrt? Wie sehen beide den relevanten Bereich der Wirklichkeit? Sehen etwa beide die Realität verzerrt? Wieweit sind kognitive Repräsentationen von Sachverhalten valide? Welche Kriterien gibt es dafür?

Eine befriedigende Antwort auf diese Fragen sei, so der Referent, beim gegenwärtigen theoretischen und methodologischen Stand der Planungswissenschaften noch nicht möglich. Sie sei erst auf der Basis von differenzierteren Beschreibungskonzepten und Untersuchungsstrategien zu erwarten.

Eine andere Diskussionsbemerkung knüpfte an die methodologischen Bemerkungen von *Kaminski* an, Fragestellungen müßten präzisiert, psychologische Untersuchungsmethodiken angegeben, praktische Auswertungsmöglichkeiten eventueller Ergebnisse dargelegt werden. Warum, so gab der Diskussionsredner zu bedenken, ziehe sich *Kaminski* angesichts der seit langem ausgefeilten psychologischen Experimentiertechnik auf das vergleichsweise bescheidene Niveau des Erkundungsexperiments zurück? Weshalb mache er sich nicht die Möglichkeiten anspruchsvoller Entscheidungsexperimente mit vorher angebbaren Regeln befundabhängigen, differentiellen Vorgehens zunutze? Man denke etwa an die Bedeutung von aktuellen und nichtaktuellen Problemen, von kontroversen und entschiedenen Lösungsvorschlägen für die Entwicklung differentieller Untersuchungsstrategien. Ließe sich unter diesen Umständen nicht ein stärker antizipatorisches und strukturierendes Vorgehen in Richtung Entscheidungsexperiment rechtfertigen oder gar fordern?

Diese Möglichkeiten, erklärte *Kaminski,* habe er auch erwogen. Er sei allerdings zur Auffassung gelangt, man müsse in einem neu erschlossenen Forschungsbereich zunächst mit reduzierten Standards arbeiten. Auf längere Sicht sei das Erkundungsexperiment mit inhaltsanalytischer Auswertung für die Erforschung politischer Planungs- und Artikulationsprozesse die Methode der Wahl. Eine Präzisierung und Strukturierung der Untersuchungsstrategien, die zu der Konstituierung von Entscheidungsexperimenten führen könnte, sei erst später möglich.

Dieser methodologischen Diskussion schloß sich eine eher pragmatisch orientierte Frage an, die sich auf die Heterogenität der zu untersuchenden Gruppierungen bezog. Man müsse ja zwischen verschiedenen „Interessengruppen" unterscheiden, zwischen politischer Administration, Planern (Experten), unmittelbar betroffenen und nicht unmittelbar betroffenen Bürgern. Wie bringe man den nicht betroffenen „Durchschnittsbürger" dazu, sich für Planungsprobleme zu interessieren? Müßte man vor einer Untersuchung Unbeteiligte und Uninteressierte nicht erst einmal „sensibilisieren"?

Der Referent schlug vor, mit Zufallsstichproben zu experimentieren, die Versuchspersonen mit einem konkreten Problem zu konfrontieren und anschließend eine (Gruppen-)Diskussion in Gang zu setzen. Das Problem der Bedürfnis- und Interessenaktivierung sei durchaus auch gezielter experimenteller Methodik zugänglich.

Zwei weitere Diskussionsredner äußerten sich in ihren Beiträgen zu Themen, die im Referat selbst nicht behandelt worden waren. Die kognitive Komplexität von Planungsproblemen und deren Reduktion sei ein Problem, ein anderes die „Affektinstabilität" der durch die Planung Betroffenen. Mit anderen Worten: die „Bürger" wüßten nicht, welche Bedürfnisse sie in der Zukunft haben werden.

Um diesem Problem zu begegnen, bedarf es nach Ansicht *Kaminskis* vermehrter Evaluationsstudien, die der Frage gelten, wie sich über längere Zeitabschnitte nach einer Innovation Bedürfnisse, Interessen, Einstellungen und Zufriedenheit von Betroffenen verändern. Man könnte den Sachverhalt der „Affektinstabilität" auch als Information (experimentellen Stimulus) vorgeben und untersuchen, ob Gruppen von (potentiell) Betroffenen Prognosen über die mittel- und langfristige Entwicklung ihrer Bedürfnisse usw. zustande bringen, die valider sind als die Antizipationen der Planer.

Zum anderen wurde gefordert, daß in die Planung auch deren negative Konsequenzen (Fixierung von Lösungen, Verzicht auf Alternativen, mangelnde Prognostizierbarkeit künftiger Entwicklungen, Folgekosten, Beschränkung von Handlungsspielräumen, Belästigungen, Risiken usw.) einbezogen und dem Bürger vermittelt werden müßten. Weiter stelle sich die Frage, ob nicht gerade der Psychologe den Betroffenen manchmal ganz pragmatisch „helfen" müsse, soweit er das vermöge, akute Probleme hier und jetzt zu lösen.

Die erste Forderung wurde vom Referenten bejaht, die zweite mit dem Hinweis auf die Möglichkeit einer „Doppelstrategie" beantwortet. Das eine (Planung) müsse man verantwortlich tun, das andere (Rat und Hilfe) brauche man nicht zu lassen.

Die unterschiedliche Bewertung des Referats und der Instrumentalität der in ihm entwickelten verhaltenspsychologischen Modelle und Methoden kam in mehreren Diskussionsbeiträgen zum Ausdruck. Teilweise wurde der vorgetragene verhaltenspsychologische Ansatz sehr skeptisch beurteilt. Optimistischer wurden dagegen — besonders von Soziologen und Politologen — allgemeinere sozialwissenschaftliche Konzeptionen eingeschätzt. Ein Teilnehmer kritisierte freilich diese wertende Kontrastierung psychologischen und sozialwissenschaftlichen Denkens.

Entsprechend argumentierte auch *Kaminski.* Die Psychologie habe für die wissenschaftliche Analyse von Planungsproblemen beträchtliche Vorarbeit geleistet (Grundlagenforschung, empirische Methodologie). Es gelte nun, psychologische und sozialwissenschaftliche Ansätze zu integrieren. Beide seien zwar nicht deckungsgleich, auch müßten psychologische Begriffe stets mit der Grundlagenforschung vereinbar bleiben, doch seien im Bereich der Verhaltenswissenschaften Kooperation und produktive Synthese die Forderungen der Zeit.

Ein anderer Diskussionsredner — kein Psychologe! — wunderte sich darüber, weshalb der Referent das Licht der Psychologie eher unter den Scheffel gestellt habe. Schließlich könnten sich die Beiträge dieser Wissenschaft zur Analyse von Planungsprozessen doch sehen lassen! Zu denken sei vor allem an die Entwicklung kognitiver Modelle, Meßmethoden und Methoden der Datenreduktion (multivariate Statistik).

Kaminski erklärte, es sei ihm darauf angekommen, eher die Gefahren verkürzter Fragestellungen als die Leistungen der Psychologie zu betonen. Angesichts der über die Planung hereinbrechenden Wogen von Bürgerinitiativen erscheint diese Perspektive des Referenten nur angemessen (Anm. d. Verf.).

KARL OTTO HONDRICH

14. Instrumente der Bedürfnis- und Bedarfsermittlung im Planungsprozeß: Kritische Darlegung aus der Sicht des bedürfnistheoretischen Ansatzes

14.1. Kann der Sozialwissenschaftler dem Planer optimale Planungsstrategien bieten?

Wenn man sich das Programm ansieht, fällt ins Auge, daß die Veranstalter einen Plan gemacht haben, und dieser Plan — ich interpretiere das jetzt zugespitzt — sieht so aus: Zuerst lassen wir die Praktiker darstellen, wie sie Bedarfe finden und wie sie Ziele feststellen und wie sie menschliches Verhalten steuern; das sind die Beiträge von *Huber, Engelhardt* und *Schaechterle*. Dann folgt, im Referat von *Molt*, die Kritik an diesen einfachen Vorgehensweisen der Praktiker. Und dann kommen die Sozialwissenschaftler mit ihren besseren Einsichten und feineren Instrumenten und zeigen den Praktikern, wie man es machen muß. Es könnte sein, daß dieser Plan nicht realisiert wird. Es sieht beim augenblicklichen Stand der Diskussion so aus, als ob nicht die Praktiker in der Defensive seien, sondern die Theoretiker. Den Praktikern sollte nachgewiesen werden, daß sie mit ihren technisch-ökonomischen quantitativen Kriterien nicht weiterkommen, und demgegenüber sollten die sozio-psychologischen qualitativen Kriterien für Planung hervorgehoben werden. Und nun mußten wir bisher auf der Seite der Theoretiker eingestehen, daß wir keine Alternative zu den bisherigen Maßnahmen haben, höchstens Denkmöglichkeiten. Selbst wenn wir sozio-psychologische Bedarfs-Indikatoren erheben könnten, so sagte uns *Kaminski* als Psychologe, wäre da methodisch so viel Grobheit drin, daß auch das den Praktikern noch nicht helfen könnte. Ich möchte nun in dieselbe Kerbe schlagen, allerdings mit anderen Argumenten.

Wir haben, das wäre der erste Punkt, keine sozio-psychologischen qualitativen Kriterien, die umfassend und systematisch genug wären, um die technisch-ökonomischen zu ersetzen. Seltsamerweise kommt aber gerade von *Engelhardt* als einem Praktiker das umgekehrte Argument: es liege, zum Beispiel durch Bürgerinitiativen, alles an Interessenartikulationen vor, was die Planer an subjektiven Indikatoren brauchen. Ich glaube, dieses Argument kann man nicht akzeptieren, denn die Interessen, die hier vorliegen, sind die artikulierbaren, auf eine bestimmte Weise artikulierbaren Interessen.

Da steckt natürlich eine ganze Problematik drin: es handelt sich sicher nicht um eine systematische und umfassende Interessen- oder Bedürfniserhebung.

Zweitens würde ich sagen, wenn wir dieses systematische Gerüst von subjektiven Indikatoren für die Planung hätten, dann würde es vermutlich technisch-ökonomische Kriterien gar nicht ersetzen können, sondern nur ergänzen.

Drittens, wenn wir diese sozio-psychologischen Kriterien oder subjektive Indikatoren hätten — und das ist nun also die schärfste Kritik gegenüber den Theoretikern, zu denen ich ja auch gehöre —, dann wären sie zunächst einmal planerisch irrelevant und zwar aus folgenden Gründen, die fast alle in der Diskussion schon genannt worden sind:

1. Wir hätten viel zu viele geäußerte Interessen und Bedürfnisse, wenn wir alle systematisch erfassen würden.

2. Wir hätten viel zu viele unwichtige; als Beispiel etwa die Leute, die im Autostau vor der Ampel warten und dabei nicht nur Bedürfnisversagungen, sondern auch Bedürfnisbefriedigungen empfinden, weil sie Zeit zum Nachdenken haben. Das ist etwas, das man zwar erheben kann, aber es bleibt zunächst relativ unwichtig für den Planungsprozeß.

3. Zu unbestimmte und möglicherweise einander widersprechende Bedürfnisse in ein und derselben Person.

4. Wir hätten nur individuelle Perspektiven, und was der Planer braucht, ist ja eine Bündelung dieser individuellen Perspektiven zu einer realistischen Zielsetzung für das Kollektiv.

5. Und letzter Punkt: Wir hätten nur gegenwärtige Motive, Bedürfnisse usw. erfaßt und noch nicht zukünftige Entwicklungen.

Anhand dieser Liste von Schwachstellen in der Erforschung von subjektiven Indikatoren kann man nun zu dem Ergebnis kommen, daß zunächst einmal die Kluft zwischen den Praktikern und den Theoretikern nicht zugeschüttet werden kann, sondern daß ganz klar betont werden muß: hier wird mit unterschiedlicher Kompetenz zu unterschiedlichen Problemen unterschiedliches Material erarbeitet, und es ist nicht so, daß das Material, das die Theoretiker als praktische Sozialwissenschaftler erarbeiten, den Planern unmittelbar helfen könnte. Was die Theoretiker nicht können: sie können nicht planen; und was sie auch nicht können: sie können nicht unmittelbar planungsrelevantes Wissen zur Verfügung stellen. Aber sie können anfangen zu arbeiten an einer Materialsammlung, die für die zukünftige Planung wichtig ist. Ich sehe hier insbesondere folgende empirische, theoretische und letztlich auch praktische Aufgaben.

14.2. Erstellung eines Bedürfnistableaus

Empirisch kann die Bedürfnisforschung eine Bestandsaufnahme machen, die zu einem Bedürfnistableau führt. Dazu eine begriffliche Vorbemerkung. Wenn ich im folgenden von Bedürfnissen spreche, dann verwende ich das Wort als Kürzel für den exakteren Terminus der Bedürfnisorientierungen. Im Begriff der Bedürfnisorientierung kommt zum Ausdruck, daß die Spannungszustände bzw. Bestrebungen, die wir als Bedürfnisse verstehen und auch empirisch erfassen können (vgl. *Hondrich*, 1973), immer schon auf als erreichbar wahrgenommene Dinge oder Zustände gerichtet, also an einem natürlichen oder sozialen Angebot orientiert sind und mit ihm variieren. Unter einem Bedarf soll die Aggregation von ein und denselben Bedürfnisorientierungen einer bestimmten Anzahl von Personen, also eines Kollektivs verstanden werden. Nachfrage soll ein im Verhalten sich äußernder Bedarf heißen; dieser soziologische Nachfrage-Begriff ist weiter gefaßt als der ökonomische: er umfaßt nicht nur das im Geldangebot sich ausdrückende Marktverhalten, sondern auch jede andere offenkundige Bestrebung, einen Gegenstand oder einen Zustand zu erhalten. Bedürfnisse und Bedarf sind demnach Motivations-Indikatoren, Nachfrage ist ein Verhaltens-Indikator. Man kann zwar Motivations-Indikatoren auch als Verhaltens-Indikatoren und umgekehrt Verhaltens-Indikatoren auch als Motivations-Indikatoren verwenden, aber nur mit theoretischen Vorbehalten. Im ersten Fall wird theoretisch angenommen, daß eine empirisch, etwa in der Umfrageforschung ermittelte Bedürfnisorientierung auch zu einem entsprechenden (Nachfrage-)Verhalten führt. Das muß aber empirisch nicht so sein, denn es gibt, wie wir wissen, eine Reihe von Verhaltens-Hemmnissen, angefangen von Geldmangel bis hin zu tabuisierenden Normen oder gegenläufigen Bedürfnissen, die verhindern, daß Bedürfnisse/Bedarf zur Nachfrage werden. Im zweiten Fall, wenn man Verhaltens-Indikatoren als Motivations-Indikatoren verwendet, muß man theoretisch annehmen, daß ein bestimmtes Verhalten, etwa Autokauf, mit einem bestimmten Bedarf, etwa Fortbewegung, gekoppelt ist. Auch dies ist empirisch nicht schlüssig, denn ein und dasselbe Nachfrage-Verhalten kann auch auf andere oder mehrere Bedarfe zugleich zurückzuführen sein, der Autokauf zum Beispiel ebensosehr auf einen Bedarf an Prestige und Selbstverwirklichung. Die praktischen Implikationen dieser Erkenntnis, daß eine bestimmte Nachfrage (Autokauf) größer sein kann als ein bestimmter Bedarf (Fortbewegung) sind die folgenden: durch eine Veränderung des Angebots kann die Nachfrage einerseits dem tatsächlichen Fortbewegungs-Bedarf angepaßt werden, sofern andererseits für die Prestige- und Selbstverwirklichungs-Bedarfe andere Angebote geschaffen werden. Methodologisch ist aus diesen Überlegungen zu schließen, daß Motivations- oder subjektive Indikatoren einerseits, Verhaltens- oder objektive Indikatoren andererseits in Planungsprozessen nicht austauschbar sind, also nicht alternativ verwendet werden können, sondern daß sie nebeneinander und einander ergänzend erhoben werden müssen.

Nach diesem begrifflich-methodologischen Einschub zurück zur empirischen Aufgabe, ein Bedürfnis- bzw. Bedarfstableau zu erstellen. Man kann eine solche Bedürfnisliste ganz allgemein, das heißt im Hinblick auf alle im Leben einer Person wichtigen Bedürfnisse, oder auch spezifisch organisations- oder systembezogen, etwa im Hinblick auf das von der Person benutzte Verkehrssystem, anfertigen. Es ist nicht gesagt, daß die Liste im ersten Fall länger sein muß; man kann ja verschiedene Bedürfnisorientierungen abstrahierend zu wenigen Bedürfnissen zusammenfassen und muß schon aus methodischen Gründen in dieser Art vorgehen, will man nicht in einer Unendlichkeit von Bedürfnisorientierungen sich verlaufen[1]. Auf der anderen Seite kann die Liste der Bedürfnisorientierungen, die durch ein bestimmtes Verkehrssystem positiv oder negativ betroffen sind, relativ ausführlich sein. Das weist darauf hin, daß es kein Bedürfnistableau mit einem fixierten Umfang geben kann, sondern daß sein Umfang und Abstraktionsgrad immer von der Fragestellung oder dem Problem abhängen, von dem man ausgeht, ebenso wie von dem theoretischen Vorverständnis, das den Abstraktionsgrad der erhobenen Daten bestimmt.

Ein Bedürfnistableau kann in verschiedener Hinsicht gegliedert werden: am geläufigsten ist die Hierarchisierung der Bedürfnisse nach der Wichtigkeit, die ihnen von den Betroffenen beigemessen werden. Davon ist zu unterscheiden die Intensität, mit der ein bestimmtes Bedürfnis empfunden wird. Schließlich lassen sich Bedürfnistableaus für unterschiedliche Gruppen von Betroffenen, Männer und Frauen, Junge und Alte, Angehörige unterschiedlicher Schichten etc. aufstellen[2]. Ein zu-

---

[1] Eine entsprechende Zusammenfassung von Bedürfnissen bzw. wichtigen Lebensbereichen findet sich auch in den empirischen Untersuchungen, die sich ganz allgemein mit der Qualität des Lebens in subjektiver Perspektive befassen. (Vgl. zum Beispiel *Cantril* [1965]; *Abrams; Hall*). Ohne solche abstrahierenden Zusammenfassungen kommen aber auch die bereichsspezifischen Bedürfniserhebungen nicht aus.

[2] In dieser Weise ermittelt zum Beispiel *Rokeach* (1973) gruppenspezifische Werthierarchien für die amerikanische Bevölkerung.

sätzliches Problem ergibt sich, wenn Veränderungen des Tableaus im Zeitablauf untersucht werden sollen. Die dazu nötigen Paneluntersuchungen sind so zeit- und kostenaufwendig, daß bisher noch kaum mit ihnen gearbeitet wurde. Eine methodologische Hilfskonstruktion ist der Vergleich der Bedürfnistableaus von Populationen, die über unterschiedliche Mittel der Bedürfnisbefriedigung verfügen. Stellt man zum Beispiel unterschiedliche Bedürfnistableaus in Gesellschaften hohen und niedrigen ökonomischen Entwicklungsstandes fest, dann ist anzunehmen, daß letztere sich im Zuge der Entwicklung den Bedürfnistableaus der ersteren annähern werden. In einer solchen Annahme steckt allerdings bereits eine ganze Theorie, die sich vereinfachend zu der Grundhypothese zusammenziehen läßt, daß Bedürfnisse von dem Angebot an Mitteln der Bedürfnisbefriedigung abhängen und mit ihm variieren.

14.3. Bedürfnistheorien auf verschiedenen Abstraktionsebenen

Damit bin ich bei dem theoretischen Programm der Bedürfnisforschung. Es steht vor der Aufgabe, die Unterschiede in den Bedürfnistableaus verschiedener Populationen und die Wandlungen eines Tableaus im Zeitablauf zu erklären. Diese Aufgaben können auf verschiedenen Abstraktionsebenen in Angriff genommen werden:

a) als „allgemeine Bedürfnistheorie" können Gesetze des Bedürfniswandels ohne inhaltliche Bestimmung von Bedürfnissen formuliert werden — analog und unter Zuhilfenahme der allgemeinen Gesetze der Lern- und Dissonanztheorien;

b) als „spezielle Bedürfnistheorie hohen Abstraktionsgrades" lassen sich Hypothesen darüber formulieren, daß bestimmte Bedürfnisse hohen Abstraktionsgrades auf Grund der Befriedigung anderer — ebenfalls inhaltlich bestimmter — Bedürfnisse an Bedeutung gewinnen oder verlieren, daß etwa Entfaltungsbedürfnisse erst auf der Grundlage befriedigter Sicherheitsbedürfnisse wichtig werden *(Maslow*, 1953). Theorien so hohen Abstraktionsgrades stehen allerdings vor dem Problem, daß sie durch Indikatoren auf niedrigem Abstraktionsniveau überprüft werden müssen und sich durch ihr hohes Abstraktionsniveau leicht immunisieren; deshalb läßt sich

c) eine „spezielle Bedürfnistheorie niedrigen Abstraktionsgrades" konzipieren, in der bestimmte konkrete Bedürfnisorientierungen aus dem Befriedigungsgrad anderer Bedürfnisorientierungen, aus dem Angebot neuer Bedürfnisbefriedigungen etc. erklärt werden. Bei diesem Ansatz ist allerdings dann zunächst die Aufgabe ungelöst, von bestimmten konkreten Bedürfnisorientierungen her eine allgemeine Be-

dürfnistheorie zu entwerfen. Solange diese nicht besteht, bleiben Er-
klärungen und Prognosen immer auf Teilgebiete beschränkt.

Ein Beispiel dafür, wie eine allgemeine Bedürfnistheorie, die sich an
lerntheoretischen Sätzen orientiert, ansetzen kann, sei mit folgenden
vier Thesen gegeben *(Hondrich, 1977)*:

These 1:

Eine Bedürfnisorientierung an einem bestimmten Befriedigungsmittel
tritt um so wahrscheinlicher auf, je häufiger und schneller dieses Mittel
in der Vergangenheit zur Triebreduktion geführt hat.

These 2:

Eine neue Bedürfnisbefriedigung tritt um so eher auf, je ähnlicher
(im Sinne gleicher Befriedigungswirkung) das neu wahrgenommene
Mittel den früher verfügbaren ist.

These 3:

Der Wert eines Mittels der Bedürfnisbefriedigung geht (im Vergleich
zum Wert anderer Mittel) um so mehr zurück, je häufiger das Mittel
zur Bedürfnisbefriedigung zur Verfügung steht.

These 4:

Eine neue Bedürfnisorientierung tritt dann auf, wenn ein erreichter
Standard an Bedürfnisbefriedigungen gesichert ist und wenn ein Angebot an neuen Mitteln der Bedürfnisbefriedigung wahrgenommen wird,
das

    a) den vertrauten Mitteln ähnlich (funktional äquivalent) ist,

    b) vorhandene Bedürfnisorientierungen wenig beeinträchtigt,

    c) viele vorhandene Bedürfnisorientierungen zugleich befriedigt,

    d) bei positiv bewerteten Bezugsgruppen vorhanden ist.

14.4. Praktische Aufgaben der Bedürfnisforschung

Für welche praktischen Aufgaben kann eine empirisch und theoretisch in der angegebenen Weise vorgehende Bedürfnisforschung eingesetzt werden? Ich sehe hier in erster Linie zwei Aufgaben: Die erste
kann als Problem-Suche bzw. Problem-Prognose im Zeitablauf bezeichnet werden. Das Ziel einer solchen Problem-Prognose ist es, Aussagen darüber zu machen, wie sich Bedürfnisse, Bedürfnisbefriedigungen und Bedürfnisversagungen in der Gesellschaft insgesamt oder in
bestimmten Gruppen langfristig entwickeln. Solche Aussagen sind nur
unter drei Voraussetzungen möglich: Erstens muß ein empirisch gesi-

chertes Inventar von Bedürfnissen bzw. Bedürfnisbefriedigungen vorliegen (Bedürfnistableau).

Zweitens muß es eine allgemeine Bedürfnistheorie geben, der die Bedingungen zu entnehmen sind, unter denen sich die vorhandenen Bedürfnisse in eine bestimmte Richtung verändern. Und drittens muß es einigermaßen gesicherte Annahmen über die Veränderung dieser Bedingungen im Zeitablauf geben, mit anderen Worten, eine empirisch fundierte Theorie sozialer Evolution, die Voraussagen darüber macht, wie sich bestimmte objektive Indikatoren, zum Beispiel die Versorgung mit Gütern und Dienstleistungen, in der Zukunft verändern werden. Hat man diese Elemente für eine Problem- bzw. Bedürfnisprognose, dann liefert die Prognose selbst das Material zu langfristiger problempräventiver Politikplanung.

Die zweite praktische Aufgabe, zu der Bedürfnisforschung herangezogen werden kann, besteht in einer Problem-Bilanzierung oder Evaluierung bestimmter Systeme (Institutionen, Organisationen) zu einem bestimmten Zeitpunkt. Es kann für jede abgrenzbare Institution, also auch für bestimmte Verkehrseinrichtungen, ermittelt werden, welche Bedürfnisse für welche betroffenen Gruppen befriedigt, welche versagt werden. Damit ist allerdings noch kein Gesamt-Nutzen-Index einer Institution errechnet; auch darf eine solche Evaluierungsstudie nicht als Ersatz für politische Entscheidungen angesehen werden; schließlich ist mit der Evaluierung einer einzelnen Institution oder Organisation noch kein politisches Optimierungskonzept in einem größeren Rahmen geliefert. Diese Beschränkungen vor Augen, möchte ich im folgenden versuchen, ein Schema für die Evaluierung von Planungsmaßnahmen zu entwerfen, das mit objektiven (Verhaltens-)Indikatoren und subjektiven (Motivations-)Indikatoren parallel arbeitet. Die in den subjektiven Indikatoren festgehaltene Erkenntnis bisher latenter Bedürfnisbefriedigungen und -versagungen kann dazu beitragen, daß im politischen Prozeß besonders die Bedürfnisse bisher wenig artikulationsfähiger Gruppen stärker berücksichtigt werden.

14.5. Das Ordnungsschema zur Evaluierung von Systemleistungen

Man kann sich dieses Evaluierungsschema für einen Planungsprozeß in einem Koordinatensystem mit zwei Achsen verdeutlichen. Auf der linken Seite, also links von der vertikalen Achse ist das Reich der Nachfrage bzw. des Bedarfs. Auf der rechten Seite, rechts von der vertikalen Achse, ist das Angebot an bestimmten Leistungen verzeichnet. Ich gehe dabei davon aus, daß das Hauptproblem nicht nur der Ökonomie, nicht nur der Planung, sondern aller gesellschaftlichen Regelungen überhaupt ein Ausgleich von Angebot und Nachfrage ist. Dieser Ausgleich ist nie vollständig gewährleistet, er wird aber immer angestrebt. Der Ausgleich kann sich auf die verschiedensten Dinge oder Leistungen beziehen. Es kann sich dabei um Dinge wie Schuhe, Lebensmittel, öffentliche Sicherheit, Verkehrsleistungen oder Liebe handeln. Und es kann gefragt werden, ob der Ausgleich in kleinen Systemen, also etwa im Nahverkehrssystem einer bestimmten Stadt, oder in großen Systemen, also etwa in Verkehrssystemen einer gesamten Gesellschaft gefunden wird.

Darstellung 1: Schema zur Evaluierung von Systemleistungen anhand von objektiven (Verhaltens-) und subjektiven (Motivations-) Indikatoren.

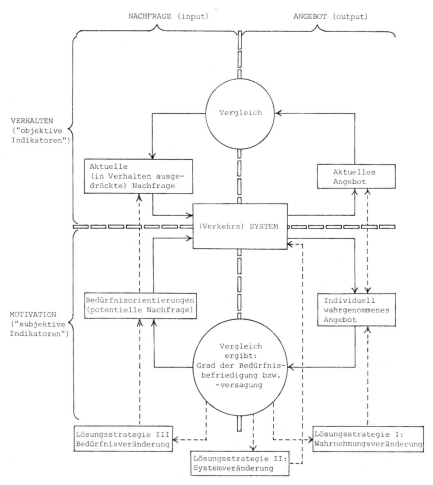

Die horizontale Achse im Koordinatensystem teilt den Planungsbereich in einen Verhaltensbereich (oben) und einen Motivationsbereich (unten). Das heißt, daß oberhalb der horizontalen Linie Nachfrage und Angebot in tatsächlichen Verhaltens-Indikatoren oder sogenannten objektiven Indikatoren festgehalten werden; unterhalb der waagerechten Linie erfassen wir die psychologischen Pendants (nicht die genauen Entsprechungen!) des Verhaltens: dem Bedarf oder den Bedürfnissen auf der linken Seite steht die psychologische Wahrnehmung eines Angebots auf der rechten Seite gegenüber.

In der Mitte dieses Koordinatensystems können wir uns — zunächst als eine „black box" — das jeweilige System oder die Institution vorstellen, für die eine Evaluierung vorgenommen werden soll. Dabei kann es sich, wie eben schon gesagt, sowohl um sehr große, gesellschaftsumfassende Systeme wie auch um sehr kleine, lokale oder gar familiale Systeme handeln. Ob Kleingruppe oder Weltgesellschaft — im Prinzip ist das gleiche Schema, natürlich mit unterschiedlichen Komplexitätsgraden, auf alle bewußt planenden ebenso wie auf nicht ausdrücklich planende Systeme anwendbar. Um am Thema zu bleiben, stelle ich mir vor, daß das System, für das hier beispielhaft eine solche Evaluierung erläutert werden soll, das Nahverkehrssystem zwischen einer Trabantenstadt und dem Kern einer Großstadt ist.

Zunächst möchte ich das Problem anhand von objektiven Verhaltensindikatoren, das heißt, im Bereich oberhalb der waagerechten Achse erörtern. Ich gehe dabei von der Vorstellung aus, daß die politischen Entscheidungsträger, beraten durch die Planer, ein ganz bestimmtes Angebot in die Welt setzen, um ein bestimmtes überschaubares Verkehrsproblem zu lösen. Das Angebot läßt sich ganz konkret greifbar quantifizieren; es ist eine bestimmte Anzahl von Beförderungsplätzen auf einem bestimmten Nahverkehrsmittel in einer bestimmten Zeit. Das Angebot kann auch als der Output des Verkehrssystems bezeichnet werden. Natürlich wird das Angebot im Hinblick auf eine bestimmte Nachfrage geplant. Es ist jedoch damit nicht gesagt, daß es sich an einer schon vorhandenen Nachfrage orientieren muß. In unserem Beispiel kann es gerade so sein, daß durch ein verbessertes und besonders günstiges Angebot beabsichtigt wird, eine noch nicht vorhandene Nachfrage für ein öffentliches Nahverkehrsmittel überhaupt erst zu wecken bzw. eine Nachfrage von individuellen Verkehrsmitteln auf dieses neue öffentliche Verkehrssystem abzuziehen. Es ist für die Methodik des Denkens in dieser Hinsicht zunächst einmal gleichgültig, ob ich das Angebot für eine schon bestehende Nachfrage, die sich zum Beispiel in langen Warteschlangen äußert, plane oder ob ich nur eine potentielle und zukünftige Nachfrage im Auge habe. Wie groß diese Nachfrage tatsächlich ist, kann ich in dem Augenblick feststellen, in dem das Angebot aktuali-

siert wird und damit auch die Frage beantwortet wird, in welchem
Ausmaß das Angebot in Anspruch genommen wird. Hierzu genügt
schon eine einfache quantitative Benutzeranalyse. Sozusagen an der
Grenze zwischen Angebot und Nachfrage vergleiche ich nun, ob die tat-
sächliche Nachfrage dem von der Planung bereitgestellten tatsächlichen
Angebot entspricht. So kommt man zu einem ganz groben Schema einer
Evaluation in technisch-ökonomisch quantifizierbaren Begriffen.

Nun kann man sich den Vergleich von Angebot und Nachfrage an
Verkehrsleistungen noch ergänzt denken durch den Angebots- und
Nachfragevergleich von anderen Leistungen, die in einem Zug mit der
Verkehrsleistung gewollt oder ungewollt mitgeliefert werden. In der
Sprache der Soziologie sind das die latenten Funktionen, angefangen
von der Lärmbelästigung oder den Annehmlichkeiten, die man als Zei-
tungsleser bei der Benutzung öffentlicher Verkehrsmittel hat, bis hin
zu ferner liegenden Konsequenzen für weitere Systeme, etwa Beschäf-
tigungseffekte, die durch den Unterhalt von öffentlichen Verkehrsmitteln entstehen. Das Schema erlaubt also neben der quantifizierbaren
Erfassung von Hauptleistungen auch die Erfassung von Nebenleistun-
gen oder Nebenwirkungen in den Begriffen des Ausgleichs von Angebot und Nachfrage.

Übrigens sehe ich, um einen kleinen terminologischen Exkurs da-
zwischenzuschieben, keinen Unterschied zwischen dem, was man eine
verhaltenstheoretische oder verhaltenspraktische Sichtweise und eine
ökonomisch quantifizierende nennen könnte; denn die ökonomischen
Größen von Angebot und Nachfrage stehen natürlich für ganz bestimmte Verhaltensweisen.

Betrachten wir nun den gleichen Vorgang, den ich oberhalb der
waagerechten Achse als die Evaluierung eines Planungsprozesses mit
Hilfe von objektiven Indikatoren angedeutet habe, im „unteren" Bereich der subjektiven Indikatoren. Dort wird er in psychologischen
Begriffen nachvollzogen. Dazu verwende ich linkerhand die Begriffe
Bedürfnisse bzw. Bedarf einerseits, und rechts die von den einzelnen
Individuen wahrgenommenen Angebote andererseits. Genauso wie sich
links Nachfrage als eine Verhaltensgröße und Bedarf als eine Motiva-
tionsgröße nicht zu decken brauchen — ich habe das früher erörtert —,
sind auf der rechten Seite das tatsächliche vom Verkehrssystem zur
Verfügung gestellte und das subjektiv von den Individuen wahrgenommene Angebot nicht gleichzusetzen. Es ist indessen eine empirische
Aufgabe, mit den Mitteln der Umfrageforschung oder mit verfeinerten
Instrumenten festzustellen, in welchem Ausmaß ein objektiv vorhandenes Angebot von den Individuen subjektiv auch als solches erkannt
wird. Schließt man in eine solche Forschungsaufgabe noch die Unter-

suchung der Gründe ein, durch die bestimmte Angebote von potentiellen Nachfragern ferngehalten werden, sich also als benutzerfeindlich entpuppen, dann ist die Voraussetzung dazu gegeben, Angebote „bürgernäher" zu gestalten.

Wichtig ist, daß die wahrgenommenen Angebote von den Individuen nun bewertet werden, und zwar positiv oder negativ, je nachdem, wie sie im Vergleich mit den Bedürfnisorientierungen auf der linken Seite abschneiden. Bemerkenswert ist, daß wir unterhalb der waagerechten Achse genauso wie oberhalb eine „Vergleichsinstanz" haben. Genau genommen hat jedes Individuum in seinem Kopf einen solchen Vergleichsmechanismus, der automatisch Ansprüche (Bedürfnisorientierungen) und wahrgenommene Befriedigungsangebote konfrontiert und daraufhin einen Befriedigungsgrad konstatiert.

Gehen wir den Gesamtprozeß auf der Seite der subjektiven Indikatoren nun systematisch durch. Als Input-Indikatoren stellen wir die verschiedenen Bedürfnisorientierungen fest, die sich auf ein bestimmtes System — in diesem Falle: Nahverkehr zwischen Trabantenstadt und City — richten. Als erstes suche ich dazu die Gruppen bzw. Kategorien von Menschen, von denen ich annehme, daß ihre Bedürfnisorientierungen vom neuen Verkehrssystem in irgendeiner Weise betroffen sind: Die Benutzer, aber auch die Anlieger, die Nutznießer des alten Verkehrssystems, Geschäftsleute etc. Als nächstes stelle ich nun eine Liste der Bedürfnisorientierungen auf, die vermutlich positiv oder auch negativ berührt sind: Bedürfnisse nach schneller Fortbewegung, Kommunikation, Ruhe, Geselligkeit, Erhaltung der natürlichen Umwelt etc. Dann versuche ich diese Bedürfnisse nach ihrer Bedeutung in eine Rangfolge zu bringen und wenn möglich auch noch ihre Intensität und Dauerhaftigkeit zu erfassen.

Bei den Output-Indikatoren ist nun zu ermitteln, welche Auswirkungen des neuen Verkehrsangebots die Betroffenen subjektiv wahrnehmen: Fühlen sie sich besser und billiger befördert als bisher, weniger oder mehr in ihrer Ruhe gestört, werden ihre Geschäfte durch das neue Verkehrssystem begünstigt oder nicht, etc.?

Aus dem Vergleich der Input- und der Output-Variablen ergibt sich nun für jede Person(-enkategorie) und jede Bedürfnisorientierung ein bestimmter Befriedigungsgrad. Man kann sagen, daß dieser Befriedigungsgrad abhängig ist von Bezugssituationen, in denen man früher Befriedigung erfahren hat, oder von Bezugsgruppen, mit deren Befriedigung man sich vergleicht. Allerdings gehen solche Vergleichsprozesse schon in die Ausbildung von Bedürfnisorientierungen ein: deren Intensität oder Anspruchsniveau wird von sozialen Vergleichs- und Orientierungsvorgängen bestimmt, die wir unser ganzen Leben lang voll-

ziehen. Die empirische Ermittlung von bestimmten Bedürfnisorientierungen hält in einer Momentaufnahme das zeitweilige Ergebnis dieser
lebenslangen Sozialisationsprozesse fest.

Vergegenwärtigt man sich, daß bei einer solchen Momentaufnahme
in der Regel nur ein relativer Befriedigungsgrad — besser: ein gewisser Spannungs- und Versagungszustand — erfaßt wird, dann fragt man
sich, welche Prozesse im Gang sind, um die Spannung aufzulösen oder
eine bessere Befriedigung zu erzielen. Daß überhaupt solche Prozesse
ablaufen, wird vom Alltagsverständnis ebenso wie von den verschiedenen Versionen der Dissonanztheorie nahegelegt. Für unsere Problematik brauchen wir uns nicht mit dem „Normalfall" der Bedürfnis-
steigerung und Bedürfnisbefriedigung zu befassen, der im Rahmen
eines bestimmten wahrgenommenen Angebots (Outputs) sich ständig
unter der Voraussetzung wiederholt, daß der Output geeignet ist, dem
Input (Bedürfnisorientierungen) zu entsprechen. Wir müssen vielmehr
den Fall einer erheblichen und länger dauernden Diskrepanz zwischen
hochgespannten Bedürfnisorientierungen als System-Input einerseits
und unzureichendem Leistungsangebot als System-Output andererseits
ins Auge fassen.

In diesem Spannungszustand sind im Prinzip drei Lösungsstrategien
denkbar. Die erste wendet sich, wenn man die Dinge von der Vergleichsinstanz her betrachtet, sozusagen zurück zur Wahrnehmung des
Angebots und verändert die Wahrnehmung in der Weise, daß die Diskrepanz verschwindet, das Angebot in einem günstigeren Licht erscheint. Eine solche Wahrnehmungsverzerrung liegt zum Beispiel vor,
wenn die Wartezeit für ein Verkehrsmittel, die tatsächlich durchschnitt-
lich zehn Minuten beträgt, von mir nur auf fünf Minuten geschätzt
wird. Dieser Art von Wahrnehmungsverzerrung, die einer Selbstbe-
schwindelung gleichkommt, sind natürlich Grenzen gesetzt.

Die zweite Lösungsstrategie wendet sich an das Verkehrssystem
direkt in der Absicht, dessen Angebot zu verändern. Der Ausdruck
„direkt" ist allerdings nicht ganz wörtlich zu nehmen. Zwar kann man
seine Unzufriedenheit unmittelbar an die maßgeblichen Rollenträger
des Systems richten und auf Veränderungen des System-Outputs oder
gar der internen Systemstrukturen dringen, etwa indem man sich in
Briefen oder leibhaftig an den Direktor des Verkehrsverbunds wendet.
In der Regel wird sich aber zunächst eine gewisse Unzufriedenheit an-
sammeln und einen Zustimmungsschwund im Hinblick auf Systemleistungen bewirken. Diese Veränderung des Zustimmungsgrades kann
empirisch gemessen werden. Und dann ist damit zu rechnen, daß neben
den unmittelbaren eine ganze Reihe von mittelbaren Wegen für Un-
mutsäußerungen und Änderungswünsche zur Verfügung steht: über die
Zeitungen und die lokalen parlamentarischen Kanäle bis hin zu De-

monstrationen und Straßenblockaden. Welche Wege tatsächlich gewählt werden und bei welcher Intensität der Unzufriedenheit, ist eine empirisch zu beantwortende Frage. Wenn die Wege, auf denen Veränderungswünsche an das System herangetragen werden, verstopft sind, oder wenn das System sich als rigide und nicht wandelbar erweist, ist es nur eine Frage der Zeit, bis der Prozeß des Zustimmungs-Entzugs in einen Legitimations-Verlust (Zustimmungs-Entzug auch gegenüber den Prinzipien und Verfahrensregeln, auf denen das System beruht und nach denen es funktioniert) übergeht. Auch hier dehnt sich ein empirisch zu beackerndes weites Feld.

Die dritte Lösungsstrategie schließlich ist die bedürfnistheoretisch interessanteste: die Reduktion des in den Bedürfnisorientierungen zum Ausdruck kommenden Anspruchsniveaus, so daß der Ausgleich zwischen System-Input und -Output über eine Veränderung des subjektiv geäußerten System-Inputs erfolgt. Dieses Sich-Einschränken oder Sich-Anpassen an Umstände, die man nicht ändern zu können glaubt, ist zwar allgemein bekannt. Das Ausmaß dieser Prozesse und insbesondere die Frage, von welchem Schwellenwert an die Anpassungsmechanismen nicht mehr wirken, sind jedoch wenig untersucht.

Für alle hier angedeuteten empirischen Schritte ist die methodologische Lösung noch nicht vorgegeben. Es liegt zwar nahe, aus Kostengründen und um Aussagen über eine große Anzahl von Fällen zu bekommen, mit dem Instrument der Umfrageforschung zu arbeiten. Aber wenn man Zeit und Geld hat, kann man natürlich den Hebel auch, wie *Kaminski* empfohlen hat, mit verfeinerten Methoden ansetzen und versuchen, die hier erwähnten Prozesse bei einzelnen Personen im Detail zu untersuchen.

Letzter Punkt: Was ist nun die theoretische und was ist möglicherweise die praktische Schlußfolgerung aus der Ausarbeitung eines solchen Evaluierungsschemas?

Was den logischen Status eines solchen Schemas angeht, so kann man es zunächst einmal einfach als Raster für eine deskriptive Aufgabe ansehen. Denn eigentlich habe ich nichts anderes getan, als immer Angebot und Nachfrage, Mittel der Bedürfnisbefriedigung und Bedürfnisorientierungen gegenübergestellt, vielleicht noch Zufriedenheits- und Zustimmungskonzepte dazwischen geschoben und das Ganze in einer bestimmten Weise in einem Zusammenhang gesehen, aber ich habe noch keine theoretische Leistung im stringenten Sinn der modernen Wissenschaftslogik erbracht. Ich habe nichts erklärt. Mögliche Erklärungsansätze liegen nun darin, daß man erstens Hypothesen darüber formuliert, daß ein bestimmter subjektiv wahrgenommener System-Output (Mittel der Bedürfnisbefriedigung), der einem bestimmten Stand von Bedürfnisorientierungen nicht entspricht, zu einer Verringerung subjektiv erfaßter Bedürfnisbefriedigung führt.

Die zweite Gruppe von Hypothesen würde die Bedingungen formulieren, unter denen verringerte Bedürfnisbefriedigung zu verminderter System-Zustimmung und weiterhin zu abnehmender System-Legitimität führt.

Eine dritte Gruppe von Hypothesen könnte die Bedingungen angeben, unter denen ein bestimmter Befriedigungsgrad — und damit letztlich ein bestimmtes Angebot — zu:

a) Wahrnehmungsveränderungen,

b) systemverändernden Aktivitäten und

c) Wandlungen der Bedürfnisorientierung

führt. Zu diesem Punkt c) ist übrigens nachzutragen, daß der Einfluß eines (als unzureichend empfundenen) System-Outputs auf Bedürfnisorientierungen ja nicht nur, wie oben erörtert, zu deren Reduktion führen kann. Genauso ist es denkbar, daß ein reichlicher Leistungsausstoß des Systems zu einer Ausweitung und Differenzierung der Bedürfnisorientierungen führen kann. Beide Fragestellungen sind bedürfnistheoretisch zentral (Vgl. dazu die früher angeführten Thesen).

Schließlich lassen sich Hypothesen über den Zusammenhang zwischen dem oberen und dem unteren Bereich des Schaubilds, zwischen tatsächlichem und subjektiv wahrgenommenem Angebot einerseits, zwischen tatsächlicher Nachfrage und dem Bedarf als der Summe von subjektiven Bedürfnisorientierungen andererseits bilden. Die Kenntnis solcher Zusammenhänge kann unmittelbar planungswichtig sein: dafür, das Angebot so auszugestalten, daß es von den Zielgruppen auch wahrgenommen und angenommen wird; und dafür, daß neben in Verhalten manifestierter Nachfrage auch die potentielle Nachfrage entdeckt wird, die sich erst in Bedürfnisorientierungen von Individuen äußert.

Literatur

Abrams, M. und *Hall*, J.: The Condition of the British People: Report on a pilot-survey using self-rating scales. Manuskript.

Cantril, H.: The Pattern of Human Concerns. New Brunswick, 1965.

Hondrich, K. O.: Bedürfnisorientierungen und soziale Konflikte. Zur theoretischen Begründung eines Forschungsprogramms. In: *Zeitschrift für Soziologie*, Jahrgang 2, Heft 3, 1973.

— Soziologische Theorieansätze und ihre Relevanz für die Sozialpolitik — Der bedürfnistheoretische Ansatz. In: Sonderheft der *Kölner Zeitschrift für Soziologie und Sozialpsychologie*, 1977.

Maslow, A. H.: Motivation and Personality. New York, 1953.

Rokeach, M.: The Nature of Human Values. New York, 1973.

HERMANN BRANDSTÄTTER

15. Über die theoretische Ergiebigkeit und die praktische Nützlichkeit des Hondrich'schen Ordnungsschemas zur Evaluierung von Systemleistungen

Diskussionsprotokoll zum Referat von Karl Otto Hondrich

15.1. Theoretische Ergiebigkeit

Man gab zu bedenken, daß der relativ unscharfe, wenn auch kommunikationstaugliche Bedürfnisbegriff durch besser quantifizierbare Begriffe wie Soll-Lage oder Zieldiskrepanz ersetzt werden könnte. Ein derart deskriptiv-klassifikatorisches Schema fördere außerdem zu wenig die Erklärung der Zusammenhänge. Beispielsweise wurde dabei auf die zu wenig explizierte Beziehung zwischen Bedürfnisorientierungen und aktueller Nachfrage (Kognitionen und Verhalten), sowie zwischen betroffenen Personen und planender Instanz hingewiesen, zwei Beziehungen, deren Kenntnis auch für adäquate Planung und Gestaltung besonders wichtig sei.

Von anderer Seite wurde empfohlen, zwischen Zielen und Mitteln bzw. Wegen der Zielerreichung zu unterscheiden. Der Spielraum für die Anpassung des Individuums an ein Angebot und für die Gestaltung des Angebots selbst sei umso größer, je mehr Alternativen an Mitteln und Wegen der Zielerreichung gegeben sind.

Wiederholt wurde das Aggregationsproblem erwähnt, auf das *Hondrich* in seinem Referat mit Vorbedacht nicht näher eingegangen ist. Man merkte an, daß dieses Schema keinen Ansatz der Lösung dieses Problems erkennen lasse. Als eine Möglichkeit der Aggregierung von Bedürfnisorientierungen wurde die Bestimmung der für ein Kollektiv charakteristischen Attribute von Objekten und Zuständen erwähnt. Die Attribute wären nach diesem Konzept als für die jeweiligen Bedürfnisorientierungen relevante (Befriedigung fördernde bzw. behindernde) Merkmale der Objekte aufzufassen. Eine globale Evaluierung des Systems setze eine Gewichtung der Attribute voraus.

Ein weiterer Diskussionsbeitrag bezog sich auf Variablen wie Machtverhältnisse und Marketingstrategien, die in dem Schema fehlten, obwohl sie die Beziehungen zwischen Angebot und Nachfrage wesentlich

beeinflußten. Außerdem wurde auf Aktionsforschungskonzepte hingewiesen, die sich für die Analyse der fraglichen Zusammenhänge als
nützlich erweisen könnten.

Insgesamt gewann man von der Diskussion über die theoretischen
Implikationen und Ergänzungsmöglichkeiten des Schemas den Eindruck, daß man von dem heuristischen Ordnungsschema *Hondrichs*
mehr verlangte, als der Referent ihm zugedacht hatte. So konnte er
wiederholt darauf hinweisen, daß es nur als sehr abstraktes und vor-
läufiges Orientierungsmuster entwickelt wurde, das selbstverständlich
der Differenzierung und theoretischen Präzisierung bedarf.

15.2. Praktische Nützlichkeit

Hinsichtlich der Praxisrelevanz der Aussagen des Referats wurde
kritisch angemerkt, daß der Planer von Sollwerten ausgehe und daraus
den Bedarf ableite. Es war auch von Sollbedarf und Sollangebot die
Rede. In diesem Zusammenhang wurde darauf hingewiesen, daß die
Sollwerte des Planers nicht einfach aus aggregierten Bedürfnisorientierungen abgeleitet werden können. In sie geht darüber hinaus ein,
was politisch unter den gegebenen Verhältnissen opportun und reali-
sierbar erscheint.

Die Planung auf die Bedürfnisorientierungen abzustimmen, sei u. a.
auch deshalb schwierig und problematisch, weil diese innerhalb der
verschiedenen Gruppen, die davon betroffen sind, teilweise wider-
sprüchlich und unvereinbar, und zwischen den Gruppen gegensätzlich
und konfliktträchtig seien.

Irrationalität und Egoismus (der einzelnen Personen und Gruppen)
schränkten die Brauchbarkeit von Daten zu den Bedürfnisorientierungen ein.

Planung müsse sich, so lautete ein anderer Diskussionsbeitrag, auch
an ökonomischen Kriterien wie Preisen und Mengen orientieren, und
es sei daher zu fragen, auf welche Weise und in welchem Maße diese
wohlfahrtsrelevant, d. h. auch bedarfsrelevant (Bedarf im Sinne *Hondrichs*) sind.

MARTIN HELD

16. Anwendungsbezogene Theorie der Bedürfnissteuerung: Bericht über den Stand der Arbeit des Augsburger Forschungsprojektes[1]

16.1. Einleitung

Die Arbeiten des im folgenden dargestellten Forschungsprojektes sind aus der Beschäftigung mit Fragen der Motivation wirtschaftlichen Verhaltens erwachsen (*Rüttinger, v. Rosenstiel, Molt*, 1974). Die Zielsetzung des Projektes ist es, eine anwendungsbezogene Theorie der Bedürfnissteuerung zu erarbeiten. Diese soll in zwei wesentlichen Objektbereichen staatlichen Planens und Handelns, dem Gesundheits- und Verkehrsbereich, im Hinblick auf ihren Beitrag zur Verbesserung der staatlichen Tätigkeit erprobt werden.

Im folgenden wird zunächst der Ausgangspunkt und der Hintergrund des Projektes sowie die daraus abgeleitete Konkretisierung der Zielsetzung im Verkehrsbereich aufgezeigt. Im Anschluß daran wird der von uns aus der Vielzahl der Motivationstheorien gewählte Ansatz knapp dargelegt und für die Verkehrsplanung besonders bedeutsame Fragen des Motivationsprozesses, wie der Wandel von Bedürfnisstrukturen und deren Beeinflußbarkeit, herausgearbeitet. Im folgenden Kapitel wird auf einige der wichtigsten Gesichtspunkte der Anwendung der kognitiven Motivationstheorie für Fragestellungen und Probleme der Verkehrsplanung eingegangen und in den Schlußbemerkungen daraus ein Fazit gezogen.

16.2. Ausgangspunkt der anwendungsbezogenen Theorie der Bedürfnissteuerung

16.2.1. Allgemeiner Ausgangspunkt

Im Ausgangspunkt der Erarbeitung einer anwendungsbezogenen Theorie der Bedürfnissteuerung steht die Erkenntnis der zentralen Bedeutung, die die Ergebnisse der Motivations- und Bedürfnisforschung

---

[1] Erarbeitet auf der Grundlage der Arbeitsergebnisse der Projektgruppe „Anwendungsbezogene Theorie der Bedürfnissteuerung". Mitglieder: *M. Held, H. König, A. Kompa, W. Molt, L. v. Rosenstiel*.

bei der Analyse wirtschaftlichen Verhaltens einnehmen. Zum einen tragen sie zu einer verbesserten und differenzierteren Erklärung wirtschaftlicher Prozesse bei, da diese von motiviertem Verhalten getragen werden. Zum anderen können mit ihrer Hilfe Ansatzpunkte zur Beeinflussung wirtschaftlicher Prozesse deutlicher herausgearbeitet werden (a. a. O., S. 40).

In allen Industriestaaten nimmt die Tätigkeit des Staates im Wirtschaftsgeschehen eine wachsende Bedeutung ein. Allgemein kann als Ziel staatlichen Planens und Handelns die adäquate Befriedigung der Bedürfnisse der Bürger angesehen werden. Bei der Erfüllung dieses Zieles durch staatliche Maßnahmen besteht jedoch das Problem, daß damit nicht nur eine Befriedigung — bzw. bei Mißerfolgen eine Frustierung — von Bedürfnissen sondern häufig zugleich eine Veränderung dieser Bedürfnisse bewirkt wird. Daneben wird der Verfolg des Ziels zunehmend problematischer, da die Maßnahmen immer auch unintendierte Nebenwirkungen auf die Chancen der Bedürfnisbefriedigungen in anderen Lebensbereichen (Wohnen, Freizeit etc.) haben. Die Untersuchung der in diesem Rahmen auftretenden Probleme der Handlungsfähigkeit der Träger staatlicher Gewalt ist das Anliegen des Augsburger Forschungsprojektes, das sich damit in den von der Fritz-Thyssen-Stiftung geförderten Schwerpunkt der „Probleme der Regierbarkeit" einfügt.

Die Zielsetzung des Projekts besteht in der Entwicklung und Erprobung eines Bedürfniskonzepts, das einheitlich in den verschiedenen Bereichen staatlicher Tätigkeit zur Erklärung des Verhaltens der Bürger angewendet werden kann und Ansatzpunkte für die Steuerung von Bedürfnissen aufzeigt. Aufgrund ihrer herausragenden wirtschaftlichen wie gesellschaftspolitischen Bedeutung wurden von uns aus der Vielzahl der Objektbereiche staatlichen Planens und Handelns die Bereiche Gesundheit und Verkehr ausgewählt. In diesen Bereichen soll der gewählte Ansatz exemplarisch angewendet werden. Im folgenden wird aufgrund der Themenstellung der Tagung nur auf den Verkehrssektor eingegangen.

Im Hinblick auf diese Zielsetzung wurden bereits einige theoretische und empirische Vorarbeiten geleistet. Zum einen handelt es sich dabei um Arbeiten zu allgemein bedeutsamen Fragen der Bedürfnisforschung, wie insbesondere die Heranziehung psychologischer Motivationskonzepte zur Erklärung wirtschaftlichen Verhaltens im allgemeinen und zur Erklärung des Konsumentenverhaltens im besonderen (*Held*, 1976; *Kompa*, 1976; *Rüttinger, v. Rosenstiel, Molt*, 1974). Zum anderen wurden im hier interessierenden Bereich der Verkehrsplanung Fragen der Verkehrserzeugung und Verkehrsmittelwahl (*Molt*, 1975) sowie Fragen der Kosten- und Qualitätswahrnehmung bei öffentlichen Verkehrsmittelbenutzern und PKW-Fahrern *(Stapf, 1975; König, 1976; Molt, 1977)* untersucht.

16.2.2. Konkretisierung der Zielsetzung im Verkehrsbereich

Aus der Vielzahl der verschiedenen staatlichen Aufgaben im Verkehrssektor (Regelung und Sicherung des laufenden Betriebes etc.) ist die Verkehrsplanung der zentrale Bereich staatlicher Tätigkeit. Die Maßnahmen der Verkehrsplanung haben einen bestimmenden Einfluß auf die Möglichkeiten der Bedürfnisbefriedigung der Bürger, der teilweise sehr langfristigen Charakter annehmen kann. Zugleich gehen von den Maßnahmen auch wesentliche Einflüsse auf die Bedürfnisstrukturen aus. Dies gilt nicht nur für die mit dem Verkehrsgeschehen unmittelbar verbundenen Bedürfnisse (verschiedene Arten der Mobilität) sondern auch für weitere Bedürfnisreiche wie Bedürfnisse nach sozialem Kontakt etc.

Für die Verkehrsplanung sind die folgenden Fragen, die nicht unabhängig voneinander zu sehen sind, besonders bedeutsam *(Molt, 1975)*:

— Welches Verkehrsmittel wird benutzt?

— Welche Quellen und Ziele sind verknüpft?

— Mit welchen Frequenzen?

— Auf welchen Wegen?

— Zu welchen Zeiten?

— Welche Nebenwirkungen von Verkehrsverhalten sind bedeutsam (im Verkehrssystem insbesondere Sicherheitsprobleme; außerhalb Lärm, Abgase etc., die ihrerseits auf andere Bedürfnisbereiche wie Wohnen etc. durchschlagen können)?

In der ingenieurwissenschaftlich ausgerichteten Verkehrsplanung gehen in der Regel die vier ersten Fragen in vier Teilmodelle ein *(Ruske, 1973)*, wobei die zeitliche Aufteilung des Verkehrs in allen Teilmodellen berücksichtigt wird. Während die Nebenwirkungen von Verkehrsverhalten innerhalb des Verkehrssystems schon seit längerem insoweit einbezogen wurden, daß Fragen der Verkehrssicherheit in die Überlegungen eingingen, werden die Nebenwirkungen auf außerhalb liegende Bereiche wie Lärm, Abgase etc. erst seit einiger Zeit — vor allem aufgrund des Anstoßes durch den Buchanan-Report *(Buchanan, 1964)* — in zunehmendem Maße mitbedacht. Die Verkehrspsychologie beschäftigte sich bisher nahezu ausschließlich mit dem Problem der Sicherheit des Straßenverkehrs *(Hoyos, 1965)*.

Unser Interesse richtet sich dagegen vorrangig auf die mit der Frage der Verkehrsmittelwahl verbundenen Probleme. Die Auswahl dieses Themenkreises beruht darauf, daß zum einen die Wahl des Verkehrsmittels bedeutsame Auswirkungen auf alle anderen Fragestellungen wie insbesondere auf das Verkehrsaufkommen und die Quelle — Zielbeziehungen (einschließlich der Wohnortwahl und Standortentscheidungen von Handelsbetrieben und produzierenden Unternehmungen) hat. Zum anderen ist die Verkehrsmittelwahl der Bürger für die Handlungsfähigkeit der Träger staatlicher Gewalt von besonders großer praktischer Bedeutung. Beispielsweise ist in den Innenstädten der größeren Siedlungsgebiete die Aufteilung des Verkehrsaufkommens auf die verschiedenen Verkehrssysteme und die verschiedenen Zonen von zentraler Bedeutung für die Qualität sämtlicher Lebensbereiche der Betroffenen (Anwohner, in diesem Gebiet Beschäftigte, Kunden etc.). Im Vordergrund der geplanten empirischen Untersuchung steht die Analyse der Verkehrsmittelwahl bei Privatpersonen, dennoch können die dabei angewendeten Methoden und die zutage geförderten Ergebnisse mit gewissen Modifikationen auch im Wirtschaftsverkehr (Unterscheidung nach *Schwerdtfeger*, 1974) Verwendung finden.

Gemäß der allgemeinen Zielsetzung soll die anwendungsbezogene Theorie der Bedürfnissteuerung jedoch nicht nur für diese spezielle Fragestellung und nicht nur im Hinblick auf die Verkehrsplanung sondern sowohl für andere Bereiche staatlicher Tätigkeit als auch andere Fragestellungen im Verkehrsbereich anwendbar sein.

16.3. Kognitive Motivationstheorie

Im folgenden gilt es, die ausgewählte Motivationstheorie darzustellen und die Auswahl knapp zu begründen. Zuvor soll jedoch eine Anmerkung zum Verhältnis der Ingenieurwissenschaften zu den Verhaltenswissenschaften vorausgeschickt werden. Auch in der Verkehrsplanung wird von Bedürfnissen, Zielen, Motiven etc. der Verkehrsteilnehmer gesprochen, wobei dies gerade in den letzten Jahren in zunehmendem Maße festzustellen ist (*Mäcke, Hölsken, Kessel*, o. J.). Wir gehen jedoch im folgenden von den psychologischen Motivationstheorien aus, da bei fast allen verkehrswissenschaftlichen Untersuchungen — aufgrund des immer noch dominierenden technischen Interesses — zum einen diese Begriffe wenig präzise verwendet werden und zum anderen nur Objekttheorien geringer Reichweite ohne Zusammenhang mit den sozialwissenschaftlichen Theorien erarbeitet werden (sozialwissenschaftlich ausgerichtete Arbeiten werden dagegen durchgeführt beim *Institut „Sozialforschung Brög — München"*, *Brög*, 1976). Dennoch geben diese Untersuchungen einige Anregungen für unsere Arbeit, da die dort analysierten Faktoren der Verkehrsmittelwahl (Verkehrsangebot, Öffnungszeiten von Verwaltung und Geschäften, Arbeitszeiten, Zeit- und Kostenaufwand etc.) auch in unserem Ansatz Berücksichtigung finden.

Nun zu einer knappen Charakterisierung der wichtigsten Begriffe der Motivationstheorie (*v. Rosenstiel*, 1975). Bedürfnisse, die bei uns wie bei vielen anderen Autoren mit Motiven gleichgesetzt werden, sind als überdauernde, individuelle Verhaltensbereitschaften zu kennzeichnen. Diese überdauernden Verhaltensbereitschaften können aktiviert werden, was in der Regel durch die Wahrnehmung bestimmter situativer Gegebenheiten, die als Anreiz dienen, geschieht. Aktivierte Bedürfnisse werden als auf ein — in der Regel auf die Außenwelt orientiertes — Ziel gerichteter Drang erlebt, der in unterschiedlichen Stärken auftreten und der unterschiedlich stark bewußt sein kann. In der Regel wird nicht ein isoliertes Bedürfnis sondern ein ganzes Bündel von Bedürfnissen aktiviert — Motivation genannt —, das in einer bestimmten Situation das Handeln mit determiniert. Es besteht ein enger Zusammenhang von Zielen und Mitteln, da in jedem Falle Mittel zur Zielerreichung notwendig sind und bisher als Mittel verwendete Objekte zu eigenwertigen Zielen werden können. Die Instrumente können auf der objektiven und der subjektiven Ebene (wahrgenommene Instrumentalität) beschrieben werden. Die Instrumentalitäten sind mit unterschiedlichen subjektiven Wahrscheinlichkeiten hinsichtlich ihrer Eignung zur Zielerreichung verknüpft, d. h. bei den zur Auswahl stehenden Instrumenten kann eine unterschiedlich hohe Wahrscheinlichkeit vermutet werden, mit der sie zur Zielerreichung führen. Handlungsbestimmend werden die Mittel, die eine genügend hohe Wahrscheinlichkeit besitzen. Das Verhalten wird damit durch die verschiedenen motivationalen Variablen beeinflußt. Daneben haben andere Faktoren wie Fähigkeiten und Fertigkeiten etc. ebenfalls einen Einfluß auf das Verhalten.

16.3.1. Ziel, Instrumentalität, Erreichenswahrscheinlichkeit

In diesem knapp dargestellten Prozeß der Zielerreichung sind drei Variablen von besonderer Bedeutung:

— *Ziel*: das aktivierte Bedürfnis ist auf ein Ziel bzw. mehrere Ziele gerichtet. Bei Zielerreichung wird das Bedürfnis befriedigt. Die Ziele können auf verschiedenen Ebenen liegen und in einem Verhältnis der Zu-, Über- und Unterordnung zueinander stehen. Da im realen Handlungsablauf immer mehrere Bedürfnisse aktiviert sind, kann es zu Zielkonflikten kommen.

— *Instrument*: die Zielerreichung kann nur mit Hilfe von Mitteln erreicht werden. Handlungsbestimmend ist die subjektiv wahrgenommene Eignung von Objekten und Handlungsfolgen (Instrumenten) zur Zielerreichung. Die Wahrnehmung dieser Eignung wird durch Erfahrungen und Erwartungen beeinflußt. Mittel der Zielerreichung können selbst zu Zielen werden.

— *Wahrscheinlichkeit der Zielerreichung:* die Auswahl der Mittel und die Handlungsstärke sind abhängig von der wahrgenommenen Wahrscheinlichkeit, mit Hilfe bestimmter Mittel das Ziel zu erreichen.

Diese drei für den Prozeß der Bedürfnisbefriedigung und das damit einhergehende Verhalten bedeutsamen Variablen werden in den VIE-Ansätzen (value, instrumentality, expectancy) unterschieden, die zu den kognitiven Motivationstheorien zu zählen sind. Ein derartiger Ansatz wurde von *Vroom* im Arbeitsbereich entwickelt (*Vroom*, 1967) und kommt dort — mit einigen Modifikationen — inzwischen mit einigem Erfolg zur Anwendung (*Hoyos*, 1974; *v. Rosenstiel*, 1975). Dieser Ansatz ist zur Erklärung der Auswahlprozesse von verschiedenen Mitteln der Zielerreichung und zur Erklärung der Handlungsstärke beim Verfolg der Zielerreichung geeignet.

Folgende Gründe waren für die Auswahl des VIE-Ansatzes aus der Vielzahl der motivationalen Theorien (*Neuberger*, 1974) von besonderer Bedeutung:

— Dieser Ansatz bietet die Möglichkeit einer Differenzierung von Mitteln und Zielen. Für alle Objektbereiche staatlichen Handelns ist diese Unterscheidung aufgrund der eng mit dem Wechselspiel der Ziele und Mittel verbundenen Dynamik der Bedürfnisentfaltung bedeutsam.

— Die Entwicklung und Erprobung im Arbeitsbereich spricht für die Anwendungsnähe. Zudem ergeben sich hierbei einige Überschneidungen mit dem Verkehrsbereich (Berufsfahrer etc.).

— Dieser Ansatz ist gut als Rahmen verwendbar, da es sich um eine Prozeßtheorie handelt, die die allgemein bedeutsamen, d. h. nicht auf ein bestimmtes Verhalten bezogenen Variablen zur Erklärung der Handlungsstärke bestimmt (*Hoyos*, 1974). Deshalb ist der Ansatz, obwohl er im Arbeitsbereich entwickelt wurde und vorrangig für Fragen, der Leistungsmotivation Verwendung fand, auch für andere Motivbereiche (Mobilität etc.) verwendbar. Dies ist insbesondere im Hinblick auf die Zielsetzung der Erarbeitung eines einheitlichen motivationstheoretischen Rahmens für verschiedene Objektbereiche staatlichen Handelns von Bedeutung.

— Die Einbeziehung von kognitiven Variablen wie Wahrnehmung, Erwartung etc. in die Motivationstheorie erhöht deren Erklärungswert für bestimmte Verhaltensbereiche.

Der VIE-Ansatz wird für unser Projekt als Rahmentheorie verwendet. Neben den bei unseren Untersuchungen im Vordergrund stehenden, motivationalen Variablen sind zur Erklärung des Verkehrsverhaltens und der Verkehrsmittelwahl weitere personale wie auch Umweltfaktoren (Verkehrsmittelangebot, Verkehrswege, Parkflächen etc.) heranzuziehen. Von besonderer Bedeutung ist die Einbeziehung der sozialen Beeinflussungsprozesse wie insbesondere die Einflüsse der primären Mitgliedsgruppen (Familie etc.).

Im folgenden soll die Anwendung des Ansatzes auf Fragen der Verkehrsmittelwahl demonstriert werden:

— Es wird eine Unterscheidung in objektiv gegebene und subjektiv wahrgenommene Verkehrsmittel vorgenommen. Dabei wird in der Regel durch die Wahrnehmung eine Einengung unter den vorhandenen Mitteln getroffen: das Fahrrad kann bei bestimmten Entfernungen sehr wohl objektiv als Verkehrsmittel gegeben sein; dennoch wird es von einem bestimmten Teil der Bevölkerung nicht als solches wahrgenommen. Viele gewohnheitsmäßige Autofahrer nehmen den Bus nicht als ein ihnen zur Verfügung stehendes Mittel wahr.

— Der im Verkehrsbereich sehr enge Zusammenhang von Zielen und Mitteln wird analysiert. In der verkehrswissenschaftlichen Literatur wird in der Regel davon ausgegangen, daß Ortsveränderungen — ausgehend von Quellort hin zum Zielort — kein Selbstzweck sind. So schreibt beispielsweise *Kutter* (1973): „Ortsveränderungen sind „Mittel zum Zweck" bei der Realisation dieser Tätigkeiten in den Einrichtungen des Sachsystems einer Stadt." Abschwächend ergänzt er jedoch, daß Ortsveränderungen fast niemals „in sich selbst sinnvoll" sind. Bei einer Untersuchung von *Molt* im Fremdenverkehrsort Oberstdorf konnte jedoch ein sehr hoher Prozentsatz von Fahrern festgestellt werden, die nicht in der Lage waren, ihr Fahrtziel anzugeben (*Molt*, 1975). Zudem wird häufig übersehen, daß es für die Verkehrsplanung von besonderer Bedeutung ist, in welchem Ausmaß der PKW vom Mittel zum Zweck der Ortsveränderung, Transport etc. zum Selbstzweck geworden ist und damit einen Eigenwert gewonnen hat.

— In der Regel ist zur Zielerreichung nicht nur ein Mittel sondern eine Kombination von Mitteln notwendig. So sind für eine Ortsveränderung mit Hilfe eines PKW's nicht nur ein gebrauchsfähiger PKW sondern Treibstoff, ein Straßennetz (das Quelle und Ziel verbindet) etc. als weitere Mittel notwendig (*Reichardt*, 1969).

— Die Interdepenzen der Verkehrsmittelwahl mit den anderen wichtigen Fragestellungen der Verkehrsplanung, wie die Verkehrserzeu-

gung und die Verkehrswegewahl können untersucht werden. Beispielsweise ist durch die Wahl des Verkehrsmittels eine wesentliche
Vorentscheidung über die Verkehrswegewahl getroffen worden (besonders deutlich wird dies bei schienengebundenen öffentlichen Verkehrsmitteln).

— In einer Erweiterung des VIE-Ansatzes kann der soziale Kontext
bei der Zielbildung, der Verkehrsmittelwahl etc. mit analysiert werden. So kann durch die Einbeziehung der Theorie der sozialen Wahrnehmung (*König*, 1976) und der Bezugsgruppentheorie (*Held*, 1976)
versucht werden, Gleichförmigkeiten bei der Verkehrsmittelwahl
aufzufinden. Ferner können die Zusammenhänge der Verkehrsmittelwahl verschiedener Personen untersucht werden (Beispiel: bei
einem Haushalt mit einem PKW hat die Entscheidung bei der Verkehrsmittelwahl des berufstätigen Mannes Auswirkungen auf die
der Frau zur Verfügung stehenden Mittel) (*Mäcke, Hölsken, Kessel*,
o. J.).

16.3.2. Wandel der Bedürfnisstrukturen und Bedürfnissteuerung

In der bisherigen Darstellung wurde implizit von einer zu einem bestimmten Zeitpunkt gegebenen Bedürfnisstruktur ausgegangen. Für die
Verkehrsplanung und die dabei erforderlichen Verkehrsprognosen ist
die Entwicklung der Bedürfnisse, deren Faktoren und wahrscheinliche
Entwicklung von besonderer Bedeutung. Allgemein kann aufgrund der
Forschungsergebnisse verschiedener Sozialwissenschaften (Anthropolo-
gie, Psychologie, Soziologie etc.) gesagt werden, daß die Bedürfnisstruktur des Menschen nicht starr, sondern überformungs- und entwicklungs-
fähig ist. Auch die sogenannten Grundbedürfnisse wie das Bedürfnis
nach Nahrungsaufnahme etc. sind davon nicht ausgenommen. Der VIE-
Ansatz erlaubt eine Differenzierung des Wandels der verschiedenen im
Motivationsprozeß bedeutsamen Variablen:

— *Bedürfnisse (Ziele):* Bestehende Bedürfnisse differenzieren sich weiter aus, ein Teil der Bedürfnisse bildet sich zurück etc. (Differenzierung der Bedürfnisstruktur, Löschung von Bedürfnissen etc.).

— *Instrumentalität:* Diese kann sowohl durch das Auftreten neuer
Mittel, die von den Betroffenen auch subjektiv wahrgenommen wer-
den und durch die Veränderung von bisherigen Mitteln zu eigenen
Zielen mit entsprechend hoher Wertbesetzung (Veränderung der
Substitutionsmöglichkeiten) geändert werden. Für die Verkehrspla-
nung von besonderer Bedeutung ist dabei die Wahrnehmung des
PKW's: er kann für die Verkehrsteilnehmer als ein Mittel zur Orts-
veränderung aber auch als eigener Wert angesehen werden.

— *Wahrscheinlichkeit der Zielerreichung:* Die subjektive Wahrscheinlichkeit der Zielerreichung ist stark von den bisherigen Erfahrungen und den damit verbundenen Erwartungen geprägt. Neue Erfahrungen und neue Informationen können die Wahrscheinlichkeiten verändern. Im Vergleich zu den Bedürfnissen sind die Wahrscheinlichkeiten weniger stabil und damit auch leichter beeinflußbar.

Neben diesen drei Variablen ist auch die Veränderbarkeit und der Wandel der Bedarfe anzusprechen. Der Bedarf wird in der direkt beobachtbaren Nachfrage von bestimmten staatlichen Leistungen wie hier insbesondere Benutzung von Verkehrswegen, öffentlichen Verkehrsmitteln etc. sichtbar. Er ist im starken Maße vom Angebot der öffentlichen Hand abhängig.

Das Angebot an öffentlichen Mitteln ist nicht nur im Hinblick auf den Bedarf sondern auch die anderen Variablen von entscheidender Bedeutung: durch eine Veränderung des Angebots — beispielsweise Abbau bestehender Verkehrsmittel (Streckenstillegungen bei der Deutschen Bundesbahn), Ausbau der bestehenden Verkehrswege etc. — werden insbesondere die Instrumentalitäten geändert, da beim Abbau bisher gegebener Mittel diese in Zukunft nicht mehr zur Verfügung stehen und somit die Mittelwahl eingeschränkt wird. Über längere Zeiträume hinweg werden damit auch bestehende Bedürfnisse verändert, da die Erreichbarkeit von Zielen Auswirkungen auf die Ziele hat.

Für die Verkehrsplanung bedeutet dies: auch Maßnahmen, die als „rein bedarfsdeckend" konzipiert sind, haben — unintendierte — Konsequenzen auf die Mittelwahl, Bedürfnisstrukturen etc. der Bürger. Der Verkehrsplaner hat also — ebenso wie alle anderen Planer — keine Wahl zwischen einer nicht-steuernden Bedarfsdeckung und der Bedürfnissteuerung, da verkehrsplanerische Maßnahmen immer Auswirkungen auf die Bedürfnisse, Instrumentalitäten etc. haben können. Als wohl eines der augenfälligsten Beispiele im Bereich der Verkehrsplanung können die unintendierten, negativen Auswirkungen der verkehrsplanerischen Maßnahmen herangezogen werden, die als Anpassungsplanungen nach dem Leitbild der autogerechten Stadt durchgeführt wurden. Inzwischen ist auch im Bereich der Verkehrswissenschaften der Gedanke der Beeinflussung des Verkehrs stärker in den Vordergrund gerückt (*Herz*, 1974), doch ist dabei die Tatsache der Unvermeidlichkeit der Beeinflussung noch nicht genügend ins Bewußtsein gerückt (siehe auch die Diskussionen bei den technisch-wissenschaftlichen Vorträgen auf der Deutschen Industrieausstellung Berlin, 1974: *Afheldt*, 1975).

Der gewählte motivationstheoretische Ansatz ist gerade im Hinblick auf diese Unvermeidlichkeit der Steuerung für die Verkehrsplanung

besonders wertvoll, da er eine Differenzierung der Steuerung von Bedürfnissen, Instrumentalitäten und subjektiven Wahrscheinlichkeiten
der Zielerreichung erlaubt. Zugleich kann damit eine Analyse der Auswirkung der Veränderung der motivationalen Variablen auf die Veränderung des Verkehrsverhaltens vorgenommen werden.

16.3.3. Motivationsprozeß und Erleben

In den verkehrswissenschaftlichen Untersuchungen werden vorrangig
eindeutig meßbare Größen wie insbesondere die Zeit und die Kosten
als Faktoren der Verkehrsmittelwahl einbezogen (*Infas*, 1970). Im Gegensatz dazu wird in den motivationspsychologischen Ansätzen die Bedeutung der Wahrnehmung für den Motivations- und Verhaltensprozeß
herausgestellt. So ist bei der Verkehrsmittelwahl nicht so sehr die tatsächliche Fahrtzeit sondern die subjektive Vorstellung der notwendigen
bzw. wahrscheinlichen Fahrtzeit von Bedeutung, wobei beide in vielen
Fällen stark differieren. Daneben wird in unserem motivationalen Ansatz die Bedeutung der objektiven Situation in dem Sinne berücksichtigt, daß die Handlungen nicht nur durch die Motivation sondern auch
durch die Fähigkeiten und Fertigkeiten des Individuums und die situa-
tiven Ermöglichungsbedingungen bestimmt werden (*Rüttinger, v. Rosenstiel, Molt*, 1974). Beispielsweise kann bei subjektiver Täuschung
über die entstehenden Fahrtkosten das intendierte Handeln durch den
limitierenden Faktor „Nichtverfügbarkeit der notwendigen Geldsumme"
verhindert oder verändert werden. Bei anderen Abweichungen der
subjektiven Wahrnehmung von den objektiven Gegebenheiten kann das
für das Handeln dagegen ohne Bedeutung sein.

Für die Wahrnehmung der Instrumente und der Wahrscheinlichkeit
der Zielerreichung sind die Erlebensvorgänge von großer Bedeutung.
Die Erlebensintensität des Handelns wird — akzentuierend gesprochen
— durch zwei Arten des Erlebens bestimmt: zum einen durch das unmittelbare, mit den Sinnen erfahrbare Erleben von sich aufdrängenden
Situationen — beispielsweise das Festsitzen in einem Verkehrsstau —
und zum anderen durch das unter Rückgriff auf Erfahrungen erfolgende
Erleben auf Grund schlußfolgernden Denkens. Die Erlebnisnähe, die
durch die zeitliche und räumliche Nähe beeinflußt wird, wirkt sich auf
die Stärke des Anreizes aus. Nur mitgeteilte oder aus dem Wertgefüge
abgeleitete Überlegungen wirken in der Regel motivational schwächer
als unmittelbar erlebte Ereignisse.

Die Bedeutsamkeit der Erlebnisnähe für die Frage der Verkehrsmittelwahl soll an einigen Beispielen verdeutlicht werden:

— Die Folgewirkungen der Benutzung von Verkehrsmitteln sind in
   unterschiedlich hohem Maße erlebbar: der PKW-Fahrer erlebt die

— angestrebte — Ortsveränderung in der Regel unmittelbarer als die weiteren Folgen wie Lärm, Abgase, Gefährdung der Sicherheit der Mitbürger.

— Der bei der Nutzung von verschiedenen Verkehrsmitteln anfallende Zeit- und Kostenaufwand ist in unterschiedlichem Ausmaße direkt erlebbar (Kosten für Treibstoff unmittelbarer als Kosten für Versicherung und Steuer, die automatisch abgebucht werden); dies kann zu mehr oder weniger großen Täuschungen über den Zeit- und Kostenaufwand führen.

— Die unerwünschten Nebenwirkungen des Verkehrsverhaltens sind von anderen Personen (Anwohner von Straßen mit starkem Durchgangsverkehr etc.) in stärkerem und direkterem Maße als vom Verursacher selbst erlebbar.

Diese Beispiele zeigen für den Verkehrsplaner die Notwendigkeit auf, die Frage und die Art der Erlebbarkeit in die Planungsüberlegungen einzubeziehen. Ein inzwischen bekannteres Beispiel für die Erhöhung der unmittelbaren Erlebbarkeit ist der Einbau von Bodenwellen bei Stopschildern (weitere Beispiele: *Spörli*, 1972). Ein Beispiel für die Senkung der unmittelbaren Erlebbarkeit von Kosten ist die Einführung von Abbuchungsgeräten im öffentlichen Personennahverkehr.

16.4. Die Anwendung des kognitiven Motivationsansatzes für die Verkehrsplanung

Im Rahmen des Augsburger Forschungsprojektes soll dieser kognitive Motivationsansatz herangezogen werden, um empirische Untersuchungen zum Verkehrsverhalten und zur Verkehrsmittelwahl durchzuführen. Neben den bei bisherigen Analysen im Vordergrund stehenden Fragen nach der Aufteilung des Verkehrsaufkommens auf den Individualverkehr und den öffentlichen Verkehr sind viele andere Teilaspekte der Verkehrsmittelwahl von Interesse, die in den bisher vorherrschenden Verkehrserhebungsverfahren (*Forschungsgesellschaft für das Straßenwesen*, 1970) vernachlässigt bzw. unterbewertet wurden: beispielsweise ist bei dem häufig vernachlässigten bzw. unterbewerteten fußläufigen Nahverkehr (*Mäcke, Hölsken, Kessel*, o. J.) zu untersuchen, welche unterschiedlichen subjektiven Entfernungsvorstellungen und damit verbunden unterschiedlich große Nahverkehrsräume gegeben sind. Ebenso ist von besonderer Bedeutung, wie die Verkehrsmittelwahl und die Besetzungsdichte bei PKW-Fahrten zusammenhängen.

Das Ergebnis derartiger sozialwissenschaftlicher Untersuchungen wird vorrangig im Aufzeigen der Probleme und Grenzen bestimmter Planungsarten bestehen. Vor allem scheint es kaum möglich zu sein, für längere Zeiträume auch nur einigermaßen genaue Prognosen über das Verkehrsaufkommen und die Anteile der verschiedenen Verkehrsmittel aufzustellen. Längerfristige Planungen werden auch dadurch erschwert, daß die geplanten Maßnahmen ihrerseits einen Einfluß auf die zukünftigen Verhaltensweisen und Bedürfnisstrukturen ausüben. Während also von den Planungspraktikern die Notwendigkeit der Planung hervorgehoben wird, werden durch unsere Sichtweise die Probleme der Planung herausgearbeitet.

Wie bereits gezeigt wurde (siehe 16.3.2.), kann es auf Grund der bisherigen Ergebnisse motivationspsychologischer wie auch verkehrswissenschaftlicher Untersuchungen als erwiesen gelten, daß das Angebot an Verkehrsmitteln und die weiteren Angebotsfaktoren (Verkehrswege etc.) einen bestimmenden Einfluß sowohl auf die Höhe wie auf die Zusammensetzung des Verkehrsaufkommens ausüben. Dies erweist die in den Verkehrswissenschaften lange Zeit umstrittene Alternative „Bedarfsdeckende" oder „Bedürfnissteuernde Verkehrsplanung" als Scheinalternative. Damit wird zugleich die bisher vorherrschende Vorgehensweise der Erstellung von Teilmodellen — ohne Rückkoppelungsschleifen — problematisiert: es führt in der Regel zu inadäquaten Ergebnissen, wenn zunächst — unabhängig von den zur Auswahl stehenden Alternativen — das zukünftige Verkehrsaufkommen, die Verkehrsaufteilung etc. bestimmt werden und dann mit Hilfe dieser Prognosen die verschiedenen Alternativen bewertet werden. Statt dessen müßte berücksichtigt werden, welchen Einfluß die alternativen Maßnahmen wahrscheinlich auf das verkehrsrelevante Verhalten haben werden. Beispielsweise ist es für das zukünftige Aufkommen und die Aufteilung der Anteile der Verkehrsmittel bedeutsam, ob bei einer — PKW-freundlichen — Maßnahme keine Radwege und nur schmale Gehwege geplant sind, bei einer Alternative dagegen ein System von Fuß- und Radwegen getrennt vom motorisierten Verkehr vorgesehen ist (*Garbrecht*, 1976). Durch die Ergebnisse der empirischen Untersuchungen sollen Ansatzpunkte und Grenzen der Steuerung von Bedürfnissen, Instrumentalitäten etc. aufgezeigt werden.

Obwohl die Notwendigkeit sozialwissenschaftlicher Untersuchungen des Verkehrsverhaltens in zunehmendem Maß von Verkehrsplanern anerkannt wird, werden weiterhin Einwände gegen die praktische Verwertbarkeit sozialwissenschaftlicher Forschungsergebnisse für die Erfordernisse der Verkehrsplanung vorgebracht. Diese lassen sich kurzgefaßt derart darstellen: zwar ist es unbestreitbar, daß das verkehrsrelevante Verhalten der Individuen und Gruppen dem Verkehrsgeschehen zugrundeliegt und deren Erklärung mit sozialwissenschaftlichen Ansätzen und Methoden angegangen werden kann; zwar ist es richtig, daß nicht die objektiv gemessenen Faktoren Zeit, Kosten etc. sondern der subjektiv erlebte Zeit- und Kostenaufwand für das verkehrsrelevante Verhalten von Bedeutung sind. Dennoch erbringen derartige Untersuchungen für die Praxis der Verkehrsplanung nur wenig zusätzliche Informationen: die objektiv meßbaren Größen wie Zeit, Kosten etc. ergeben doch einigermaßen genaue Annäherungswerte und Abweichungen heben sich im Durchschnitt auf. Sozialwissenschaftliche Forschungen zu Fragen der Verkehrsmittelwahl der Verkehrserzeugung etc. seien zwar erkenntnistheoretisch interessant, aber für die Praxis der Verkehrsplanung kaum verwertbar.

Eine derartige Argumentation ist in dem Sinne teilweise zutreffend, daß aufgrund der Vielzahl der Faktoren und deren wechselseitigen Einflüssen eine auch nur annähernd adäquate Erklärung der wesentlichen Fragestellungen der Verkehrsplanung nicht in absehbarer Zeit erwartet werden kann. Andererseits bedürfen die vorgebrachten Argumente dringend einer Überprüfung: so ist es aufgrund von Untersuchungsergebnissen (*Stapf*, 1975) als wahrscheinlich anzusehen, daß die Abweichungen der subjektiven Kostenwahrnehmung von den objektiv anfallenden Kosten sich nicht über die Gesamtheit der Verkehrsmittelnutzer und die Gesamtheit bei den jeweiligen Verkehrsmitteln hinweg ausgleichen, sondern daß sich gewisse gleichförmige Unterschätzungen der Kosten beim PKW ergeben (zur Kostenwahrnehmung siehe auch: *Infas*, 1970). Daneben ist es gerade im Hinblick auf den Einfluß des Angebotes auf die Nachfrage und den damit verbundenen Steuerungsaspekt bedeutsam, das Ausmaß und die Richtung der Angebotswirkungen genauer bestimmen zu können. Ein Beispiel soll dies verdeutlichen: bei der besonders für die Stadtverkehrsplanung bedeutsamen Frage nach den Möglichkeiten der Umverteilung des Anteils der PKW-Fahrten und Fahrten mit öffentlichen Verkehrsmitteln in Innenstädten taucht sowohl in Gutachten wie in der verkehrswissenschaftlichen Literatur häufig das Argument auf, daß durch eine zu starke Drosselung des privaten PKW-Verkehrs (vorrangig durch Parkraumbewirtschaftung) eine Gefährdung der Lebensfähigkeit der Innenstädte als zentrale Geschäftsbereiche zu befürchten sei (siehe beispielsweise: *Kirchhoff*, 1974). Zur Entscheidung der Richtigkeit bzw. Unrichtigkeit dieser Aussage helfen globale Kennziffern (wie die voraussichtliche Motorisierungsentwicklung) nur wenig.

Es ist geplant, in einer empirischen Untersuchung den Verkehr von Privatpersonen zu einem bestimmten Fahrtzweck (vermutlich den Berufs- und Ausbildungsfahrten) und die dabei auftretenden Verkehrsmittelwahlentscheidungen zu analysieren. Deshalb werden institutionelle Variablen, wie sie insbesondere im Wirtschaftsverkehr von Bedeutung sind, weniger stark berücksichtigt. Dennoch ist es möglich und sinnvoll, auch im Bereich des gewerblichen und berufsmäßigen Verkehrs den dargestellten Ansatz zur Erklärung des Verkehrsverhaltens heranzuziehen. Der im Rahmen von Organisationen durchgeführte Transport von Gütern und Personen ist zwar in stärkerem Maße als der Verkehr von Privatpersonen durch auf rationalen Entscheidungen basierende Pläne bestimmt. Aber auch im Bereich des Wirtschaftsverkehrs sind die Motivationen der Beschäftigten von Bedeutung, wie die Ergebnisse der Arbeitspsychologie (*v. Rosenstiel*, 1975) und Untersuchungen über optimale und tatsächliche gefahrene Routen im Wirtschaftsverkehr zeigen (*Schwerdtfeger*, 1974).

Bei den derzeit laufenden Arbeiten werden die motivationalen Variablen und weiteren Faktoren (Verkehrsmittel, -wege etc.) in eine Grundstruktur gebracht, mit deren Hilfe die Erklärung des Verkehrsverhaltens in seinen verschiedenen Ausprägungen und Zwecken vorgenommen werden kann. Zugleich werden die Variablen operationalisiert und ein Untersuchungsdesign erarbeitet. Die geplante Untersuchung soll eine Überprüfung des gewählten motivationalen Ansatzes im Verkehrsbereich erbringen und in einem ausgewählten Ausschnitt aus dem Problemkreis Verkehrsmittelwahl — voraussichtlich im Berufs- und Ausbildungsverkehr — das Verkehrsverhalten und die zugrundeliegende Verkehrsmittelwahl erklären.

16.5. Schlußbemerkungen

Folgendes Fazit kann aus den Ausführungen gezogen werden: durch die Anwendung sozialwissenschaftlicher Ansätze und Methoden zur Erklärung des Verkehrsverhaltens und der Verkehrsmittelwahl werden einerseits Probleme für die Genauigkeit und zeitliche Erstreckung von Verkehrsplanungen aufgezeigt (Planungsprobleme), andererseits wird deutlich gemacht, daß die Steuerung von Bedürfnissen, Instrumentalitäten etc. ein unvermeidbarer Bestandteil von Planung ist (Planungsnotwendigkeit).

Literatur

Afheldt, H.: Gründe für die Verkehrsmittelwahl im Nahverkehr und ihre Veränderungstendenzen. Thesenrepräsentation und Diskussion. In: *Verkehr*. Die technisch-wissenschaftlichen Vorträge auf der Deutschen Industrieausstellung Berlin, 1974. Teil 2: Grundsatzprobleme bei Langfristprognosen im Personenverkehr. Berlin, 1975.

Brög, W.: Überlegungen zur Bildung von verkehrswissenschaftlichen Modellen aus der Sicht der empirischen Sozialforschung. Gießen: Manuskript vorgelegt bei dem ersten workshop der *DVWG*, 1976.

Buchanan, C.: Verkehr in Städten. Essen, 1964; (Original: Traffic in Towns. 1963).

Forschungsgesellschaft für das Straßenwesen e. V.: Richtlinien für Verkehrserhebungen. Köln, 1970.

Garbrecht, D.: Pedestrian Factors and Considerations in the Design or Rebuilding of Town Centres and Suburbs. Basel, vervielfältigtes Manuskript für die International Conference on Pedestrian Safety. Haifa, 1976.

Held, M.: Der Beitrag des bedürfnistheoretischen Ansatzes zur Erklärung des Konsumverhaltens, Augsburg, unveröffentlichte Diplomarbeit 1976.

Herz, R.: Ziele und Möglichkeiten der Verkehrsbeinflussung. Veröffentlichungen des *Instituts für Stadtbauwesen TU Braunschweig* 1974, 16.

Hoyos, C. Graf (Hrsg.): Psychologie des Straßenverkehrs. Bern, 1965.

— Arbeitspsychologie. Stuttgart, 1974.

Infas (Bearbeiter: Schulz-Heising): Die Wahl des Verkehrsmittels. Bonn-Bad Godesberg, 1970.

Kirchhoff, P.: Das Beziehungsgefüge zwischen Parkplätzen und aufgesuchten Zielen in seiner Bedeutung für die Standortbestimmung von Parkierungsanlagen. Veröffentlichungen des *Instiuts für Stadtbauwesen TU Braunschweig* 1974, 14.

König, H.: Die Wahrnehmung der Transportqualität im öffentlichen Personennahverkehr (ÖPNV). Eine psychologische Kritik verkehrswissenschaftlicher und -planerischer Ansätze. Augsburg: unveröffentlichte Diplomarbeit, 1976.

Kompa, A.: Anspruchsniveau und Zufriedenheit — Eine ökonomisch-psychologische Analyse des Konsumentenverhaltens. Augsburg: unveröffentlichte Diplomarbeit, 1976.

Kutter, E.: Areales Verhalten des Stadtbewohners — Folgerungen für die Verkehrsplanung. Veröffentlichungen des *Instituts für Stadtbauwesen TU Braunschweig* 1973, 12.

Mäcke, P. A., *Hölsken,* D., *Kessel,* P.: Wahl des Verkehrsmittels, Verhaltensmuster — Meinungen — Motive. *Stadt Region Land* o. J., 25.

Molt, W.: Psychologie der Verkehrsverursachung und der Wahl des Verkehrsmittels. Schriftenreihe Universität Innsbruck: *Institut für Straßenbau und Verkehrsplanung* 1975, 2.

— Die subjektive Verschätzung der Nutzungskosten des PKW. Eine explorative Studie und ihre Konsequenzen für die Theorie der rationalen Konsumentenentscheidung. Zeitschrift für Verbraucherpolitik, 1977, 4.

Neuberger, O.: Theorien der Arbeitszufriedenheit. Stuttgart, 1974.

Reichardt, R.: Möglichkeiten einer Soziologie des Kraftverkehrs. In: L. *Rosenmayr* u. S. *Höllinger* (Hrsg.): Soziologie. Forschung in Österreich. Wien-Köln-Graz, 1969.

Rosenstiel, L. v.: Die motivationalen Grundlagen des Verhaltens in Organisationen. Leistung und Zufriedenheit. Berlin, 1975.

Rüttinger, B., *Rosenstiel,* L. v., *Molt,* W.: Motivation des wirtschaftlichen Verhaltens. Stuttgart, 1974.

Ruske, W.: Verkehrserzeugungsmodelle — Möglichkeiten und Grenzen ihrer Anwendung. Veröffentlichungen des *Instituts für Stadtbauwesen TU Braunschweig* 1973, 12.

Schwerdtfeger, W.: Wirtschaftsaufkommen und Warenauslieferung großer Einzelhandelsbetrieb. Veröffentlichung des *Instituts für Stadtbauwesen TU Braunschweig* 1974, 14.

Spörli, S.: Psychologie des Autofahrens. Freiburg, 1974.

Stapf, H.: Beurteilungsfehler in der subjektiven Kostenschätzung des PKW. Augsburg, unveröffentlichte Diplomarbeit, 1975.

Vroom V. H.: Work and Motivation. New York, 1967 (3. Auflage).

AIN KOMPA

17. Das motivationspsychologische Konzept als Teil einer umfassenderen sozialwissenschaftlichen Fundierung der Verkehrsplanung

Diskussionsprotokoll zum Referat von Martin Held

17.1. Zum Konzept des motivationspsychologischen Ansatzes

Zum theoretischen Konzept des vorgetragenen motivationspsychologischen Ansatzes, der einerseits das Verhalten von Individuen im Verkehrsbereich erklären und der es andererseits ermöglichen soll, die Wirkungen von Planungsvorhaben abzuschätzen, wurden verschiedene Anmerkungen vorgebracht:

a) Er wurde hervorgehoben, daß die zentralen Variablen der dem Augsburger Forschungsprojekt zugrundeliegenden motivationspsychologischen Theorie, nämlich „Ziel", „Instrumentalität" und „Wahrscheinlichkeit der Zielerreichung" der Einordnung in eine umfassende, allgemeine Handlungstheorie bedürften. Auf der Grundlage einer derartigen Handlungstheorie, in der verschiedene psychologische Teilprozesse, wie etwa Wahrnehmung oder Gedächtnisleistungen, enthalten sind, von denen das menschliche Handeln ebenso beeinflußt wird, kann eine Spezialtheorie für die Wirkung von motivationalen Komponenten auf das Verhalten ausgearbeitet werden. In diesem Zusammenhang stellte sich auch die Frage, ob es notwendig ist, die Komponente „aktivierte Bedürfnisse" im Sinne eines erlebten, auf ein Ziel gerichteten Dranges zu verwenden. Man könnte sich nämlich auch gerichtete Handlungen vorstellen, in denen das Drangerlebnis eine untergeordnete oder gar keine Rolle spielt. Der Drangbegriff könnte durch neutralere Konzepte wie „Zieldistanz" oder „Diskrepanz zwischen Soll-Wert und Ist-Wert" ersetzt werden.

b) Darüber hinaus wurde der Anspruch gestellt, daß eine allgemeine Handlungstheorie sich nicht nur auf die Analyse von Personvariablen beschränken darf, sondern sie müßte ebenso soziale und räumliche Komponenten der Umwelt, die handlungsrelevant werden können, berücksichtigen. Für das Verkehrsverhalten relevante soziale Komponenten sind etwa das Interaktionsmuster oder die Zusammensetzung der Haushalte innerhalb eines gegebenen Raumes. Als wichtige räumlich-strukturelle Komponenten, die das Verkehrsverhalten von Individuen beeinflussen können, wurden Variablen genannt, die etwa in der Wirtschaftsgeographie Verwendung finden, wie z. B. die gegebene Siedlungsstruktur, die Arbeitsplatzmöglichkeiten, die infrastrukturellen Einrichtungen, insbesondere die Art der Transporteinrichtungen. Die Berechtigung dieser Ansprüche hinsichtlich der Entwicklung einer allgemeinen Rahmentheorie wurde zwar generell akzeptiert, aber mit dem Hinweis auf den zeitlichen Druck, unter dem das Augsburger Forschungsprojekt steht, relativiert. Aufgrund dieses „Sachzwangs" würde die Entwicklung einer allgemeinen Handlungstheorie den Rahmen des Projekts sprengen, weswegen eine frühzeitige Festlegung auf den VIE-Ansatz erfolgte, der ja bereits in anderen Bereichen wie etwa in der Arbeitspsychologie oder in der Konsumentenforschung erfolgreich angewendet wird.

c) Desweiteren wurde in der Diskussion über das vorgetragene theoretische Konzept die Nützlichkeit der Anwendung von motivationspsychologischen Ansätzen zur Erklärung von Verkehrsverhalten erörtert. Gegen eine motivationspsychologische Erklärung wurde eingewendet, daß etwa 90 % der Verhaltensweisen innerhalb des Verkehrsbereichs durch die jeweiligen Sachzwänge des Transportsystems determiniert seien. Demzufolge könnten Unterschiede im Verkehrsverhalten beispielsweise durch die Art der Beförderungsmöglichkeiten oder Verkehrswege erklärt werden. Dieser Einwand wurde nur teilweise als berechtigt anerkannt: Zwar ist das Verkehrsverhalten in weiten Bereichen habitualisiert, aber daraus kann nicht hinreichend abgeleitet werden, daß es unveränderbar sei. Beispielsweise spricht für eine Veränderbarkeit von habitualisiertem Verhalten, daß häufig eine Erhöhung des Angebots an Verkehrsmitteln oder -wegen das Verhalten in Richtung einer Zunahme der Benutzung oder Inanspruchnahme verändert.

17.2. Möglichkeiten der Bedürfnissteuerung im Verkehrsbereich

Ein weiterer Problemkreis galt den Möglichkeiten der Steuerung von Bedürfnissen im Verkehrsbereich. Hierzu wurde festgestellt, daß eigentlich nicht die Bedürfnisse, sondern das Verhalten gesteuert werden soll. Allgemein akzeptiert wurden die Ausführungen von *Held*, wonach die Alternativen „Bedarfsdeckung oder Bedürfnissteuerung" als Scheinalternativen angesehen werden können. Bedarfsdeckung vor allem im Bereich des Individualverkehrs ist angesichts der daraus resultierenden Probleme der Umweltbelastung oder der Verkehrssicherheit auch unter der Prämisse einer individualistisch-freiheitlichen Perspektive nicht

mehr zu verantworten. Sobald aber Planungsvorhaben im Verkehrsbereich durchgeführt werden, sind auch Bedürfnisse davon betroffen.
Deswegen stellt die explizite Berücksichtigung und Steuerung von
Bedürfnissen bei der Bereitstellung von Verkehrsmitteln eine un-
umgängliche Forderung für die Planungspraxis dar. Unter Zuhilfenahme des VIE-Ansatzes kann versucht werden, die Steuerungs-
wirkungen von alternativen Vorhaben abzuschätzen. Beispielsweise vor
der Einführung einer Bus- oder Straßenbahnlinie kann der Versuch
unternommen werden, die Ziele der in Frage kommenden Bevölkerung
festzustellen und zu untersuchen, in welcher Weise die Instrumentalitäten der alternativen Verkehrsmittel zur Erreichung der von den Individuen hoch bewerteten Ziele wahrgenommen werden. Die wahrgenommene Instrumentalität von verschiedenen Verkehrsmitteln berücksichtigt in der Realität aber stellenweise nicht adäquat die tatsächlichen
Konsequenzen, die durch ihre Benutzung bei den Verkehrsteilnehmern
oder bei sonstigen Betroffenen entstehen. Im Bereich der Kostenwahrnehmung wird z. B. durch das bestehende System der Kfz-Steuer oder
durch die Nichtberücksichtigung von Sozialkosten und externen Effekten, die durch den Individualverkehr verursacht werden, eine verzerrte
Wahrnehmung der tatsächlich anfallenden Belastungen gefördert. Die
Tagungsteilnehmer gestanden diesbezüglich zu, daß die aus dem VIE-
Ansatz ableitbaren Maßnahmen zur Erhöhung der Transparenz und der
Erlebbarkeit von Handlungskonsequenzen als eine fruchtbare Ergänzung der bestehenden Steuerungskonzepte im Verkehrsbereich ange-
sehen werden können. Als denkbare Maßnahmen wurden genannt etwa
die Umlegung der Kfz-Steuer auf die gefahrenen Kilometer oder der
Einbau von Schwellen im Straßenbelag, was versuchsweise in einem
Wohnbereich in Köln bereits verwirklicht wurde.

17.3. Notwendigkeit einer Evaluierung
von geplanten bzw. vollzogenen Maßnahmen

Angesichts der Milliardenbeträge, die beim Bau von Straßen, bei
Investitionen durch die Bundesbahn oder bei der Verwirklichung von
Nahverkehrssystemen getätigt werden, scheint eine Evaluierung von
geplanten oder vollzogenen Maßnahmen im Verkehrsbereich im Hin-
blick auf die angestrebten Ziele wie z. B. Verkehrsumlenkung oder -be-
ruhigung, Erhöhung der Verkehrssicherheit etc. durch begleitende
Untersuchungen unumgänglich. Da die Wirkungen der Maßnahmen vom
Verhalten des Individuums mitbeeinflußt werden, kann Planung im
Verkehrsbereich nach Meinung der Tagungsteilnehmer auf eine sozialwissenschaftliche Fundierung nicht verzichten.

BERND BIERVERT UND GABRIELE KÖHLER

18. Methoden der Ergebniskontrolle bei der Durchführung staatlicher Transfermaßnahmen: Kritik und Verbesserungsvorschläge aus psychologischer und ökonomischer Sicht

18.1. Fragestellungen der Diskussion um die öffentlichen Güter

Bislang besitzt der Staat nur mehr oder minder vage Informationen über die „Endprodukte" seiner Tätigkeit. Die (finanz-)wissenschaftliche Diskussion der letzten Jahre hat in diesem Zusammenhang mehr Fragen aufgeworfen, als sie beantworten konnte; ihre Schwergewichte lagen auf der Aufgabenabgrenzung zwischen privatem und öffentlichem Sektor, auf Fragen des optimalen Budgets usw. Im Grunde ist man nicht aus der Sackgasse herausgelangt, in die bereits der von der Wohlfahrtsökonomie gewählte Lösungsweg geführt hat.

Gesucht wird nach wie vor nach einem akzeptablen Entscheidungsverfahren, das in der Regel in Analogie zum privaten Sektor unter Zugrundelegung der bei privaten Gütern längst problematisierten Motivationsstruktur ökonomischer Rationalität konstruiert wird. Dies gilt für die in der engeren Tradition der Wohlfahrtstheorie und ihrer Weiterentwicklung stehenden Arbeiten ebenso wie für die Ansätze im Bereich des „kollektiven Handelns". Weitere Ansätze sind einerseits die Transferökonomie, in deren normative Struktur andere Motivationen (wie z. B. Altruismus) eingehen, und die Ökonomische Theorie der Politik.

Nach Auffassung der Ökonomischen Theorie der Politik orientieren sich Parteien und Bürokratien entsprechend der ökonomischen Rationalität an einer Maximierung der Wählerstimmen, um den Konkurrenzkampf um Macht und Ansehen zu gewinnen. Demzufolge müßte die Staatstätigkeit den Wünschen der Mehrheit der Wähler entsprechen, da diese die Politiker wählen werden, aus deren Programmen ihnen der größte Nutzenstrom zufließt. Abgesehen vom zynischen Rationalitätsbegriff dieser Schule hat der Ansatz wenig Erklärungsgehalt. Die Wähler stimmen nämlich nicht über einzelne Projekte oder Projektpakete einer Partei ab, sondern über Programme und Ideologien.

Eine realitätsnähere Beschreibung der Entscheidungskriterien liefert die Verbandstheorie. Sie argumentiert, daß Lobbies über eine selektive Informationspolitik sowie über finanzielle Unterstützung und Androhung sozialer Konflikte maßgeblich Einfluß auf die politischen Entscheidungen nehmen (vgl. z. B. *Hirsch,* 1975).

Die politische Planungstheorie stellt die Funktion des Staates für die kapitalistischen Produktionsprozesse in den Vordergrund ihrer Überlegungen, bei denen es um die Probleme staatlicher Steuerung der Produktion wie umgekehrt um die Abhängigkeit des Staates vom privaten Produktionsbereich geht.

Staatliche Transfers haben einen zweifach vermittelten Komplementärcharakter zur privaten Produktionstätigkeit. Zum einen ist es ihre Aufgabe, die Rahmenbedingungen für die Kapitalverwertung zu setzen, zum anderen wird diese Aufgabe über die Entscheidungsmechanismen im öffentlichen Bereich abgesichert.

Man kann der Staatstätigkeit, speziell den staatlichen Transfers, drei Funktionen zuschreiben, nämlich die ökonomische Stabilisierung, die politische Stabilisierung und die Sicherung der Massenloyalität (vgl. *Offe,* 1975). Die öffentlichen Güter schaffen die Voraussetzungen für die Produktion und für den Konsum privater Güter, indem sie Komplementärgüter bereitstellen, ökonomische Folgekosten der Produktion beheben, die Produktionsfaktoren für ihren Einsatz in der Produktion vorbereiten, den technischen Fortschritt mitfinanzieren und einen Teil der Reproduktionskosten tragen (vgl. *Frank/Roloff,* 1971). Darüberhinaus sichern sie die Massenloyalität, indem soziale Defizite, die Deprivation ökonomisch nicht relevanter und daher nicht konfliktfähiger Gesellschaftsgruppen, gemildert werden.

Diese Situation führt zu einer bestimmten Struktur der staatlichen Transfers: diese sind relativ und komplementär gegenüber den Bedingungen, die der private Produktionssektor setzt, so daß man von einer Dominanz des Kapitalinteresses sprechen kann.

In der Diskussion um die genannten Ansätze hat sich u. a. gezeigt:

— daß nicht davon auszugehen ist, daß Bürger ihre Präferenzen in bezug auf öffentliche Güter in „unverzerrter" Form offenlegen (vgl. free-rider-Problematik und die daraus auch resultierende Akzeptanzproblematik staatlicher Leistungen, gesellschaftliche Beeinflussung von Bedürfnissen, Indikatorproblematik bei der Präferenzmessung);

— daß vielfach Eliten anstelle Betroffener soziale Defizite feststellen und artikulieren und Sollwerte bestimmen;

— daß statt Offenlegung von Kosten-Nutzen öffentlicher Güter bzw. alternativer Angebote Wählerstimmenmaximierung im Vordergrund steht;

— daß bei der Delegation von Entscheidungen durch Wahlen die Wohlfahrtsvorstellungen bestimmter Gruppen einen überproportionalen Einfluß gewinnen, der den Bürgerwillen zum „fabrizierten Artefakt" *(Hesse)* und nicht zur eigentlichen Triebkraft des politischen Prozesses werden läßt.

Aus diesen Überlegungen ergibt sich die Frage nach den Möglichkeiten der unmittelbaren und unverzerrten Einbringung der Bedürfnisse und Interessen der Betroffenen in den Planungsprozeß. Trifft die These von der Dominanz des Kapitalinteresses zu, so hätte dies verschiedene Implikationen für Partizipationsansätze, auf die weiter unten einzugehen sein wird.

Noch unbefriedigender als der Stand der Diskussion über Art und Umfang staatlicher Tätigkeiten sind die Untersuchungen über die Verteilungswirkungen staatlicher Transfers: „Im Gegensatz zu den Wirkungen der Besteuerung auf die personale Einkommensverteilung sind die Wirkungen der Ausgaben auf die Verteilung noch wenig untersucht worden" *(Zimmermann, Henke,* 1975; *Hanusch,* 1972). Dies überrascht um so mehr, als Ergebnisse derartiger Inzidenzanalysen zu einer verteilungsorientieren Ausgabenpolitik führen könnten. Nicht gelöst wäre freilich auch dann das Problem, daß — bis auf den unten auszuführenden Sozialindikatorenansatz — eine derartige Inzidenzuntersuchung auf die monetäre Einkommensverteilung abstellt, die an sich noch nichts über Wohlfahrtslagen bzw. Lebenschancen aussagt.

18. 2. Methoden der „Ergebniskontrolle" staatlicher Transfers — eine zusammenfassende Kritik

Sieht man einmal von der (schein-)legitimatorischen Funktion von Wahlen sowie von den haushaltstechnischen Instrumenten formaler Art wie mittelfristige Finanzplanung, mitschreitende Kontrolle, Soll-Ist-Vergleich, Finanzkontrolle durch Rechnungshöfe u. ä. ab, so sind die Methoden der Ergebniskontrolle bei der Durchführung staatlicher Transfermaßnahmen wenig entwickelt. Sie genügen weder auf der Mikro- noch auf der Makroebene den an sie zu stellenden Anforderungen aus sozioökonomischer Sicht, wenn man den Anspruch stellt, eine outputorientierte Betrachtung vorzunehmen, die sekundäre oder tertiäre Effekte miteinbezieht.

Die weitere Palette der Methoden der Ergebniskontrolle reicht von der problematischen Erfassung staatlicher Leistungen innerhalb der

volkswirtschaftlichen Gesamtrechnung und der sonstigen Daten, die
der statistische Apparat produziert über — im Grunde sowohl ex-ante
als auch ex-post einsetzbare — Instrumente wie Kosten-Nutzen-Analyse, Technology-Assessment und Evaluationsforschung bis zu den (am
ehesten ergebnisbezogenen) Sozialindikatoren und gesellschaftlichen
Rechnungssystemen. Die Deskription derartiger Institutionen oder Instrumente sagt ebenfalls solange für unser Thema nichts aus, wie in
die Evaluierung nicht Gesichtspunkte der realen Tätigkeit und des Out-
put/Outcome eingehen (vgl. *Ronge, Schmieg,* 1972). Noch gewichtiger
jedoch ist der Einwand, daß Voraussetzung aller Effektivitätsüberle-
gungen die Zielbestimmung ist (vgl. *Kaufmann,* 1976).

Die von uns zusammengetragene Kritik der genannten Instrumente
kommt zu dem Ergebnis, daß bei allen Instrumenten die Evaluierung
von Wirkungszusammenhängen, das Potential für ex-ante-Strategien
unter Beteiligung der Betroffenen und der mögliche positive und negative Beitrag zur Zielfindungs- und Legitimationsproblematik vernachlässigt wird. Überdies sind diese Ansätze der Gefahr ausgesetzt, daß
sozioökonomische Größen verdinglicht werden und der Warencharakter
privater Güter auf den öffentlichen Bereich übertragen wird, insbesondere dort, wo — wie gerade im Verkehrssektor — ein hoher Grad an
Komplementarität besteht.

Wir werden im folgenden versuchen zu zeigen, wie „Methoden der
Ergebniskontrolle" stärker mit Fragen der Zielfindung und der Legitimation verknüpft werden müssen und Verbesserungsvorschläge in Richtung einer aktiven ex-ante-Strategie zur Diskussion stellen, die selbstverständlich eine ex-post-Kontrolle nicht überflüssig machen.

Zur Auswahl und Bewertung der Investitionen des Staates und der
in verschiedener Form gewährten Transfers an die einzelnen Wirt-
schaftssubjekte sind verschiedene Verfahren der Effizienzmessung entwickelt worden, die im Grunde auch als Ergebniskontrolle staatlicher
Transfers benutzt werden können.

Bei der Kosten-Nutzen-Analyse (KNA, CBA) wird versucht, die Kosten und Nutzen alternativer öffentlicher Projekte zu quantifizieren,
um das Projekt mit dem höchsten Nettonutzen auszuwählen; die Ziel-
variable ist hierbei Maximierung der gesellschaftlichen Wohlfahrt, wobei diese meist als Sozialproduktmaximierung definiert wird.

Der Nutzen wird dementsprechend an den Erträgen des Projektes
in Form der Einkommenszuwächse der Betroffenen festgemacht; die
Kosten werden in Höhe der Investitionsausgaben angesetzt. Dabei werden Nutzen und Kosten mit verschiedenerlei Zinssätzen abdiskontiert,
die divergierende soziale Zeitpräferenzen und Wertvorstellungen abbilden sollen.

Die CBA ist jedoch trotz ihres Anspruchs, eine Ergebnis- oder Leistungskontrolle zu ermöglichen, insofern input- und nicht outputorientiert, als die Kosten der öffentlichen Leistungen zu Herstellkosten oder zu Opportunitätskosten berechnet werden. Der Ansatz ist zudem statisch, weil bei den verschiedenen Abdiskontierungsmethoden der Kosten und Erträge nicht berücksichtigt wird, daß sich die anzusetzenden Marktpreise im Zeitablauf ändern können, wobei diese Änderungen u. a. von den getätigten Investitionen selber induziert sein können (spillover effects). Berücksichtigt man diese Preisänderungen nicht, wird das Ergebnis verzerrt; dabei ist es kaum möglich, das Ausmaß der spillovers zu antizipieren (vgl. *Kirsch*, 1975). Ganz abgesehen von diesen Einwänden muß man sehen, daß es ex definitione gar nicht möglich ist, bei öffentlichen Gütern einen Markt zu simulieren. Dieses Problem mündet in die Frage der Quantifizierung des Nutzens eines Transfers. Keine der gängigen Konstruktionen (Nutzen gemessen als Einkommenszuwächse direkt und indirekt Betroffener; Nutzen gemessen als Kostendifferenz zwischen zwei alternativen Projekten) kann den Nutzen adäquat erfassen. Die Höhe der Nutzen- und Kostenströme hängt außerdem von der Wahl des Diskontfaktors ab, die theoretisch nicht abzusichern und daher willkürlich ist. Zudem entstehen immaterielle Folgen aus Transfers in Form der sog. „intangibles", die sich, weil sie völlig der individuellen Wertschätzung unterliegen, nicht in Preisen ausdrücken lassen. Somit kann man sich der Formulierung von *Kirsch* anschließen, daß die CBA dort, wo sie möglich ist, nicht nötig ist, und dort wo sie nötig ist, nicht möglich ist. „Die Gründe, die sich aber als zwingend für ein Abgehen vom Marktmechanismus hin zu staatlichen Entscheidungen, also für die Notwendigkeit der Kosten-Nutzen-Analyse erwiesen haben, sind die gleichen wie diejenigen, die die Anwendung der Cost-Benefit-Analyse erschweren oder gar unmöglich machen. In beiden Fällen handelt es sich darum, daß ein bestehender Markt nicht hinreichend funktioniert oder aber daß überhaupt kein Markt für die in Frage stehenden Entscheidungskonsequenzen existieren kann" *(Kirsch*, 1975).

Die Einwände gegen die CBA werten uno actu das ausschließlich als ex-ante-Instrument einsetzbare Programmbudget (PPBS) ab, das sich ja zur Programmerstellung vornehmlich der CBA als Evaluierungsinstrument bediente. Ohne ein funktionsfähiges Auswahlinstrument kann das PPBS nicht implementiert werden.

Ausgangspunkt des im privaten und öffentlichen Sektor, ex-ante und ex-post (also auch bei staatlichen Transfers) anwendbaren „Technology Assessment" sind Überlegungen, die „Nebeneffekte" der Einführung neuer Technologien zu vermitteln (vgl. *Dierkes, Staehle*, 1973). Gleichzeitig sollen bestehende Technologien evaluiert werden.

Insofern stellt dieses Instrument lediglich eine notwendige Erweiterung und Ergänzung vorhandener Ansätze wie Kosten-Nutzen-Analysen oder PPBS dar.

Technology Assessment „wird definiert als eine integrierte und systematische Abschätzung und Voraussage der wesentlichen (positiven und negativen, direkten und indirekten) Auswirkungen in den zentralen Bereichen einer Gesellschaft (Wirtschaft, Umwelt, Institutionen, Allgemeinheit, spezielle Gruppen), die bei Einführen und Verändern einer Technologie auftreten" *(Dierkes, Staehle, 1973)*.

Selbstverständlich lassen sich auch bereits eingeführte Strategien in dieser Weise überprüfen.

Technology Assessment umfaßt somit das Abschätzen von spillovers sowie anderer direkter und/oder indirekter Vor- und Nachteile einer Technologie. „Zentrales Ziel von Technology-Assessment-Studien ist es, vor allem solche Auswirkungen zu erfassen, zu messen und zu bewerten, die unbeabsichtigt, indirekt oder mit großer Zeitverzögerung (Sekundär-, Tertiäreffekte) auftreten" *(Dierkes, Staehle, 1973)*.

Bei der Analyse einer (einzuführenden) Technologie (z. Z. z. B. in der Diskussion: Hochleistungsschnellbahnen im Fernverkehrsbereich oder verschiedene Arten von Nahverkehrssystemen) werden die zur Wahl stehenden Technologien im Hinblick auf ökonomische, ökologische sowie soziale Auswirkungen direkter und indirekter Art untersucht. Als ökonomische Kategorien finden z. B. Sozialproduktsrechnungen, Arbeitsmarktzahlen und Indikatoren der Lebensqualität Berücksichtigung, als ökologische Größen Faktoren wie Umweltverschmutzung oder Lärmbelästigung. Unter sozialen Auswirkungen werden z. B. verschiedene Formen von Mobilität im Arbeits- und Freizeitbereich usw. untersucht.

Ein weiteres Instrument der Ergebniskontrolle — bislang vor allen Dingen in den USA entwickelt und eingesetzt — ist die Evaluationsforschung (Evaluation research, impact research) (vgl. *Kaufmann*, 1976; *Struening*, 1975).

Hier wird versucht, Programme zu evaluieren, die die Beeinflussung sozialer Sachverhalte zum Ziel haben, ehe diese Programme (wie es in der BRD von vornherein geschieht) in flächendeckende gesetzliche Maßnahmen gegossen werden. Als Beispiele seien Untersuchungen zu headstart-programs, job-training, mental-health-centers, community-health-services genannt (vgl. *Struening*, 1975). Die Vorgehensweise ist analog derjenigen bei Technology Assessment. Die Evaluierungsforschung untersucht, ähnlich dem Feldexperiment, wobei sie politische Imperative einbezieht, die Effizienz eines zur Diskussion stehenden Programms in bezug auf ein vorgegebenes Ziel. Sie akzeptiert damit die dem Programm unterliegenden Prämissen, akzeptiert seine Ziele und die vorgeschlagene Vorgehensweise als geeignet zur Problemlösung. Allerdings stehen verschiedene Konzepte zur Verfügung, die in unterschiedlicher Form die Beteiligung von Betroffenen vorsehen (vgl. *Struening*, 1975).

Im Grunde sind objektive und subjektive Sozialindikatoren in dem hier interessierenden Zusammenhang das umfassendste Instrument, das von vornherein als Ergebniskontrolle staatlicher Transfers zur Messung ihrer Outputs angelegt ist und danach trachtet, die soziale Präferenzordnung klarzulegen und den Grad der Zielerfüllung in einzelnen Bereichen abzubilden. Sieht man von den wenigen Sozialwissenschaftlern ab, die noch immer glauben, in Markt- bzw. Wahlprozessen adäquate Institutionen zur Optimierung der ökonomischen und gesellschaftlichen Wohlfahrt zu besitzen, so ist man in der Indikatorendiskussion von der Frage, ob man neben den unzureichenden ökonomischen Indikatoren überhaupt Sozialindikatoren benötigt, längst zu den Fragen des wie übergegangen. Nach den ersten resümierenden Arbeiten der vergangenen Jahre auch im deutschsprachigen Raum (vgl. u. a. *Zapf*, 1976; *Dierkes*, 1975; *Kirsch/Wittmann*, 1975; *Steinhausen*, 1975; *Werner* 1975) und angesichts der allgemeinen Reformmüdigkeit scheint man von den „großen Würfen" zur weniger spektakulären Alltagsarbeit übergegangen zu sein.

Zapf (1975) systematisiert:

— Datenhandbücher — Soziale Trends;
— Standardisierte Surveys;
— Surveys zur Messung der Lebensqualität;
— Systeme sozialer Indikatoren;
— Standardisierte Leistungstests;
— Sozialberichte;
— Ländervergleiche;
— Berichte/Indikatoren über alternative Zukunftsanlagen;
— demographische Gesamtrechnung;
— Kostenrechnung für nationale Zielsetzungen;
— Wohlfahrtsorientierte Revision der volkswirtschaftlichen Gesamtrechnung (Beispiel: Bruttowohlfahrtsprodukt, ökonomisches Wohlfahrtsmaß).

Nicht länger umstritten scheint, daß in entwickelten Sozialindikatorensystemen Betroffene in geeigneter Form zu Wort kommen sollen, da sie nicht Objekte der Politik (auch nicht der von Eliten vom Typus „aufgeklärter" Sozialwissenschaftler) sein dürfen.

Der größte Teil dieser Diskussion hat sich sowohl unter wissenschaftstheoretischen als auch unter gesellschaftspolitischen Gesichtspunkten gerade bei der Messung der Ergebnisse staatlicher Transfers unter den Stichworten „objektive" versus „subjektive" Indikatoren abgespielt. Die Problematik subjektiver Indikatoren, insbesondere der Satisfaktionsansätze, wurde deutlich herausgearbeitet; akzeptiert wird inzwischen ein Nebeneinander von beiden Indikatortypen (vgl. *Werner*, 1975; *Biervert*, 1975). Zusammenfassend lassen sich die diskutierten Instrumente zur Ergebniskontrolle wie folgt kritisieren:

— teilweise arbeiten sie mit nicht haltbaren Nutzen-/Kostenbegriffen bzw. (fiktiven) Marktpreisen und willkürlich gegriffenen Diskontfaktoren, die als Grundlage für Wohlfahrtskriterien ungeeignet erscheinen; teilweise benutzen sie eindimensionale Maßstäbe und sehen (wie z. B. CBA) Zuwächse des Sozialprodukts immer noch als das gängigste Wohlfahrtsmaß an;

— eine Norm, die insgeheim reproduziert wird, ist das quantitätsorientierte Effizienzdenken, das die Maximierung oder, angesichts verschiedener Sachzwänge, die Optimierung der vorgegebenen Zielvariablen postuliert;

— die Instrumente/Methoden akzeptieren die getroffene Diagnose des Problems, die Kriterien der Zielerfüllung und die zur Lösung vorgeschlagenen Verbesserungsmaßnahmen; hierdurch legitimieren sie von vornherein die Entscheidungen und tragen zu einer Verfestigung des Status quo bei;

— die Evaluierung einzelner Projekte bedeutet implizit eine Billigung der vom Projekt angestrebten Ziele, obwohl angeblich die Zielfindung nicht Teil der Kontrolle ist;

— die Zielstruktur wird auch dadurch implizit gerechtfertigt, daß die vorgegebene Höhe des Staatsbudgets als Datum akzeptiert wird. Damit wird die Aufteilung des gesamtgesellschaftlichen Angebots an öffentlichen und an privaten Gütern nicht hinterfragt;

— es werden Annahmen über Wirkungszusammenhänge zwischen Inputs, relevanten Zielvariablen oder Nebenbedingungen vorausgesetzt;

— Gesichtspunkte der Verteilung, des Wachstums und der Stabilität sowie disaggregierte Inzidenzbetrachtungen werden vernachlässigt;

— umfassendere Rechnungssysteme, die staatliche Transfers und deren Auswirkungen abbilden und ggf. auch die Kosten der Konsensfindung berücksichtigen, sind erst in Ansätzen erkennbar;

— das Problem der Indikatorauswahl scheint in keiner befriedigenden Weise gelöst;

— die Instrumente bergen die Gefahr in sich, als Marketingstrategien für staatliche Transfers, als Frühwarninstrumente zur Sicherung der Massenloyalität und zur Scheinpartizipation mißbraucht zu werden *(Offe)*, indem kritisches Potential internalisiert wird;

— soweit sie sich überhaupt des Instrumentariums der empirischen Sozialforschung bedienen, die Bedürfnisse der Betroffenen zu ermitteln, verfallen sie meist in eine theorielose und reaktive Messung und in eine Verdoppelung dessen, was ihre Anwender für Realität halten. Insbesondere in den sogenannten Satisfaktionsansätzen der Sozialindikatorenbewegung ist eine Blindheit gegenüber der sozialen Determinierung von Bedürfnissen zu erkennen;

— wie die ökonomischen unterliegen auch die sozioökonomischen Indikatoren der Gefahr der Verdinglichung. Man kann annehmen, daß Sozialindikatoren die Normen der Gesellschaft abbilden, d. h. auf ihrer Ebene die ideologischen Phänomene des Produktions- und Konsumtionsbereiches reproduzieren, die es eigentlich aufzulösen gilt.

18.3. Zur Zielfindungs- und Legitimationsproblematik

Diese Einwände verdeutlichen, daß sich Verbesserungsvorschläge nicht erarbeiten lassen, ohne die Ebene der Ziel-Mittel-Rationalität zu verlassen. Die meisten der bekannten Methoden der Ergebniskontrolle greifen — abgesehen von den immanenten Unzulänglichkeiten in puncto Implementierung — zu kurz. Es hat sich gezeigt, daß die Ergebniskontrolle in versteckter Form Entscheidungen und Wertungen von Zielen vornimmt. Die politischen Implikationen der einzelnen Projekte wären jedoch explizit und integrierend zu evaluieren. Dazu sind neue Formen für eine — jetzt weiter gefaßte — Ergebniskontrolle zu entfalten.

Es genügt jedoch auch nicht, die Ergebniskontrolle auf die Erörterung neuer Zielfindungsprozesse auszudehnen, sondern es ist erforderlich, gleichzeitig in die partizipatorischen Ansätze emanzipatorische Inhalte einzubringen, die in Richtung einer „gebrauchswertorientierten" Politik bei der Erstellung staatlicher Transfers weisen.

Ziele können als Normen weder logisch noch faktisch begründet und die Legitimation und Rangfolge von Bedürfnislagen nur im politischen Diskurs bestimmt werden. Die gegenwärtigen Zielfindungs- und Legitimationsprozesse machen größtenteils an einem elitären Ansatz fest, in dem in der Regel von Eliten vorgenommene Analysen sozialer Defizite (vgl. z. B. areas of social concern im OECD-Sozialindikatorenprogramm) als Ausgangspunkt politischen Handelns im wirtschafts- und gesellschaftspolitischen Bereich dienen (vgl. *Biervert/Fischer-Winkelmann/ Köhler/Rock*, 1976). Ein derartiger Legitimationsprozeß folgt der Annahme, daß in einer Gesellschaft bestimmte Gruppen Problemstrukturen und Problemsituationen besser erkennen oder antizipieren können als andere, und daher auch legitimiert seien, diese in den politischen Prozeß einzubringen. Eine derartige Vorgehensweise besitzt durchaus Problemlösungskapazität; das System der Prioritätenbildung bei der Entstehung, Artikulation und Durchsetzung von Bedürfnissen durch gesellschaftliche Eliten wird hierbei jedoch ebensowenig berührt wie zum Diskurs anstehende Werte und Normen.

Es kann versucht werden, dies in partizipatorisch-emanzipatorischen Zielfindungsprozessen zu erreichen, in denen die Formulierung und Rechtfertigung von Zielen von den Bedürfnissen und Interessen der Betroffenen ausgeht.

Bei einem derartigen Legitimationsansatz geht es darum, die Mitwirkung der Betroffenen bereits im Zielfindungsprozeß zu institutionalisieren und statt einer ex-post-Korrektur durch Transfers eine ex-ante-Berücksichtigung von Bedürfnissen zu ermöglichen.

Letztlich geht es darum, Mitglieder der Gesellschaft in die Lage zu versetzen, die Entstehung ihrer Bedürfnisse nachzuvollziehen und die Folgen der Durchsetzung bestimmter Präferenzen zu überschauen. In einer derartigen, im politischen Diskurs permanent legitimierten Zielfindung bei ständiger aktiver Beteiligung der Betroffenen, könnten die oben abgehandelten Instrumente der „Ergebniskontrolle" einen anderen Stellenwert gewinnen.

18.4. Neue Ansätze der Diskussion um staatliche Transfers

Die empirisch belegbaren Unzulänglichkeiten der bestehenden ökonomischen und politischen Informations- und Steuerungsmechanismen und die wachsende Einsicht von Wissenschaft und Politik in die Unmöglichkeit grundlegender Veränderungen der Ursachen durch eine reaktive Politik haben — wenn auch zögernd — zu Überlegungen geführt, wie man eine „frühzeitige" Einflußnahme von Betroffenen auf politische und ökonomische Prozesse etablieren kann. Eine solche Einflußnahme ex-ante macht eine ex-post-Betrachtung der Entscheidungsprozesse und ihrer Outputs nicht überflüssig, sondern ergänzt diese. Hierzu zählen Überlegungen zur offenen Planung, zu dezentralen Selbststeuerungpotentialen u. ä. (vgl. *Beine/Nokielski/Pankoke*, 1975; *Offe*, 1975). Im Produktionsbereich gibt es eine ähnliche Debatte zur Frage der Mitbestimmung. Eine „funktional angemessene, frühzeitige Einbringung" von Verbraucherinteressen wird ansatzweise auch im Bereich der privaten Güter diskutiert (vgl. *Czerwonka, Schöppe, Weckbach, 1975)*. Es steht jedoch noch aus, daß diese Diskussion auf öffentliche Güter und Leistungen ausgedehnt wird.

Eine derartige Vorgehensweise erfordert einen anders gearteten Dialog, andere Informationssysteme sowie andere Abstimmungsmechanismen als die bisher üblichen. Es geht letztlich darum, ein Angebot „gesellschaftlich sinnvoller und wünschenswerter Problemlösungen" zu ermöglichen, die von den Bedürfnissen der Betroffenen ausgehen und diese bei Innovationen von vornherein, aber auch beim Auslaufen und der Veränderung bestehender Güter berücksichtigen.

Die Vorteile einer frühzeitigen aktiven Beteiligung wären dabei auf verschiedenen Ebenen zu finden:

— eine gegenüber den bisherigen Formen von Markt und Wahl vorverlagerte Einbringung von Interessen bei der Gestaltung privater und öffentlicher Güter sowie Leistungen erlaubt eine bessere Berücksichtigung der Bedürfnisse, auch derjenigen von Randgruppen, und die Einschaltung von Überlegungen zu Opportunitätskosten;

— die aus langfristigen Forschungs- und Entwicklungsprozessen und der damit verbundenen Kapitalbindung resultierenden Fehlentwicklungen könnten herabgesetzt werden. Es ergäben sich erhöhte Möglichkeiten für die Schaffung echter Innovationen und deren Diffusion. In diesem Zusammenhang würde sich die Möglichkeit eröffnen, ein Assessment der Befriedigung von Bedürfnissen durch alternative Güter, Technologien und Produktionsverfahren unter Berücksichtigung ihrer sekundären und tertiären Effekte wirtschaftlicher und sozialer Interdependenzen zu berücksichtigen. Eine frühzeitige Berücksichtigung von Bürgerinteressen bei der Herstellung privater und öffentlicher Güter kann auf verschiedenen Ebenen inner- und außerhalb von Unternehmen, staatlicher oder kommunaler Institutionen stattfinden. Voraussetzung wäre, daß die kognitiven und motivationalen Voraussetzungen hierzu geschaffen würden, ferner, daß diese Formen der Beteiligung institutionalisiert würden.

Allerdings muß einschränkend gesagt werden, daß bei der Evaluierung dieser Beteiligungsformen auch der Aspekt der durch sie verursachten gesellschaftlichen Kosten, beispielsweise in bezug auf das Zeitbudget, zu berücksichtigen ist.

Die Gefahr gegenwärtig vorherrschender Partizipationsvorstellungen liegt darin, daß Partizipation als eine Methode der Beteiligung eingeführt wird, bei der in der Regel die Inhalte der Planung bzw. deren Alternativen nicht thematisiert werden (vgl. *Offe*, 1975).

Partizipation droht zu einem Frühwarnsystem umfunktioniert zu werden, das der Bürokratie anzeigt, welches Konfliktpotential einem Programm innewohnt, und das die Planung effektiviert, indem umfassende Informationen eingebracht werden. Gleichzeitig erfüllen bestimmte Partizipationsformen eine Alibifunktion, die über die scheinbare oder punktuelle Beteiligung der Betroffenen ihre Loyalität sichern. Z. T. verinnerlichen sie die Sachzwänge, z. T. identifizieren sie sich selbst mit Entscheidungen, die ihrem Votum widersprechen, weil sie ja zur Sache gehört wurden (vgl. *Offe*, 1975). Zu der daraus resultierenden Gefahr der Pervertierung der Partizipation tritt der eingangs erwähnte zweifach vermittelte Komplementärcharakter staatlicher Transfers, der die Bedarfsrangskala auch bei öffentlichen Gütern weitgehend festlegt. Hinzu kommt im personalen System ein von Tauschwertrationalität beeinflußtes Bewußtsein, das nicht losgelöst von Prozessen im Arbeitsbereich betrachtet werden kann. Im Arbeitsbereich internalisierte Normen schaffen Bindungen, unter denen kollektive Formen des Konsums tendenziell zugunsten privater vernachlässigt werden (vgl. *Frank/Roloff*, 1971; *Novy/Zinn*, 1975; *Biervert/Fischer-Winkelmann/Köhler/Rock*, 1976).

Vilmar hat auf den circulus vitiosus hingewiesen, daß repressive und repetitive Bedingungen in der Produktionssphäre dazu führen, daß Personen verformte Bedürfnisse entwickeln, die über die Sozialisationsinstanzen tradiert werden und wiederum die Anpassung im Arbeitsbereich verstärken (vgl. *Vilmar*, 1973).

In die zu verändernden Prozesse der Zielfindung ist daher die Diskussion um den „Gebrauchswertcharakter" privater und öffentlicher Güter einzubeziehen und auf die Diskussion der Inzidenz staatlicher Transfers zu übertragen.

Dies bedeutet, daß über die Diskussion des zu problematisierenden (komplementären) Angebots privater und öffentlicher Güter und deren sekundären und tertiären Effekte (Beschäftigung, Sozialkosten) hinaus (Verkehr!) u. a. zu thematisieren wären:

— Arbeitsinhalte und deren Qualität (z. B. u. a. deren Konsequenzen für das Sozialbudget);
— alternative Güterangebote (auch Möglichkeiten nicht gütergebundenen Konsums bzw. des Nichtkonsums);
— Aspekte mikro- und makroökonomischer sowie mikro- und makrosozialer Probleme des (gesellschaftlichen) Zeitbudgets;
— Fragen der Dezentralisation der Entscheidungsprozesse.

Der Versuch, diese partizipatorischen und emanzipatorischen Ansprüche, wie sie z. B. im Bereich der „Humanisierung der Arbeitswelt", der

Zeitökonomie und der gebrauchswertorientierten Verbraucherpolitik (vgl. *Novy/Zinn*, 1975; *Biervert/Fischer-Winkelmann/Köhler/Rock*, 1976) in Ansätzen diskutiert werden, umzusetzen und auf den Bereich staatlicher Transfers zu übertragen, wird entweder an den strukturellen Systembedingungen scheitern oder zu deren qualitativen Veränderungen beitragen.

Literatur

Beine, T.; Nokielski, H.; Pankoke, E.: Dezentrale Selbststeuerungspotentiale in der BRD. Göttingen, 1975.

Biervert, B.; Fischer-Winkelmann, W. F.: Köhler, G.; Rock, R.: Verbrauchergerechte Verbraucherforschung und -politik. Eine Situationsanalyse. Arbeitspapiere des *Fachbereichs Wirtschaftswissenschaft der Gesamthochschule Wuppertal*, 1976.

Biervert, B.: Subjektive Sozialindikatoren Ansatzpunkte einer sozio-ökonomischen Theorie der Bedürfnisse. In: *Dierkes, M.* (Hrsg.): Soziale Daten und politische Planung. Frankfurt / New York, 1975.

Czerwonka, C.; Schöppe, G.; Weckbach, S.: Möglichkeiten einer frühzeitigen Einflußnahme der Konsumenten auf das Güterangebot. Göttingen, 1975.

Dierkes, M. (Hrsg.): Soziale Daten und politische Planungen. Frankfurt / New York, 1975.

Dierkes, M.; Staehle, W. H.: Technology Assessment. Batelle-Institut, Frankfurt, 1973.

Frank, J.; Roloff, R.: Kritische Anmerkungen zur Begründung der Staatstätigkeit in der „bürgerlichen" und der „neuen politischen" Ökonomie. Diskussionsbeiträge, *Fachbereich Wirtschaftswissenschaft*. Regensburg, 1971.

Hanusch, H.: Theorie der öffentlichen Güter. Göttingen, 1972.

Hirsch, J.: Zur politischen Ökonomie des politischen Systems. In: *Kress, G.; Senghaas, B.* (Hrsg.): Politikwissenschaft. Eine Einführung in ihre Probleme. Frankfurt, 1975.

Kaufmann, F.-X.: Zur Problematik der Effektivität und ihrer Erfassung im Bereich der sozialen Sicherung. Manuskript eines Vortrages, gehalten auf der Tagung des *Vereins für Sozialpolitik*. Augsburg, 1976.

Kirsch, G.: Die Cost-Benefit-Analyse: Zur Kritik ihrer theoretischen Grundlagen. In: *Kirsch, G.; Wittmann, W.*: Nationale Ziele und soziale Indikatoren. Stuttgart, 1975.

Novy, K.; Zinn, K. G.: Marketing und Bedarfsforschung in der Nichtmarktökonomik. In: *Diskussionsbeiträge für das 1. Wuppertaler Wirtschaftswissenschaftliche Kolloquium über einzel- und gesamtwirtschaftliche Fragen der Marketingwissenschaft*. Wuppertal, 1975.

Offe, C.: Politische Herrschaft und Klassenstrukturen. Zur Analyse spätkapitalistischer Gesellschaftssysteme. In: *Kress, G.; Senghaas, D.* (Hrsg): Politikwissenschaft. Eine Einführung in ihre Probleme. Frankfurt, 1975.

— Strukturprobleme des kapitalistischen Staates. Frankfurt, 1975.

Ronge, W.; Schmieg, G.: Restriktionen politischer Planung. Frankfurt, 1972.

Steinhausen, J.: Soziale Indikatoren als Elemente eines gesellschaftlichen Planungs- und Steuerungssystems. Meisenheim a. G., 1975.

Struening, E. L. (ed.): Handbook of Evaluation Research. 2 Bde. Beverly Hills / London, 1975.

Vilmar, F.: Strategien der Demokratisierung. Bd. I: Theorie der Praxis. Darmstadt und Neuwied, 1973.

Werner, R.: Soziale Indikatoren und politische Planung. Einführung in die Anwendung der Makrosoziologie. Reinbek, 1975.

Zapf, W.: Probleme und Möglichkeiten der Sozialberichterstattung. Bericht für die *Kommission für wirtschaftlichen und sozialen Wandel*. Göttingen, 1976.

Zimmermann, H.; Henke, K.-D.: Einführung in die Finanzwissenschaft. München, 1975.

LUTZ VON ROSENSTIEL

19. Probleme des Sozialindikatoren-Ansatzes und die traurige und gefährliche Anwendung von Indikatoren

Diskussionsprotokoll zum Referat von Bernd Biervert

Die Diskussion des Referats von *Biervert* wandte sich zunächst dem Konzept der „Verdinglichung" zu. In der Möglichkeit, daß sich Indikatoren verdinglichen könnten, wurde weniger eine Gefahr als vielmehr eine Chance und Notwendigkeit gesehen. Verdinglichungen könnten sehr wohl im Sinne von Leitbildern wirken und somit den sozialen Wandel steuern. So sei beispielsweise bei *Keynes* das Wachstum zum Leitbild geworden, wobei verschiedene, in der Gesellschaft liegende Konflikte — etwa zwischen der privaten und der öffentlichen Seite — entschärft worden seien. Heute, da das Leitbild des Wachstums an Zugkraft verloren habe, fehle es an adäquaten Alternativen. Dies werde beispielsweise in den Diskussionen um die Kernkraftenergie deutlich, wie das Beispiel Brokdorf gezeigt habe.

Verschiedene Leitbilder, an die man im Sinne alternativer Konzepte denken könne, seien etwa die Verstaatlichung oder der technische Fortschritt. Beiden sei jedoch kaum eine nennenswerte Breitenwirkung zuzutrauen, da ihre Ferne vom Bürger zu groß sei. Es gelte daher das Konzept des sogenannten „qualitativen Wachstums" zum Leitbild aufzubauen und es somit zu verdinglichen.

Dem wurde grundsätzlich zugestimmt. Energisch wurde allerdings darauf verwiesen, daß auch das Konzept des qualitativen Wachstums nicht gegen interne Widersprüche gefeit sei, die ja das klassische Wachstumsmaß so problematisch erscheinen lassen, was etwa an dem Beispiel deutlich werde, daß auch die Anzahl der Unfalltoten sich positiv auf das Wachstumsmaß auswirke. Auch das Konzept des qualitativen Wachstums müsse entsprechend analysiert werden, was letztlich bedeute, daß mehrdimensionale Indikatoren konzipiert werden müßten.

Beim Bemühen um eine Differenzierung der Indikatorenkonzeption wurde besonders auf die Verteilungsproblematik eingegangen, d. h. auf die Frage: „wer bekommt was von wem?", wobei deutlich wurde, daß auf mehreren Ebenen gearbeitet werden könne. So seien etwa Kosten-

Nutzen-Analysen partiell nützlich, sie stellten jedoch nur einen Aspekt dar; Transferrechnungen erschienen als wesentliche Ergänzung, die besonders geeignet seien, den Verteilungsaspekt zu berücksichtigen; Indikatoren — insbesondere objektive oder subjektive soziale Indikatoren — könnten je nach Konzeption auf weitere Gesichtspunkte aufmerksam machen. Die Diskussion wandte sich in diesem Zusammenhang wieder gezielt den Indikatoren zu; gerade bei den subjektiven Indikatoren wurde darauf verwiesen, daß sie nicht naiv als punktuelle Maße verstanden werden dürften, sondern daß sie als Prozeßmaße zu interpretieren seien, was wiederum zu der Notwendigkeit führe, Längsschnittuntersuchungen durchzuführen, was häufig nur schwer ermöglicht werden könne. Die Struktur der Meßinstrumente müsse zudem so gewählt werden, daß es beispielsweise nicht nur zu einfachen Zufriedenheitsskalierungen komme, sondern Bedingungen des Zustandekommens dieser Zufriedenheit deutlich würden und kritisches Potential somit erkennbar wäre. Eine resignative Zufriedenheit, die im Sichabfinden mit den bestehenden Verhältnissen bestehe, sei beispielsweise anders zu interpretieren als eine produktive Zufriedenheit, die zum Setzen jeweils höherer Ansprüche für die Zukunft führe. Einfache Zufriedenheitsmessungen würden diesen bedeutsamen Unterschied überdecken.

Auf einen weiteren Aspekt von Indikatoren oder, in einem weiteren Sinne, von Erfolgsmaßen wurde aufmerksam gemacht: auf den motivationalen. Aus welchen Erfolgsindikatoren erwachsen für die Betroffenen die Erfolgserlebnisse? Worin besteht die — lernpsychologisch gesehene — Verstärkung? Ist dies — am Beispiel des einzelwirtschaftlichen Unternehmens gesehen — der Gewinn, der Umsatz, das Erhalten der Arbeitsplätze, die Erweiterung des Exportanteils?

In welcher Weise steuern die sozialen Normen, woran man sich orientiert, und wovon wiederum sind diese Normen abhängig — z. B. von der Verdinglichung verschiedener Erfolgsmaße?

Auf ein weiteres Problem wurde in der Folge hingewiesen: Selbst wenn es gelänge, gute Meßinstrumente für den Erfolg bestimmter Maßnahmen zu entwickeln, bleibt die politische Entscheidung im Sinne einer Gewichtung notwendig. Das am Beispiel: Wessen Interessen verdienen eine intensivere Berücksichtigung, wenn die Straßenbahn nachts durch die Stadt fährt: die des Benutzers, die des Anliegers oder die des Betreibers? Wo liegt der adäquate Kompromiß? Das Vorgehen bei der Erfolgsmessung werde unter diesem Gesichtspunkt noch einmal komplexer.

An dieser Stelle kamen Bedenken aus der „Praxis". Gesucht würden von demjenigen, der in der praktischen Arbeit stehe, Verfahren zur Komplexitätsreduktion. Der Theoretiker biete dies nicht, sondern im

Gegenteil, er erhöhe die Komplexität sogar noch. Dadurch erwachse die Gefahr, daß die mit ganz anderer Zielsetzung vom Wissenschaftler entwickelten Verfahrensweisen pervertiert werden. Beispielsweise würden die immer wieder aufgezeigten und diskutierten Nachteile einer bestimmten Vorgehensweise im Zuge der Anwendung schlicht vergessen. An vielen Fällen könne gezeigt werden, daß die Kosten-Nutzen-Analyse, die in einem bestimmten Kontext bei relativierender Interpretation sinnvoll angewandt werden könne, bei unreflektiertem Gebrauch zu gelegentlich geradezu grotesken Ergebnissen führe. Bei der Konzeption neuer Methoden der Ergebniskontrolle müsse dies gesehen und adäquat in Rechnung gestellt werden. Ein Weg aus diesem Dilemma konnte nicht aufgezeigt werden, und so endete die Diskussion zu diesem Problempunkt dann auch mit den Worten: „traurig und gefährlich".

WALTER MOLT

Nachwort

Mit der Tagung zu Fragen der Verkehrsplanung, deren Referate und Diskussionen diesem Band zugrundeliegen, haben wir psychologisches Neuland betreten. Die Motivation, die uns zu diesem Risiko veranlaßte, und die günstigen Umstände, die ein solches Unterfangen institutionell, finanziell und personell überhaupt erst ermöglichten, hat *v. Rosenstiel* im Vorwort erläutert. Ob sich der Schritt gelohnt hat, wird vor allem auch von der Resonanz abhängen, die diese Schrift in der psychologischen und verkehrsplanerischen Fachwelt findet. Damit der Dialog zwischen so verschiedenen Disziplinen in Gang kommt, genügen nicht ein gemeinsames Anliegen und ein gemeinsamer Problembereich; es muß auch die Sprache entwickelt werden, mit deren Hilfe die Verständigung möglich ist, d. h. die Forschungsfragen und Erkenntnisse der verschiedenen Wissenschaften müssen einander entsprechen. Daß dies nur teilweise und in Ansätzen der Fall war, lag sicher nicht an der mangelnden Dialogbereitschaft der Referenten und Teilnehmer, auch nicht an der für Diskussionen eher zu knapp bemessenen Zeit, sondern am Stand der Wissenschaft.

Auf dem Kongreß für angewandte Psychologie in Lüttich (1972) forderte der polnische Psychologe *Tomaszewski*, die Psychologie solle ihre Anstrengungen nicht mehr ausschließlich darauf konzentrieren, die Menschen an die bestehenden Verhältnisse anzupassen, sondern mehr darauf, die Verhältnisse der Umwelt durch Beteiligung an Stadtplanung, Planung der Arbeitsplätze und Produktionsstruktur usw. den menschlichen Erfordernissen anzupassen[1].

Ähnliche Vorstellungen treffen wir bei *Mitscherlich* oder bei *Franke* was die Stadtplanung angeht. Vielfach treten heute Techniker und Wirtschaftler an Psychologen mit Fragen der Umweltgestaltung heran, auf derer Beantwortung die Psychologen allerdings schlecht vorbereitet sind. In der Ökonomie war es vor allem *Schmölders*, der in Deutschland die Psychologen anregte, sich mit ökonomisch-psychologischen Problemen zu befassen. Dem Mikroökonomen und Gründungspräsidenten der

---

[1] Im schriftlichen Bericht dieser Tagung ist diese Forderung leider nicht mehr so deutlich erkennbar; siehe *Tomaszewski*, 1972.

Universität Augsburg, *Louis Perridon,* schließlich ist es zu danken, daß in Augsburg am Wirtschafts- und Sozialwissenschaftlichen Fachbereich durch zwei Lehrstühle für Psychologie der institutionelle Rahmen für eine intensive Beteiligung von Psychologen an der Bearbeitung ökonomischer Probleme geschaffen wurde. So konnten in Augsburg Projektgruppen entstehen, die sich unter psychologischer und ökonomischer Orientierung mit Stadtplanung, dem Gesundheitssystem und der Verkehrsplanung beschäftigen. Dabei geht es im Grunde um die Ausweitung eines der Psychologie vertrauten Arbeitsgebiets, der Mensch-Maschine-Systeme, auf Mensch-Technik-Wirtschafts-Systeme. Die Analyse des Faktors Mensch in komplexen Systemen, sei es in seiner Rolle als Planer, als Manager, als Operateur oder als Nutzer solcher Systeme, wird immer wichtiger (s. dazu ausführlich *De Greene,* 1970).

Auch der Mensch im Verkehr hat, insbesondere im Hinblick auf die Verkehrssicherheit, eine gewisse Tradition als Forschungsgegenstand (*Hoyos,* 1965). Aber der Problemkreis den wir uns stellten, geht über das Sicherheitsproblem hinaus. Einerseits ist der Verkehr heute eine unerläßliche Bedingung zur Verwirklichung der meisten Daseinsbedürfnisse des Menschen. Lokomotion, und zwar mittels Fahrzeugen der unterschiedlichsten Art, scheint heute — was die Klassiker der psychologischen Bedürfnistheorien kaum vorhersehen konnten — geradezu ein instrumentelles Grundbedürfnis und oft genug ein eigenständiges Motiv geworden zu sein. Andererseits verändert das Verkehrssystem die Lebenswelt der Menschen in vielfältiger und oft genug in nachteiliger Weise. Straße und Platz — ursprünglich Orte der Öffentlichkeit und Extension der Wohnung — sind für Verkehrszwecke okkupiert; Territorium und Orbit des Menschen (*Molt,* 1976) werden dabei durchschnitten und eingeengt. Mehr und mehr gehen aber auch Land und Natur als Erholungsraum des Menschen verloren, werden Verkehrszwecken geopfert und zwar gerade an den Stellen, wo der Erholungswert besonders groß ist, etwa an Seen, und, wo er besonders nötig ist, in der Umgebung der Ballungszentren. Diese ökologischen Rückwirkungen des Verkehrs sind mannigfacher Art: Verlust an Fläche, Gefährdung von Kindern, Lärm, Abgase, Zerstörung der Ästethik oder Natürlichkeit einer Landschaft und eines Wohnbereichs.

Vielfältig wird dadurch auch die Daseinsgestaltung des Menschen bestimmt: er zieht aus der Stadt weg, um vor allem den Negativfolgen des Verkehrs zu entgehen, sein frei verfügbares Einkommen wird zu einem großen Teil für die Befriedigung der Lokomotionsbedürfnisse aufgewandt und die Folgen des Verkehrs werden für viele Menschen zum Schicksal, bedenkt man die Menge der Verkehrsunfälle und die oft daraus resultierenden bleibenden Schäden.

Als gemeinsamer Orientierungspunkt ergibt sich dabei — das hat sich in allen Referaten und Diskussionen gezeigt — die Frage nach den Kosten und Nutzen des Verkehrs oder konkreter die Bewertung bestimmter Maßnahmen zur Veränderung des Verkehrssystems und seiner Nutzung. Recht verschieden war notwendigerweise die Thematisierung dieses Grundproblems. Was ist Nutzen und wessen Nutzen ist gemeint, wenn man ihn zu erfassen trachtet? *Klages* problematisiert im Eingangsreferat diese Frage mit den möglichen Zielen der Planung, der Fähigkeit, Lebensqualität zu erfassen und zu messen. Und wenn *Biervert* im Schlußreferat diese Ansätze wieder aufgriff, hier im Hinblick auf die Funktionen des Transfersystems, der ökonomischen und politischen Stabilisierung, der Sicherung der Massenloyalität, dann zeigte er zugleich die gefährliche Tendenz auf, daß die Politik in erster Linie den Gewinn oder Verlust von Wählerstimmen als Evaluationsinstrument heranzieht.

Mit gutem Grund forderten die Planungspraktiker eine Komplexitätsreduktion, da sie in der Not des Handelnmüssens stehen. Aber ob das Problem dann mit einer verkürzten Kosten-Nutzen-Analyse zu lösen ist, die wenig Verbindung zu den hypothetisierten Zielen politischer Planung aufweist, wie dies etwa aus dem Referat von *Huber / Meyer* im Vergleich zu den Forderungen von *Klages* ersichtlich ist, wurde in der Diskussion mehrfach angezweifelt. Auch dem Richtwerteansatz *(Engelhardt)* und seinen Parametern wie z. B. „angemessene Erschließung" oder „zufriedenstellende Bedienung" mangelt die verhaltenswissenschaftliche Fundierung. Aber konkret angesprochen muß der Psychologe, das machte *Kaminski* deutlich, dann zugeben, daß zu viele Fragen noch nicht beantwortbar sind.

Ein Hoffnungsschimmer immerhin, daß *Kaminski* die Beschäftigung mit diesen Fragen als notwendig und auch als möglich betrachtet. Dennoch gerieten die Verhaltenswissenschaftler im Verlauf der Tagung, wie *Hondrich* beobachtete, in die Defensive, rechtfertigten so doch den Gebrauch der von der Praxis postulierten verhaltenswissenschaftlichen Annahmen, wie er durch den Handlungszwang des Praktikers nötig wird. Der Zustand ist in der Tat traurig für die Wissenschaft und gefährlich für die Menschen.

Bei der Thematisierung der Kosten sieht es ähnlich aus: es waren vor allem die Ökonomen unter den Tagungsteilnehmern, welche die Monetarisierung von öffentlichen Gütern, für die es keinen Markt und mithin keine Preise geben kann, angriffen. Kosten, das sind Mittel, die für eine Maßnahme aufgewendet werden und die damit für die Befriedigung anderer Bedürfnisse nicht mehr zur Verfügung stehen. Dazu gehört also auch der Verbrauch von Landschaft, Ruhe und Erholungsmöglichkeiten und nicht nur die Aufwendung öffentlicher Mittel.

Eine hoffnungsvolle Begegnung zwischen dieser Diskussion und dem von uns gewählten VIE-Ansatz (siehe den Beitrag von *Held*) ergibt sich aus der strukturellen Ähnlichkeit dieses Ansatzes mit der Kosten-Nutzen-Analyse. „Values" nämlich sind die Ziele, aus denen sich der Nutzen ableitet, und „Instrumentalitäten" sind die Kosten, die dafür aufzuwenden sind.

Dieses individualpsychologische Instrumentarium ist aber noch zu erweitern — dies versuchte ich mit dem Hinweis auf *Habermas* aufzuzeigen —, denn sowohl bei den Werten wie bei den Instrumentalitäten geht es nicht um Nutzen und Kosten der Befriedigung der individuellen Bedürfnissysteme, wie dies die im Grunde mikroökonomisch angelegte Kosten-Nutzen-Analyse versucht, sondern um Nutzen und Kosten der Sekundärsysteme, die den Rahmen der individuellen Entscheidungen bilden.

Das Problem kann auch in einer leichten Abwandlung einer Formulierung von *Freud* (1938) ausgedrückt werden: das Individuum stirbt an seinen internen Konflikten, die Art hingegen an ihrem erfolglosen Kampf gegen die Außenwelt, wenn sich diese in einer Weise verändert hat, für die die von der Art erworbenen Anpassungsmöglichkeiten nicht mehr ausreichen.

Mikroökonomische Problemlösungen, wie sie häufig vorgeschlagen werden, folgen dem Bedarf und sind imstande, die Probleme der Individuen zu verringern. Aber es ist die ökologische Rückkoppelung und die Konstatierung der Ressourcenknappheit — die wirtschaftspolitisch lange als überwindbar galt und für viele immer noch gilt — die den Ausweg aus dem „je mehr, desto besser" versperren und deshalb die verwendeten Planungsinstrumente stumpf werden lassen.

Wenn also nicht Bedarfsdeckung, dann Bedürfnissteuerung, d. h. eine Verringerung unserer über Verkehrsbedarfe induzierten Ansprüche an die Umwelt, damit nicht notwendigere Lebensbedürfnisse dadurch gestört werden. Die Planungspraktiker haben bei der Tagung keinen technokratischen Herrschaftsanspruch erhoben, aber ihre Frage nach besseren Parametern für ihre Planungen konnten ihnen die Sozialwissenschaftler nicht beantworten.

Möge diese Schrift dazu helfen, daß die Sozialwissenschaftler die Fragen, die Denkweisen und die Gründe der Zielbestimmung der Verkehrsplanung besser verstehen und sich mehr mit den konkreten Fragen der Planung beschäftigen. Es könnte sich dann aus der spürbaren Dialogbereitschaft doch — entsprechend der Forderung — eine bessere Anpassung der technisch-wirtschaftlichen Umwelt an die Bedürfnisse der Menschen ergeben.

Literatur

De Greene, K. B.: Systems Psychology. New York, 1970.

Freud, S.: Abriß der Psychoanalyse. Frankfurt, 1938.

Hoyos, Graf C.: Psychologie des Straßenverkehrs. Bern, 1965.

Molt, W.: Raum- u. Sozialverhalten. In: *Atteslander,* P. (Hrsg.) Soziologie und Raumplanung. Berlin, 1976.

Tomaszewski, T.: Structure politico-sociale et fonction du psychologue. In: *Association Internationale de Psychologie Appliquée* (Ed.): XVIIe Congres International de Psychologie Appliquée, Actes, Vol. I, 111—128. Bruxelles, 1972.

Personenverzeichnis

Stichwortverzeichnis

Volkswirtschaftliche Schriften

Seit 1972 sind erschienen